国家社科基金青年项目
"以海德格尔存在论解读马克思主义理论倾向研究"成果

海德格尔存在论与马克思主义

张　涛 ◎ 著

安徽师范大学出版社
ANHUI NORMAL UNIVERSITY PRESS
· 芜湖 ·

图书在版编目(CIP)数据

海德格尔存在论与马克思主义 / 张涛著 .— 芜湖 : 安徽师范大学出版社 , 2024.9
ISBN 978-7-5676-6695-5

Ⅰ.①海… Ⅱ.①张… Ⅲ.①海德格尔(Heidegger, Martin 1889-1976)—存在主义—哲学思想—研究 ②马克思主义哲学—研究 Ⅳ.①B516.54②B0-0

中国国家版本馆 CIP 数据核字(2024)第 055837 号

海德格尔存在论与马克思主义　　　　　　　　　　　　　　　张涛◎著

责任编辑 : 晋雅雯　　　　　　责任校对 : 陈贻云
装帧设计 : 张　玲　汤彬彬　　责任印制 : 桑国磊
出版发行 : 安徽师范大学出版社
　　　　　芜湖市北京东路 1 号安徽师范大学赭山校区
网　　　址 : http://www.ahnupress.com/
发 行 部 : 0553-3883578　5910327　5910310(传真)
印　　　刷 : 苏州市古得堡数码印刷有限公司
版　　　次 : 2024 年 9 月第 1 版
印　　　次 : 2024 年 9 月第 1 次印刷
规　　　格 : 700 mm × 1000 mm　1/16
印　　　张 : 19.25
字　　　数 : 303 千字
书　　　号 : 978-7-5676-6695-5
定　　　价 : 89.00 元

凡发现图书有质量问题,请与我社联系(联系电话 :0553-5910315)

序

　　马丁·海德格尔是20世纪西方很有影响的哲学家，有"精神王国的哲学王"（阿伦特语）之美誉。在中国，海德格尔也颇受一些论者的推崇，这主要是因为海德格尔创立了生存本体论哲学，树起了一面批判本质主义理性形而上学的旗帜，实现了现代西方哲学的生存论转向。

　　海德格尔生存本体论的奠基作《存在与时间》，自1927年面世以来，在西方世界引起了极大的反响与论争，人们对其产生了两种对立的观点：一是认为海德格尔存在论颠覆了以往唯物主义和唯心主义的本体论，克服了二元分立的思维模式，把人们的目光从超感性的形而上学领域转移到人的实际生存领域，实现了哲学史上的生存论转向。二是认为海德格尔存在论虽然批判了实体论形而上学，但又沿袭了追求"先验性""绝对性"与"永恒性"的哲学传统，陷入了主体论形而上学。

　　有论者在赞同上述第一种观点的情况下，认为马克思主义发展过程中，存在着一种偏重于从客体向度、忽视从主体向度来理解和说明马克思主义的片面倾向，可以借助海德格尔存在论来诠释、补充、重建马克思主义。于是，形成了以海德格尔存在论解读马克思主义的理论倾向（简称"'以海解马'论"），以作者在书中概括出来的"互补论""融入论""深化论"等为代表。

　　正确看待这一影响广泛的理论思潮，绕不过对海德格尔存在论与马克思主义哲学本真精神的把握。作者也正是围绕这一点，展开了研究，取得了以下四个方面的成果。

一是揭示了"以海解马"论的深层理论动因。在马克思主义的发展过程中，从第二国际正统派马克思主义到社会主义各国的理论界，长期存在一种偏重于从客体向度，而忽视从主体向度来理解和说明马克思主义的片面性倾向，即过多从自然与社会历史发展的客观根据出发，偏重客体原则、唯物原则和真理原则，而忽视从人的能动性、实践性、价值性等维度去解读世界与人的关系。西方马克思主义创始人力图矫正第二国际正统派等的片面性，立足于主体向度加以反拨，但却走向了另一种片面性，即偏重于主体原则、实践原则和价值原则，而忽视了客体原则、唯物原则和真理原则及其辩证统一，陷入了另一种误区。"以海解马"论者在继承西方马克思主义创始人反拨客体向度的同时，看到了其主体向度并没有真正走出黑格尔主义的地基，而海德格尔存在论则彻底颠覆了形而上学，在这一点上，海德格尔存在论与马克思主义具有一致性，而且在某些用语上也表现出一定的相似性。于是，主张用海德格尔存在论为马克思主义奠定根基，以超越对马克思主义进行主客二分等近代哲学理解模式的地基，彰显马克思主义哲学的当代性、合法性，并建构一种能切中人的本质存在的哲学形态。

二是剖析出"以海解马"论的逻辑理路。"以海解马"论的主导原则，是以海德格尔存在论中的此在、能在概念为基础和原则来重新理解和把握马克思主义。为了对这种主导原则加以论证，又产生了"还原论"逻辑与"归结论"逻辑。"还原论"是一种"二重还原"，即把以自然界的客观先在性以及对人的制约作用为基础的人与自然的双向互动关系，还原为人的实践，继而把实践还原为人的生存中先验性情绪结构，还原为单纯的精神性要素。"归结论"是一种"三步归结"：首先，把马克思主义及其所要实现的无产阶级革命归结为思想居所的革命，即哲学上的颠覆和翻转；然后，把哲学上的颠覆和翻转进一步归结为人的本质存在的发现；最后，再把人的本质存在归结为人的主体（际）的抽象能动性。

　　三是通过对海德格尔存在论哲学与马克思主义哲学本真精神的把握，揭示出"以海解马"论的内在理论困境。海德格尔存在论虽然对形而上学进行了批判，但它并没有走出形而上学；它虽然克服了以往形而上学理性的绝对主义，但却表现为一种存在的绝对主义；虽然不再使用"自我""主体"等，而使用"此在"，但却没有克服主体主义，表现为一种"没有主体的主体主义"。海德格尔存在论无法为马克思主义奠基。马克思主义与海德格尔存在论截然不同。从哲学革命维度看，马克思通过科学的实践观创立了彻底的唯物主义，实现了对一切形而上学的彻底革命。从人学维度看，马克思主义是关于现实的人及其历史发展的科学，而不是抽象的此在无历史性、无矛盾性的生存论建构。现实的人是人民主体，而不是个人主体；现实的人的历史发展是人与自然、人与人、生产力与生产关系等的矛盾运动，而不是无矛盾的生存论建构。从个体性存在根本无法推扩为集体性存在，相反，个人只有在集体中才能获得辩证理解。因此，根本不能以海德格尔存在论为根基，来理解马克思主义关于人的本质存在以及自由全面发展。

　　四是对"以海解马"论进行批判反思，既揭示其有益启示，也总结其带来的经验教训。"以海解马"论具有积极的学术价值和意义，但也有很深的经验教训。马克思主义是在唯物主义的基础上，通过创立科学的实践观而实现的彻底的唯物主义。坚持自然界的客观先在性是坚持唯物主义的前提和根本要求。要完整和准确地理解马克思主义，就必须坚持唯物原则与实践原则、主体原则与客体原则、真理原则与价值原则等的辩证统一。过去偏于唯物、客体和真理等原则来理解马克思主义哲学，是片面的，有害的，我们要认真吸取这一方面的教训。但也不能走向另一个极端，只讲实践、主体、价值等原则，或者立足于抽象的关系主义本体论去理解和把握马克思主义，这样也会走向片面。

　　这些研究，有助于学界进一步反思"以海解马"论的背景、形态、路径、限度以及启示，有助于促进海德格尔存在论与马克思主义哲学本真精神的比较研究走向深化，为准确完整地理解和把握马克思主义，促进马克思主义的当代发展以及构建当代中国马克思主义哲学形态等，提供参考借鉴。

毋庸讳言，对"以海解马"论这一学术思潮进行整体性考量和本质性把握，难度很大。作者虽然力图去澄清其间重大理论问题的是是非非，但仍力有未逮，在不少问题上的研究分析还是初步的，还存在着诸多有待完善之处。希望作者能继续深入地、持之以恒地去思考和努力。

陶富源

二〇二四年三月

目　录

引　言

　　在海德格尔存在论与马克思主义的比较研究上，长期广泛地存在着以海德格尔存在论解读马克思主义的理论倾向[①]。

　　西方马克思主义著名理论家马尔库塞开创了"以海解马"论的先河。1927年，海德格尔存在论的代表作《存在与时间》一经出版，马尔库塞就读到了它，被它吸引，并于次年来到海德格尔身边求学问道。马尔库塞认为，海德格尔存在论把哲学的目光从超感性的形而上学领域转移到人的实际生存领域，这就把哲学置于人的生存、人的处境等具体基础之上了[②]；而马克思主义则被知识化、实证化，缺少一种关于人的存在前提与存在处境等的存在论基础。因此，马尔库塞主张用海德格尔存在论来为马克思主义奠基。不过，马尔库塞也认为：海德格尔存在论由于悬搁了现实历史性

　　[①] 具体而言，"以海解马"论是以海德格尔存在论的生存本体论（基础存在论）为基础和原则来解读马克思主义的理论倾向。海德格尔存在论后期发展为带有神秘色彩的存在之思。从生存本体论向存在之思的发展，不是断裂的，而是一脉相承的。海德格尔指出："在《存在与时间》中，对思想极为重要的事就只是要体会此在的历史性。"（《海德格尔选集》（上），孙周兴选编，上海：上海三联书店1996年版，第380页）他又认为，只有从生存本体论才能通达后期的存在之思，也只有通过存在之思才能更好地把握生存本体论。（参见《海德格尔选集》（下），孙周兴选编，上海：上海三联书店1996年版，第1278页）

　　[②] 参见 Herbert Marcuse: *Heideggerian Marxism*, Lincoln and London: University of Nebraska Press, 2005, p.166.

与具体物质条件，导致其缺乏必需的清晰性和完整性①。在这一点上，马克思主义则具有一定的优越性。所以，马尔库塞同时还强调要把马克思主义的社会历史性补充进海德格尔存在论之中，以实现二者的"互补"。

东欧新马克思主义理论家科西克是继马尔库塞之后主张"以海解马"论的典型代表。科西克1963年出版的代表作《具体的辩证法》一书，就是把马克思主义辩证法存在论化，把海德格尔存在论的"操心"（即"烦"）范畴融入马克思主义辩证法之中，从而构成他所谓的马克思主义"具体的辩证法"。

日本马克思主义哲学家广松涉是"以海解马"论的又一典型代表。他主张以此在"上手"去存在为视角，把马克思主义解读为一种"关系本体论"的物象化理论，以此来深化马克思主义理论，超越主客二分的形而上学思维方式。

21世纪以来，我国也有一些学者认为，海德格尔存在论彻底颠覆了形而上学，实现了现代西方哲学的生存论转向。马克思与海德格尔一样，也开启了生存论转向。只不过，在马克思这里，生存论是作为深层结构潜藏于马克思哲学之中，故而不易被发现罢了，要求必须从海德格尔存在论切入，来彰显马克思主义。

"以海解马"论在国内外的理论界都引起了广泛的关注和反思。

国外学界对部分"以海解马"论的形态及其内涵作了概括和分析。美国学者理查德·沃林②和约翰·埃布罗梅特，把马尔库塞于1928—1932年在海德格尔身边求学问道时写作的系列文章集结为一本书，并于2005年将其出版，书名为《海德格尔式的马克思主义》。沃林认为，马尔库塞开辟了"以海解马"的先例③。美国学者M.E.齐默尔曼，分析了科西克"从海德格尔本体论出发对马克思主义所作的各种探讨"，即科西克"以海解马"

---

① 转引自[美]理查德·沃林：《海德格尔的弟子：阿伦特、勒维特、约纳斯和马尔库塞》，张国清、王大林译，南京：江苏教育出版社2005年版，第158页。

② 理查德·沃林是美国政治思想史家，新左派的代表人物，早年师从于哈贝马斯。

③ 参见[美]理查德·沃林：《海德格尔的弟子：阿伦特、勒维特、约纳斯和马尔库塞》，张国清、王大林译，南京：江苏教育出版社2005年版，第146页。

论的一些内涵①。

国外学界反对"以海解马"论的主要观点是：海德格尔存在论与马克思主义是截然不同的两种哲学形态，"以海解马"必定要流于失败。

西方马克思主义理论家阿多诺认为，海德格尔存在论虽然对传统形而上学进行了批判，但却又重建了新的形而上学。海德格尔的存在是空的，既不是一个事实，也不是一个概念，这就使得存在本身躲开了任何批评，那些批评都可以被当作一种误解而不予理睬②。马尔库塞的"以海解马"论，想要打通海德格尔存在论与马克思主义现实性之间的隔阂，但却把海德格尔存在论置于对真实历史事实的解释之前③，这实质上是把马克思主义置于海德格尔存在论的地基之上。由此，马尔库塞的这种"互补"的结果，最后只能陷入空论。

海德格尔后来明确反对马尔库塞的"以海解马"论④。海德格尔认为，马克思主义是一种黑格尔主义，仍陷于形而上学之中。由此，他的存在论要优越于马克思主义，根本不需要马克思主义来补充。相反，他强调：要想读懂马克思主义的本质，必须上升到存在论的高度才行。所以他认为，马尔库塞在海德格尔与马克思主义之间的所谓的"互补"，反而使海德格尔存在论倒退回形而上学里⑤。

马尔库塞在1963年写给科西克的一封回信中，对自己早年曾经进行过的"以海解马"理论尝试作出了批评反思。马尔库塞认为，海德格尔存在论哲学中有"深刻的反人道的、反理智的、历史地反动的、否定生命的倾向"，因而不值得被严肃讨论，并明确地表明：拒绝将海德格尔与马克思

① 参见[美]M.E.齐默尔曼：《科西克的海德格尔式的马克思主义》，高地译，《哲学译丛》1984年第6期，第14—19页。

② 参见[德]阿多诺：《否定的辩证法》，张峰译，重庆：重庆出版社1993年版，第73页。

③ 转引自[美]理查德·沃林：《海德格尔的弟子：阿伦特、勒维特、约纳斯和马尔库塞》，张国清、王大林译，南京：江苏教育出版社2005年版，第159页。

④ 参见[德]海德格尔：《海德格尔文集·讨论班》，王志宏、石磊译，孙周兴、杨光校译，北京：商务印书馆2018年版，第426页。

⑤ 参见张涛：《海德格尔如何看存在论向历史唯物主义的介入——从海德格尔对马尔库塞"海德格尔式的马克思主义"的回应说起》，《哲学动态》2014年第12期，第34—39页。

关联起来的任何尝试①。

国外学界对"以海解马"论的批评反思，确实提出了一个需要深入研究的问题，那就是要准确判定海德格尔存在论与马克思主义的本质特征，仔细厘清它们之间的相似性与根本差异，才能揭示出"以海解马"的意义与限度。

我国学界也对马尔库塞、科西克、广松涉等"以海解马"论的典型形态、内涵特征、理论意义等进行了持续的和较为深入的研究。②

其中，持反对"以海解马"论立场的学者，其基本观点概而言之有三。第一，海德格尔存在论是一种非理性的主观唯心论，实质上是把理性主义哲学所压抑与忽视的前反思的非理性神秘体验，改造成先验的意识基础。因此，海德格尔存在论并没有革除以往形而上学的弊端，也没有超越唯物唯心的对立。第二，此在去存在的逻辑理路存在着困难。作为海德格尔此在存在论逻辑前提的"存在优先于存在者"并不成立，作为其逻辑中介的"此在优越于其他存在者"也是片面的，因而其逻辑结论，即存在的显示是此在的生存，是没有根据的。另外，人的现实存在也并非是无矛盾的能在建构。所谓无矛盾建构，实际所体现的只能是主体与客体未有分化的混沌状态，因而这里并没有人的位置。第三，马克思主义哲学与海德格尔存在论是根本异质的。因此，不能用海德格尔存在论来解读马克思主义哲学，否则，就必然会走偏方向；或者说，是把马克思主义哲学粉饰成为当代西方的流行哲学，因而是不合法的。至于将马克思主义哲学革命的实

---

① 参见［美］马尔库塞：《马克思主义、革命与乌托邦》，高海青、连杰、陶锋译，北京：人民出版社2019年版，第409—411页。

② 这些研究主要集中于学术论文；也有一些关于国外马克思主义的著作在涉及"以海解马"论的代表人物时，对这一理论成果进行了关注和评介。

质解读为生存论范式的开创，则更是一种误读①。

应该说，上述国内一些论者对"以海解马"论的批评，正确指出了"以海解马"的基本缺陷，在原则上澄清了其间的一些理论是非。但还存在着以下不足之处：一是，到目前为止，并没有把"以海解马"论作为一个总体来加以系统地研究和把握；二是，主要涉及的是国内一些"以海解马"论的观点，较少涉及国外"以海解马"论的观点；三是，对"以海解马"论学术成效和价值的揭示相对不足，没有对"以海解马"论进行辩证的总结。

因此，关于"以海解马"论还需要进行深入研究，比如，"以海解马"论作为一种有广泛影响的社会思潮，其产生的原因是什么？"以海解马"论的典型形态有哪些？"以海解马"论的逻辑路径是什么？"以海解马"论又产生了怎样的逻辑结果？如何恰当地评估"以海解马"论的理论尝试、学术价值及其内在困境，总结其间的经验教训？如何研判海德格尔存在论的性质？能不能用它来为马克思主义奠立根基？以现代西方哲学的框架、原则解读马克思主义，能不能准确地把握马克思主义，推动马克思主义的当代发展？如何准确完整地解读马克思主义？如何真正坚持、丰富和发展马克思主义？构建当代中国马克思主义哲学形态的基础和原则是什么？等等。本书的主要内容就是对这些问题的思考与总结。

---

① 参见孙伯鍨：《存在范畴与马克思主义哲学的本体论问题》，《南京大学学报》(哲学·人文科学·社会科学)2002年第3期，第55—62页；孙伯鍨、刘怀玉：《"存在论转向"与方法论革命》，《中国社会科学》2002年第5期，第14—24、203页；陶富源、金承志：《海德格尔生存论批判》，《高校理论战线》2010年第4期，第26—32页；陶富源：《关于马克思生存论的几个问题》，《马克思主义研究》2008年第5期，第48—54页；李海青、赵玉洁：《海德格尔的幽灵——对所谓马克思生存论的一种批判》，《哲学研究》2006年第2期，第116—120页。

第一章 / "以海解马"论的背景分析

    "以海解马"论的形成背景主要有以下四个方面。一是,海德格尔存在论在批判形而上学上具有突出的意义,在解构形而上学的过程中,开启了现代西方哲学研究的生存论转向。它以生存本体论建构为基础,以此在的能在为核心,重新肯定了人的本真能动性。二是,在马克思主义发展过程中,从第二国际正统派马克思主义到社会主义各国的理论界,存在着一种偏重于从客体向度来理解和阐释马克思主义的理论倾向。三是,作为对偏重客体向度理解和阐释马克思主义的反拨,西方马克思主义创始人则立足于主体向度来理解马克思主义。四是,"以海解马"论者继承了西方马克思主义创始人对客体向度的反拨,也注意到了他们对马克思主义的理解还没有走出黑格尔主义,没有走出形而上学,而海德格尔存在论则彻底颠覆了形而上学,开启了生存论转向。于是,他们推崇以海德格尔存在论来解读马克思主义,力图为马克思主义哲学找到一种存在论根基,以彰显马克思主义哲学革命的发生和意义,揭示马克思主义哲学对形而上学的颠覆及其向感性世界的生存论转向的意蕴。这四重背景,激起了学界持续的、广泛的"以海解马"理论尝试。

第一节　海德格尔存在论的突出意义

海德格尔存在论诞生于20世纪20年代，其意义突出地表现为以下两点。第一，力图对形而上学进行基础性的批判，使哲学的目光从超感性世界转向感性世界，成为现代西方哲学生存论转向的标志。第二，把此在的本质看成是一个动态的能在建构过程，把世界看作是此在的本己建构，此在的展开就是超越物化，从日常沉沦转向本真存在。这是对现代人类生活状况的独特反思和批判，在另一种形式上重新肯定并高扬了人的主体能动性。海德格尔的形而上学批判和对人类存在状况的反思是紧密融合的，也就是关于此在的生存本体论。

一、力图对形而上学进行基础性的批判

海德格尔批判的形而上学，包括传统形而上学（或一般形而上学）与现代形而上学。海德格尔认为，传统形而上学是从柏拉图的理念论开始的，一直延伸到经院哲学那里；现代形而上学则是从笛卡尔开始，经德国唯心主义（观念论）达到完备形态，尤其是在黑格尔唯心主义中达到了极致。

西方哲学的最初形态是以泰勒斯为代表的早期一批古希腊哲学家，通过探究世界的本原和根据而创建的自然哲学。自然哲学因其探讨的世界超越人的感性世界，可被称为本原论形而上学。

柏拉图的理念论形而上学和亚里士多德的实体论形而上学，虽然不再以自然世界为对象，而转向人的世界，但这个世界依然是超感性世界的。柏拉图认为，理念是独立于可感事物之外的真实存在，个别的、可感的事物是对理念的"摹仿""分有"。于是，理念的世界被当作真正的世界，感性世界则被看作意念的世界、非本真的世界。亚里士多德用"是者"替代

了早期希腊哲学家的本原理念，认为"是者"自身及其本质属性才是真正的研究对象，"是者"的哲学意义是实体。

随着自然科学的迅猛发展、资本主义生产关系的形成和资本主义制度的确立，传统形而上学及其研究方法已经无法满足人们对知识的现实需求，主体（人）的认识能力及认识方法开始成为哲学关注的中心。近代哲学紧跟自然科学之后来反对经院哲学，高扬人的主体性。理性主义正是人的这种主体性的基本标示：人通过理性来获得真理，通过理性为自然立法，为社会立法。

笛卡尔的唯理论标志着这种认识论、知识论的转向。笛卡尔认为，哲学能够统一其他科学，不在于它的研究对象是本原、理念、"是者"或上帝，而在于它的方法，即分析与综合的"普遍数学"方法。分析则需要找到一个不可怀疑的第一支点，即"自我"。从"自我"这个基础出发，笛卡尔逐步推导出心灵、物质等确定知识，建立了近代的第一个哲学体系——主体论形而上学。笛卡尔的唯理论，核心在于他建立了以思想为原则的新哲学形态。对此，黑格尔论述道："勒内·笛卡尔事实上是近代哲学真正的创始人，因为近代哲学是以思维为原则的。独立的思维在这里与进行哲学论证的神学分开了，把它放到另外的一边去了。思维是一个新的基础。……哲学在奔波了一千年之后，现在才回到这个基础上面。"①黑格尔在这里清楚地描述了笛卡尔的思想原则及其对哲学建设的真正意义。

笛卡尔把哲学的立足点置于自我意识之上，一切存在者之存在的本质要靠自我意识来言说。意识本身就成为一种设定对象、把握对象的表象活动，它以自己的内在清晰明确来保证真理和存在，而成为存在的基础。"意识现在是一切存在者之存在的本质，一切存在都是'意识'的对象性。"②这样，作为主体的人就被置于一种统治地位，它靠计算性思维（包括计算性技术和方法），使世界变成主体的人的对象，人成为巨大的主体，

---

① ［德］黑格尔：《哲学史讲录》第4卷，贺麟、王太庆译，北京：商务印书馆1978年版，第63页。

② ［德］海德格尔著，［德］英格丽特·舒斯勒编：《黑格尔》，赵卫国译，南京：南京大学出版社2018年版，第67页。

世界变成巨大的客体。所以，海德格尔也认为，笛卡尔开启了现代形而上学，并且随后现代形而上学在德国唯心主义中完成了。

康德理性批判哲学形成了自在之物与先验观念论的二元对立。其先验观念论认为，人的认识能力是从感性到知性，从知性再到理性的发展，理性思维的最高概念是上帝、灵魂和世界。知性提供纯粹概念来加工感性提供的东西。纯粹概念就是范畴，范畴先天地规定经验对象。康德在《纯粹理性批判》第一版演绎中，分析了意识如何凭借直观、想象力和纯粹概念来先天综合感性提供之杂多对象，构成能被意识统觉的对象。第二版演绎则直接从先验统觉"我思"出发，联结、规范杂多，最后将它们统摄在意识中。这样，"我思"就如同直观纯形式一样有了客观效力，它不仅规范意识统摄之对象，亦提供意识统摄的纯形式。如是，康德将"哥白尼式的革命"在认识论中绝妙地演绎了出来：首先确立主体的人的地位，客体从而得以围绕主体"旋转"，即"人为自然界立法"，范畴先天地把法则加诸作为现象界的整体自然界之上，而范畴则正是自我意识的输入、显示和确证。所以，海德格尔指出，康德知性原理就是概念式的表象活动，概念在"统一性表象活动的意义上，就叫'意识'"[1]。

康德的批判哲学对理性进行了批判。他认为，理性仅用来保证知性客观有效，问题就在于，人的这个理性的本性又要推动知性概念运用到超出自身以外的不可知领域，造成了二律背反。这里的不可知领域即指自在之物。这就形成了自在之物与先验观念论的相关联立，但同时也造成了一个巨大的分裂。

海德格尔对康德先验观念论和自在之物的相关联立，给出了比较高的评价。他认为康德把自在之物当作"纯粹的境域"，"不能成为有关存在物的某种知识所占有的对象"[2]，不能被意识所占有，这等于指出了"存在"

---

①转引[德]自海德格尔：《康德与形而上学疑难》，王庆节译，上海：上海译文出版社2011年版，第68页。

②[德]海德格尔：《康德与形而上学疑难》，王庆节译，上海：上海译文出版社2011年版，第117页。

不是认识论的对象，认识论追问的是存在者之整体，而无法追问存在。这有些类似海德格尔关于存在者与存在的划分，但可惜康德没有进行充分的奠基，而且"整个德国观念论中都没有对主体进行追问"①，包括主体人的生存活动与生存方式。

在后来的费希特和谢林的先验唯心主义那里，都抛弃了自在之物，强化了先验"自我"作为绝对主体这一功能。

费希特认为，自在之物"是一种纯粹的虚构，完全没有实在性"②，没有价值，先验哲学需要抛弃不可认识的自在之物，以自明的第一原则作为全部体系的出发点和内在贯彻的基础。第一原则是自我意识的原则，它又由三条原则构成，即自我设定自身，自我设定非我，自我和非我统一。这里的"非我"是费希特知识学特有的概念，非我不仅仅作为自我的对立面而存在，它也是自我的设定、展开和显示。由此，非我就是自我在其表象活动中的存在，这里贯彻的仍然是自我原则，而不是非我的原则。海德格尔也指出，非我就直接受到了自我规定，但那进行表象的自我由此同样也间接地受到自我的规定，因而不是受到非我的规定。自我是不受条件限制的绝对自我，它的设置、表象活动，是一种无限的设置、表象活动。

谢林也认为自在之物是一种"偏见"③，先验知识必须超越这种偏见，走向自然哲学。谢林不是要用自然哲学取代先验哲学，而是认为自然哲学与先验哲学相辅相成，先验哲学要奠基于自然哲学之上。或者说，先验哲学从属于自然哲学。谢林的自然是通过理性、概念建构起来的能动的、有机的精神。先验哲学的"自我类事物本身只是整个有机体内部的一种有机物而已"，它的进程奠基于自然本身之中，是"作为自然之最本己的有机

① [德]海德格尔：《德国观念论与当前哲学的困境》，庄振华、李华译，赵卫国校，西安：西北大学出版社2016年版，第407页。

② 参见北京大学哲学系外国哲学史教研室编译：《西方哲学原著选读》下卷，北京：商务印书馆1982年版，第324页。

③ 参见北京大学哲学系外国哲学史教研室编译：《西方哲学原著选读》下卷，北京：商务印书馆1982年版，第355页。

体的规律的、从自然本身中生长出来的东西"①。

从费希特、谢林的"自我"绝对主体走向黑格尔的绝对理性、绝对精神，是德国唯心主义的内在进程。"将人理解成'自我'的这种基本观点，以及对自我的规定——规定为意识、自我意识，又将这种自我意识规定为绝对主体——构成了德国观念论的形而上学必然走向辩证法的根据。"②黑格尔的理性的立足点就是它自身——理性通过自己揭示自己，自己发展自己而回到自身，得到显示。这样，自我意识、主体性、客体等在理性的辩证进程中就贯通起来了。

黑格尔认为，康德对理性的批判考察其实是"仅仅从主观的还是客观的"的观点来进行的，这就使得理性批判并不是自在自为地进行的。而问题的实质在于，理性应该既是对象，又是对象本身的活动，即"从自身出发走向对象，并且以这种走出的方式展示或显现自身"③。所以，理性需要自己考察自己，必须在它自身中规定自己的界限，揭示自己的缺陷，即从自身开始，经过扬弃的路程，又回到自身的一个辩证运动。黑格尔认为这样才能解决康德理性批判所遗留下来的缺陷。如是，理性就在黑格尔那里获得了一种极致形态，即理性通过自身的辩证运动，把主体、对象和反思三者完全地贯通起来。这包含着三个逻辑层面：第一，作为意识的主体直接联系于意识的客体；第二，理性通过反思将意识的主体与意识的客体联系起来；第三，客体之正题与主体之反题进入必然的综合进程中，从而被贯通起来。这种辩证法"不是先验的、批判地限制着的甚或论战性的思想方式，而是对作为精神本身之生产过程的对立面的反映和统一"④。这样，理性的起点、进展、过程和返回，全部是在思辨辩证法的逻辑行程上

---

① [德]海德格尔：《德国观念论与当前哲学的困境》，庄振华、李华译，赵卫国校，西安：西北大学出版社2016年版，第239—240页。

② [德]海德格尔：《德国观念论与当前哲学的困境》，庄振华、李华译，赵卫国校，西安：西北大学出版社2016年版，第155—156页。

③ [德]海德格尔著，[德]英格丽特·舒斯勒编：《黑格尔》，赵卫国译，南京：南京大学出版社2018年版，第67页。

④ [德]海德格尔：《路标》，孙周兴译，北京：商务印书馆2000年版，第507页。

被规定好了的。黑格尔通过理性的思辨运动，达成了一种集大成的绝对知识体系，体现出理性对存在者之整体世界的绝对把握。

笛卡尔哲学体现出主客二元的绝对对立，其"我思故我在"之"故"，还没有把意识主体、对象和反思的共属一体性彻底贯通起来。在笛卡尔"自我"哲学的基础上，黑格尔通过理性、绝对精神创造出一种综合体系和辩证方法，来历史地理解和把握社会变动与科学发展，试图以一种完美的姿态去接近和把握现实本身。在此意义上可以说，黑格尔是一个"超级"笛卡尔主义者，是理性主义的集大成者。海德格尔也指出，黑格尔的"绝对观念论不过就是笛卡尔式的沉思的完成"①。

当然，传统形而上学与现代形而上学是不同的。海德格尔指出，它们最大的不同之处在于，现代形而上学之中出现了"对象""客体"等概念，而在希腊思想中，"根本就找不到对象或客体的概念"②。不过，传统形而上学和现代形而上学的内在又是一致的。

在柏拉图的理念论中，理念对"真实世界"的真正把握，已经蕴含了把存在者之存在解释为对象之对象性。从笛卡尔到黑格尔的现代形而上学，本质上只不过是把传统形而上学那里已经蕴含的思想的原则，以一种更为彻底的方式完成了。所以，从传统形而上学到现代形而上学是一脉相承、内在一致的。只有被理念或绝对精神把握的，才是真实的存在者。真实的存在者乃是"只从自身出发并穿透自身的存在者，即绝对"③。

所以，黑格尔的绝对精神与柏拉图的理念原则，是内在一致的。正是在这个意义上，海德格尔断言，"纵观整个哲学史，柏拉图的思想以有所变化的形态始终起着决定性作用。形而上学就是柏拉图主义"④。

---

① [德]海德格尔：《德国观念论与当前哲学的困境》，庄振华、李华译，赵卫国校，西安：西北大学出版社2016年版，第407页。

② [德]海德格尔著，[德]英格丽特·舒斯勒编：《黑格尔》，赵卫国译，南京：南京大学出版社2018年版，第96页。

③ [德]海德格尔著，[德]英格丽特·舒斯勒编：《黑格尔》，赵卫国译，南京：南京大学出版社2018年版，第96页。

④ [德]海德格尔：《面向思的事情》，陈小文、孙周兴译，北京：商务印书馆1999年版，第70页。

从柏拉图的理念原则，到笛卡尔的我思原则，再到黑格尔的绝对理性原则，形而上学的基本建制，一贯地体现为意识的内在性原理①。为了寻求对超感性世界的确证，从笛卡尔开始就注意采取自我意识设定对象、表象对象的自我确证原则和方法，以保证对象与我思、客体与主体的内在一致性。但自我意识在多大程度上能够归属于自我主体的存在，则是需要存疑、反思的。

海德格尔指出，自我意识恰恰是内在的、封闭的，它无法走出来，去切中对象。"只要人们从 Ego cogito［我思］出发，人们也就不能突破它；因为 Ego cogito［我思］的基本建制（Grundverfassung）就在于（同时，莱布尼茨的单子的基本建制也在于）：它没有任何可供某物能够进出的窗户。就此而言，Ego cogito［我思］是一个封闭的空间。'从'这种封闭空间中走'出来'，这种想法本身就是矛盾的。由此必然得出：我们需要从不同于 Ego cogito［我思］的东西起步出发。"②

由于意识内在性的基本建制，现代形而上学的本质特性就体现为自我意识论证性的表象思维、计算性思维、课题化思维等方式③。这些思维方式的特征本质上体现为意识内在"贯通"的表象性思维。海德格尔指出，"形而上学以论证性表象的思维方式来思考存在者之为存在者"④。

由于形而上学的基本建制和基本特征，使得形而上学的追问就是存在者之存在性，即存在者之整体。在早期古希腊哲学家的本原论形而上学那里，它研究的对象，追问的存在，是"本原之存在"，如泰勒斯认为水是万物的本原，赫拉克利特认为火是万物的本原。在柏拉图的理念论形而上学那里，可感世界被看作不真实的存在，可感世界之上的理念世界才是真

---

① 参见吴晓明：《超感性世界的神话学及其末路：马克思存在论革命的当代阐释》，北京：中国人民大学出版社2011年版，第8页。

② 参见《海德格尔文集·讨论班》，王志宏、石磊译，孙周兴、杨光校译，北京：商务印书馆2018年版，第461—462页。

③ 参见［德］海德格尔：《林中路》（修订本），孙周兴译，上海：上海译文出版社2004年版，第110页。

④ ［德］海德格尔：《面向思的事情》，陈小文、孙周兴译，北京：商务印书馆1999年版，第68页。

正的存在。在亚里士多德那里，他追问的对象是"是者"自身及其本质属性，也就是实体存在，而实体存在是可以通过种加属差的方法来定义的。在现代形而上学那里，它靠思想、理性、精神去认识和把握世界万物的存在，把思想、理性、精神及其思辨进程中的逻辑规定，看成是真正的存在。

在海德格尔看来，无论是传统形而上学，还是现代形而上学，它们都是关于存在者本身之整体的知识，即关于超感世界的知识，这属于认识论问题。海德格尔总结道，形而上学就是"居于感性事物之上的东西之知识的头衔，用于超感性事物的科学或知识"①。形而上学试图从高处规定尘世生活，自以为掌握了尘世生活的秘密，殊不知，这种"知识论""无能于认识它自己的本质及其基础"②。尽管它努力地去追问了存在者之整体，但却没有追问存在的意义，遗忘了存在自身。

海德格尔评价尼采的"上帝死了"，认为尼采说出了一个重大的哲学事件：超感性世界崩塌了、毁坏了，没有作用力了③。但只是说出超感性世界的崩塌还是不够的，还必须从不同于自我意识的东西出发，通过追问主体的生存活动及存在方式，来追问存在自身，即通过此在去生存的生存论建构，为追问和领悟存在奠定基础。

海德格尔在消解形而上学的同时，使用迥然不同于形而上学的"我思""意识""主体"等一类的范畴，铸炼出"此在""生存""在世存在""上手之物""被抛""操心"等新的哲学术语，建造了生存本体论，也就是海德格尔的基础存在论。

海德格尔通过重提存在的意义问题和存在论的区分，为生存本体论与形而上学划出了一条清晰的、根本的界线。

---

① [德]海德格尔：《形而上学的基本概念：世界—有限性—孤独性》，赵卫国译，北京：商务印书馆2017年版，第59页。

② [德]海德格尔：《演讲与论文集》，孙周兴译，北京：生活·读书·新知三联书店2005年版，第74页。

③ 参见[德]海德格尔：《林中路》（修订本），孙周兴译，上海：上海译文出版社2004年版，第231页。

何谓"存在论的区分"呢？这一区分实际上包含三重内涵：一是存在与存在者的区分，二是此在与存在者的区分，三是此在世界与外部世界（自然）的区分。

关于存在与存在者的区分，海德格尔说道，这并不是主观上随意做出的一种区分，而是"那样一种区别，藉之可以首先获得存在论乃至哲学自身的主题。它是一种首先构成了存在论的东西。我们称之为存在论差异，亦即存在与存在者之间的区分"①。在海德格尔看来，存在与存在者属于不同层面，只有洞见二者之间的差异，进而把存在与存在者严格地区分开来，人们才能突破形而上学。

在海德格尔看来，形而上学的主导问题是存在者"是什么"，看起来好像以各种不同的方式来探究存在，但实际上它思考的存在并不是存在自身。在海德格尔看来，存在不同于存在者，不能将其当作种属概念来把握，即存在不能被定义，也不能被人的理性、精神所规定。存在的意义是展开的过程，是动词的含义；存在者的意义是实体，是名词的含义。只有在一事物自我显示的过程中，该事物才进入存在状态。所以，海德格尔存在论是对"是什么"这种形而上学方式的告别，是对存在者这样那样的本质属性、特征、领域诸问题的悬搁，它着眼于存在者的存在，而这是以形式指引、存在领会为基本方式的关于存在自身的追问。

那么如何理解和把握存在论的追问方式呢？海德格尔紧接着又做出一个区分，即此在与存在者之间的区分。

一方面，海德格尔指出，存在是存在者的基础、根据，另一方面，他又强调"存在总是某种存在者的存在"②。没有存在者，也就无所谓存在问题。所以对存在的追问，还必须通过存在者才行。但并非所有的存在者都可以，必须找到一种特定存在的存在者。在该存在者的存在过程中，存

① [德]海德格尔：《现象学之基本问题》（修订译本），丁耘译，北京：商务印书馆2022年版，第19页。

② [德]海德格尔：《存在与时间》（中文修订第2版），陈嘉映、王庆节译，北京：商务印书馆2015年版，第13页。

在不是掩蔽着的，而是以某种方式获得了展开，得到了领会。这种特殊的存在者就是此在，也就是人。因为只有人才能去追问存在的意义，人之外的一切存在者的存在只是实在存在，无法展开生存。海德格尔指出："以生存方式存在的存在者乃是人。唯独人才生存。岩石存在（ist），但它并不生存（existiert）。树木存在，但它并不生存。马存在，但它并不生存。……'人生存'这句话的意思是：人是这样一个存在者，这个存在者的存在是通过在存在之无蔽状态中的保持着开放的内立——从存在而来——在存在中显突出来的。"①但他也强调，此在不是生物学、人类学、心理学、社会学研究的那个对象"人"，而是绽出生存的人。

这样，海德格尔存在论就确立了此在优越于一般存在者的存在论地位。"此在是一种存在者，但并不仅仅是置于众存在者之中的一种存在者。从存在者层次上来看，其与众不同之处在于：这个存在者在它的存在中与这个存在本身发生交涉。"②此在的这种优越地位是如何可能的？海德格尔认为，此在的优先性首先是"从存在而来"，也就是由存在自身"发送"过来的本来如此。此在这种存在者，"它的存在是随着它的存在并通过它的存在而对它本身开展出来的。对存在的领会本身就是此在的存在论规定。此在在存在者层次上的与众不同之处在于：它在存在论层次上存在"③。从存在而来的优越性，又规定了此在的本质。此在的本质在于它的生存④。此在的这一规定，恰恰说明了此在不同于一般的存在者那样具有固定不变的本质，此在的本质由它自己的生存过程决定。

此在世界与外部世界（自然）的区分作为存在论区分的第三重内涵，不太为人所重视。但实际上这重区分也不能忽视，它关乎着对海德格尔此

---

① [德]海德格尔：《路标》,孙周兴译,北京:商务印书馆2000年版,第442页。

② [德]海德格尔：《存在与时间》(中文修订第2版),陈嘉映、王庆节译,北京:商务印书馆2015年版,第16页。

③ [德]海德格尔：《存在与时间》(中文修订第2版),陈嘉映、王庆节译,北京:商务印书馆2015年版,第17页。

④ 参见[德]海德格尔：《存在与时间》(中文修订第2版),陈嘉映、王庆节译,北京:商务印书馆2015年版,第57页。

在和生存本体论限度的把握。

海德格尔认为，外部世界（自然）与此在世界是两种不同的东西。此在世界指的是此在在世界之中存在的世界，这个世界本质上是随此在的上手去在而展开的。也就是说，世界表现为此在的展开环节，甚至可以说，此在即世界。而外部世界（自然）与此在存在着尖锐的对立。海德格尔认为，外部世界（自然）与此在的区分之尖锐，要超过此在与存在者的区分，超过传统存在论中上帝与人的区分。此在与外部世界（自然）如此尖锐的对立，使"还能不能找到一个统一的存在概念（正是这个概念才使我们合法地将不同的存在方式称为存在方式）"①这一难题更加难以解决。然而，外部世界（自然）的问题，虽然被海德格尔作了区分，但仍要"托付于"此在。

首先，外部世界（自然）作为实在事物，要进入"世内"成为一般存在者，否则，它就无法得到揭示。海德格尔指出："实在事物本质上只有作为世内存在者才可通达。"②再者，进入世内存在者的一切途径在存在论上都根植于此在的基本建构，根植于此在的在世存在。所以，外部世界（自然）虽然不是此在的生存环节，但也只有"在已经展开的世界的基础上才是可揭示的"，随着此在世界的展开，外部世界（自然）"也总已经被揭示了"③。

海德格尔的《存在与时间》通过三重区分，确立了此在的三重优先性。"第一层是存在者层次上的优先地位：这种存在者在它的存在中是通过生存得到规定的。第二层是存在论上的优先地位：此在由于以生存为其规定性，故就它本身而言就是'存在论的'。而作为生存之领会的受托者，此在却又同样源始地包含有对一切非此在式的存在者的存在的领会。因而

---

① ［德］海德格尔：《现象学之基本问题》（修订译本），丁耘译，北京：商务印书馆2022年版，第225页。

② ［德］海德格尔：《存在与时间》（中文修订第2版），陈嘉映、王庆节译，北京：商务印书馆2015年版，第250页。

③ ［德］海德格尔：《存在与时间》（中文修订第2版），陈嘉映、王庆节译，北京：商务印书馆2015年版，第250页。

此在的第三层优先地位就在于：它是使一切存在论在存在者层次上及存在论上〔ontisch-ontologisch〕都得以可能的条件。于是此在就摆明它是先于其他一切存在者而从存在论上首须问及的东西了。"①

海德格尔存在论的核心维系于此在，此在成为求解存在之谜和人之谜的关键。海德格尔存在论哲学不仅参与了现代西方哲学的生存论转向的开启，而且是生存论转向的标志性哲学形态。

二、现代西方哲学生存论转向的标志

随着资本主义社会的基本矛盾充分暴露出来，经济危机频现，战争频发，社会机体受到了严重的摧残，社会氛围充满着压抑与恐惧。人们开始怀疑，一度被崇尚的理性法则是否真的是人类生存的内在价值尺度。于是，在19世纪中后期的西方社会，一股强大的非理性主义思潮涌现出来，并涉及哲学、文学、艺术、心理学、人类学、社会学诸领域。哲学也力图从超感性世界回到感性的生活世界。由此，西方哲学便开始了由认识论向生存论的转向。

生存论的转向并非要全盘抛弃本体论、认识论，而是一种通过颠覆理性本体论而形成的非理性主义本体论，即通过强调非理性中的意志、直觉、生命体验和生命冲动等，并将其本体化，来对抗理性主义本体论；以主观的直觉体验和意义的生成来代替理性的认知。其典型代表有叔本华、尼采的意志主义本体论，克尔凯郭尔的个体本体论和生命哲学等。

叔本华的意志本体论取消了康德自在之物与现象界的区分，把意志上升到本体论的地位，认为世界的本质是意志，世界乃是意志的体现。尼采在叔本华意志本体论的基础上，把意志升华为强力意志，并以强力意志为核心，展开自己的意志主义本体论。尼采指出，强力意志根本不能从理性那里求得说明，强力意志是一种神秘的、内在的非理性存在。强力意志是

① 〔德〕海德格尔：《存在与时间》（中文修订第2版），陈嘉映、王庆节译，商务印书馆2015年版，第18—19页。

尼采主观体验的高度提炼、概括，它描述了个体存在的三个方面的真理：一是，如同理性是衡量一切理性与非理性的标准一样，强力意志就是衡量一切的最高标准。二是，强力意志要求重估一切价值。在这一重估中，"上帝的观念迄今为止是存在的最大障碍"①，应毫不犹豫地宣布"上帝死了"。尼采的这一宣言意味着一个超感性世界的崩塌，一切传统文化价值观的毁坏，一切都被归于虚无。那么，如何摆脱虚无的深渊呢？在尼采看来，还是只能依靠强力意志。三是，强力意志是一种自我肯定、自我高扬、永恒轮回的存在者，强力意志的化身就是非理性的超人。

克尔凯郭尔强烈反叛黑格尔，他不要绝对精神及其同一化进程，只要孤独的个体。他认为黑格尔的绝对精神的辩证法过程中虽然提到存在，但却遗忘了它。因为存在不是概念的辩证法，而是人的生存的辩证法。而且，生存只能是"个体"的。个体的生存是包括自我参与、自我选择和实现自我的个人生活过程。在克尔凯郭尔这里，存在是个体存在，个体存在不是理性的，而是个人通过情欲、激情等非理性实现的存在过程。这一过程包括三个环节：参与、选择和实现。参与生活就是要驾驭生活，而不是任生活摆布。参与本身就是一种选择，在面对生活中的不确定性、荒谬性的时候，要朝着某种生存方式进行选择和决断。通过选择、决断，有限个体实现向无限上帝的跳跃，从而远离大家（大众）的平均化状态、千篇一律状态，真正实现个体存在。从参与、选择到实现，这是一个从低到高的提升过程，而这个提升过程又是通过绝望、罪责、悖论、荒谬等心理状态上的转变来实现的。

尼采的超人学说通过张扬强力意志把上帝彻底推倒、毁弃，克尔凯郭尔则提出通过主观体验、信仰、选择而历练为一个基督徒。在他看来，主观体验是人与上帝之间的直接联系，因此这也是内在的、本质的联系。虽然克尔凯郭尔对黑格尔理性主义进行了强烈反叛，但实际上他还是以黑格尔思辨辩证法的方式来研究个体存在，只不过是把理性的辩证进程，转变成了非理性的心理转变过程。克尔凯郭尔的个体生存论，为后来的存在主

---

①［德］尼采：《偶像的黄昏》，周国平译，北京：光明日报出版社1996年版，第42页。

义，尤其是为海德格尔存在论留下许多用以描述生存，而且带有生存结构性质的术语，比如，有限性、选择、责任、跳跃、畏惧、瞬间、荒谬、无聊、大家、平均化等①。

以柏格森、狄尔泰等为代表的生命哲学家，坚持生命的原则，把生命作为研究的中心，认为生命的意义在于过程，在于创造。他们要求用直觉、记忆、领悟、生命冲动等非理性取代理性。柏格森认为，要"坚持抽象理智不足以把握经验的丰富性，坚持时间是一种紧迫的、不可还原的原始实在……坚持自然科学定量分析方法测不出精神生活的内在深度"②。他还指出，要通过内在的意识体验——直觉去认识和把握存在。他把存在与直觉等同起来，认为直觉就是生命③。不过，生命哲学存在的缺陷也是比较明显的，它对生命现象的说明和研究要么是心理学的方法，要么是人类学的考察。而且，柏格森对时间和空间、理智和直观、生成和实体等的论证，还深陷于笛卡尔式的二元论思维方式中。狄尔泰认为，生命本身是不可再被还原的最基本、最真实的事实，因此它构成哲学的出发点。狄尔泰强调，生命体验是第一位的，认识只是第二位的。在生命体验中并没有主体与客体的区分，但它并不是一团乱麻，生命自身包含着可被理解的东西，即内在固有的秩序和形式。这种内在之物是理性反思之前未被删节的本真体验，是前理论的领域。前理论的生命体验又是变化的、活生生的生命之流，而生命流动就是历史。狄尔泰指出："历史就是在时间之中进行的生命过程本身。"④狄尔泰生命哲学对海德格尔生存本体论的产生有重要影响。海德格尔大学期间就读过狄尔泰的许多著作，在1925年的一场讲座报告中，他详细地讨论了狄尔泰生命哲学的贡献、不足以及进一步突破的

---

① 参见靳希平、吴增定：《十九世纪德国非主流哲学：现象学史前史札记》，北京：北京大学出版社2004年版，第188页。

② [美]威廉·巴雷特：《非理性的人：存在主义哲学研究》，段德智译，陈修斋校，上海：上海译文出版社1992年版，第15页。

③ 参见[法]柏格森：《创造进化论》，肖聿译，北京：华夏出版社2000年版，第228页。

④ [德]狄尔泰：《历史中的意义》，艾彦、逸飞译，北京：中国城市出版社2002年版，第13页。

进路①，其著作《存在与时间》第77节探讨的就是狄尔泰的历史性问题。

上述存在主义的先驱，通过人生存过程中展示出来的诸多非理性主义因素，有力地反拨了理性主义，但真正标志生存论转向的是海德格尔存在论。原因在于以下两个方面：一方面，在海德格尔之前的这些非理性主义哲学家们，只是抓住了非理性中的某一个因素，并没有把人的非理性因素放到生存过程中加以系统的、整体的研究，如叔本华与尼采依靠意志，克尔凯郭尔相信个人体验，柏格森推崇直觉，狄尔泰发掘意识形式。另一方面，这些非理性主义哲学家们的论述方法，并没有实质性地跳出他们所反叛的理性主义传统，如克尔凯郭尔的生活辩证法是黑格尔思辨辩证法的"反射"，柏格森的直觉与色彩、时间与空间都有笛卡尔二元论的印迹。

海德格尔也看到了上述一般生存哲学的缺陷。对于尼采，他这样评述道：尼采是最后一个形而上学家，"尼采的哲学必然如同所有的'反……'（Anti-）一样，还拘执于它所反对的东西的本质之中"②；对于克尔凯郭尔，海德格尔认为，虽然他对人的实际生存的处境有深刻的体验，但对生存论问题的提法却十分生疏，"完全处在黑格尔的以及黑格尔眼中的古代哲学的影响之下"③，不过是以基督教的人观代替了主体④；对于生命哲学，他强调"致力于建立某种生命哲学……这都是一些外在性的做法"⑤。

所以，在海德格尔看来，上述哲学形态虽然对存在进行了有别于理性主义本体论的新研究，但遗憾的是它们依然是外在的，还没有真正地走向存在自身，因而与理性主义本体论一样都是一种"无根"的本体论。而"一切存在论所源出的基础存在论〔Fundamcntalonto-logic〕必须在对此在

---

① 参见靳希平、吴增定：《十九世纪德国非主流哲学：现象学史前史札记》，北京：北京大学出版社2004年版，第332—336页。

② ［德］海德格尔：《林中路》（修订版），孙周兴译，上海：上海译文出版社2004年版，第231页。

③ ［德］海德格尔：《存在与时间》（中文修订第2版），陈嘉映、王庆节译，北京：商务印书馆2015年版，第291页脚注。

④ 参见［德］海德格尔：《德国观念论与当前的哲学的困境》，庄振华、李华译，赵卫国校，西安：西北大学出版社2016年版，第326页。

⑤ ［德］海德格尔：《德国观念论与当前的哲学的困境》，庄振华、李华译，赵卫国校，西安：西北大学出版社2016年版，第407页。

的生存论分析中来寻找"①。海德格尔的生存本体论之所以是基础存在论，是因为它是以存在意义的领会为统领，使心理、情绪、状态等各种生存论要素呈分环勾连的此在整体性的生存本体论结构。由此，它通过这条别具特色的生存本体论路径，成为现代西方哲学生存论转向的标志。

海德格尔强调，此在不同于自我意识、我思主体，它是绽出生存的。此在一"出生"（被抛），就是带着世界而来的，而非主体、自我进行内在突破后去赢获世界的那种方式。世界并不是现成事物的集合，而是此在展开过程的集合。世界作为此在展开的内在环节，是此在的一个建构要素。所谓"依寓世界而存在，是一个生存论环节，绝非意指把一些现成物体摆在一起之类的现成存在"②。所以，他的这个世界并不是数学的世界、物理的世界，或形而上学的超感性世界，而是前理论、前逻辑的生存世界、意义世界。所以，此在与世界不是两隔的，而是一体的。此在生存最基本的建构就是在"世界之中存在"。

此在始终是从世界的视角来理解自己、其他事物及其与世界的关系。此在的展开，就表现为此在在生存论各环节上展开的分环勾连的关系性存在，这种超越主客二分之上的第一性的关系存在，即海德格尔的"上手去在"。在此在展开关联环节的整体性结构中，世界作为世界显示着，此在之外的一般世内存在者也以上手状态被揭示出来。"上手的东西的存在性质就是因缘。"③在这样的关系存在论中，诸如锤子等物不是理性认识的对象，也不再是一个在操劳活动中照面的用具、工具，而是作为"何所用""为了作……之用"来指引出源始的生存环节的关联。"对锤子这物越少瞠目凝视，用它用的越起劲，对它的关系也就变得越源始，它也就越发昭然

---

① [德]海德格尔：《存在与时间》（中文修订第2版），陈嘉映、王庆节译，北京：商务印书馆2015年版，第18页。

② [德]海德格尔：《存在与时间》（中文修订第2版），陈嘉映、王庆节译，北京：商务印书馆2015年版，第74页。

③ [德]海德格尔：《存在与时间》（中文修订第2版），陈嘉映、王庆节译，北京：商务印书馆2015年版，第109页。

若揭地作为它所是的东西来照面。"①在一切上手的事物中，世界总是已经在此，已经预先被揭示出来了，而一般的世内存在者的存在也由此呈现出来。

在在世存在之中，不仅上手事物作为进入世内照面的存在者得以揭示，而且同时还"把此在和他人也都在他们的共同此在中开放了"②，即此在是与他人共在的。那么，与他人共在是如何可能的呢？这源于此在的本质规定，即在世界之中存在就是与他人共在。他人并不是"我"之外的全体余数，他人与我们本身并无差别，是我们也在其中的那些人。只要我们不把海德格尔的此在看成孤立主体的"自我"，而是展开的系列环节，就能很好理解这个他人：他人与我，都被吸收进此在，此在既不是单数，也不是复数，而是抹平了一切的、中性的大家，或"常人"③。常人接管了此在自己的存在，造成此在以无个性的方式与他人共在，每个人都是一样，千篇一律、庸庸碌碌。常人指定日常生活的存在方式，这就是常人统治。不过，常人本身也是生存论建构中的一个环节，而且是作为一种源始现象属于此在的积极建构④。而所谓常人对此在的积极建构，是从日常生活存在方式的意义上说的，即它使此在在世的三个基本环节转变为此在沉沦的三种样式。

此在在世展开有以下三个基本的生存论环节：情绪、领会、语言。情绪是此在的现身情态，它存在于一切认识之前，因此它是源始性的存在方式。情绪是人生存中的一种直接体验，它并不是经由理性反省获得的，而

---

① [德]海德格尔：《存在与时间》(中文修订第2版)，陈嘉映、王庆节译，北京：商务印书馆2015年版，第92页。

② [德]海德格尔：《存在与时间》(中文修订第2版)，陈嘉映、王庆节译，北京：商务印书馆2015年版，第156页。

③ 参见[德]海德格尔：《存在与时间》(中文修订第2版)，陈嘉映、王庆节译，北京：商务印书馆2015年版，第161页。

④ 参见[德]海德格尔：《存在与时间》(中文修订第2版)，陈嘉映、王庆节译，北京：商务印书馆2015年版，第164页。

是在"此在无所反省地委身任情于它所操劳的'世界'之际袭击此在"①的。领会是此在生存论结构的第二个基本环节。情绪包含着领会，领会也总是朝向情绪的领会。"领会是此在本身的本己能在的生存论意义上的存在，其情形是：这个于其本身的存在开展着随它本身一道存在的何所在。"②领会不是意识主体向对象客体的理性的认识方式，而是一种面向此在在"此"之实际生活的解释学处境，是非理性的。这种处境，开展出此在的本己存在的可能性，也把与此在打交道的周围存在者、上手事物开放出来。领会通过筹划来实际组建此在的在世存在，使此在充分地展开其本己能在。此在生存论结构上的第三个基本环节是话语。"话语是此的可理解性的分环勾连，……现身在世的可理解性作为话语道出自身。"③在话语的根基处此在总是"听"其本己生存的声音，于是话语就通过听和沉默两种道说方式，来组建此在的存在。听，并不是东打听西打听，而是有所领会的倾听。比起口若悬河，沉默更让人本真地去领会，于无声处听惊雷，沉默"如此源始地把此在的可理解性分环勾连，可说真实的能听和透彻的共处都源始于它"④。在海德格尔的定义里，意义本来就是"可以加以分环勾连的东西"⑤。所以，沉默能让人更真切地领会存在的意义。

情绪、领会、语言作为此在的三个基本环节，在常人的生存论组建中，便有三种样式的沉沦在世：好奇、两可、闲言。好奇是贪新鹜奇，它跳出自己的生存外，而不是去看、去听存在者的存在这种本己的事情；两可所寻求的也不是对本己的生存的领会，而是放弃本己的生存，附和常人

---

①［德］海德格尔：《存在与时间》（中文修订第2版），陈嘉映、王庆节译，北京：商务印书馆2015年版，第173页。

②［德］海德格尔：《存在与时间》（中文修订第2版），陈嘉映、王庆节译，北京：商务印书馆2015年版，第182页。

③［德］海德格尔：《存在与时间》（中文修订第2版），陈嘉映、王庆节译，北京：商务印书馆2015年版，第203页。

④［德］海德格尔：《存在与时间》（中文修订第2版），陈嘉映、王庆节译，北京：商务印书馆2015年版，第207页。

⑤［德］海德格尔：《存在与时间》（中文修订第2版），陈嘉映、王庆节译，北京：商务印书馆2015年版，第202页。

意见；闲言与好奇、两可共谋，使得本真的领会飘浮无根，人云亦云。如何从这三种沉沦、无根基的日常存在方式中起身，去发现本真的生存呢？海德格尔将"畏"吸收进生存论的建构之中，依靠畏、决断来实现本真的生存。

"畏"在生存论上的地位要优越于"怕"。怕是现身、情绪的一种方式，所怕之物，总是某种现成的东西。但畏并不是畏惧什么东西，畏之所畏者就是在世本身。从生存本体论上看，畏自身就指示着分环勾连的各个生存论的环节。从人的生存体验来看，畏也是一种始源性的情绪，它启示此在超脱常人意见，领会到"被抛在世"这样一件让人生畏的事情，领会到此在是一种能向未来进行筹划的本己的能在。畏把此在"抛回此在的本真的能在世那儿去。畏使此在个别化为其最本己的在世的存在。这种最本己的在世的存在领会着自身，从本质上向各种可能性筹划自身"①。畏呼唤着此在的本真，这是良知的呼声，呼唤使此在不怕任何事物，发出决断，展开自己的一切生存可能性，向死存在。

畏揭示了在世界之中存在的生存的整体性结构。与畏一样，能揭示生存整体结构的还有操心。

操心，也有烦、关心、愁等含义。此在的基本结构是在世存在，于是它与一般的世内存在者打交道，烦神；与其他人打交道，烦心。所以，操心成为此在生存论的标志。当然，海德格尔强调，像上述的一系列生存论范畴一样，也不能像生命哲学等那样在把握存在者层次上把握操心，操心是纯粹生存论意义上的。向死存在、良知、罪责、决断等生存论现象都驻足于操心，操心是最源始的生存论元素，无法再被奠基或者还原。"操心作为源始的结构整体性在生存论上先天地处于此在的任何实际'行为'与'状况''之前'，也就是说，总已经处于它们之中了。……'理论'与

---

①　[德]海德格尔：《存在与时间》（中文修订第2版），陈嘉映、王庆节译，北京：商务印书馆2015年版，第233页。

'实践'都是其存在必须规定为操心的那种存在者的存在可能性。"①操心是先于此在的任何实际的作为的,它是处于理论与实践之前的生存论根基,由此,操心就消除了理论与实践的二元对立。

并非是先有一个此在存在好了,然后有一个世界等着此在去操心,去忧烦,而是此在的存在的整体性、历史性,即操心。操心代表着此在,它有三个基本环节:生存(筹划)、实际性(被抛)与沉沦。这三个环节内在统一于时间性:其首要环节是先行于自身,即将来,这也是生存论建构的首要意义;第二个环节是已经在世界之中的,即曾在;第三个环节是寓于世界之内来照面的存在者,即当前②。沉沦于所操劳的上手之物或现成事物的地基就是当前化,"操劳的这种平均日常状态就变成对可能性盲目无知从而就安安定定处于只是'现实的东西'中"③。但这并不意味着沉沦并不是根据于时间性,相反,当前始终包含着将来和曾在,此在的决断也是从沉沦中抽身回来,以求"当下即是地"愈加本真地朝向展开处境的在"此"。综合以上三个环节来看,操心统一于时间性,表示着将来已经在曾在中寓于当前而存在。"时间性绽露为本真的操心的意义。"④由此,操心表达着此在的整体性、历史性。

海德格尔存在论创制了以存在意义领会为红线,各种生存论要素呈分环勾连的整体性生存本体论结构,成为生存论转向的标志。

三、走向本真存在的物化超越之路

海德格尔存在论不用"人",而别具匠心地启用了"此在",就是针对

---

① [德]海德格尔:《存在与时间》(中文修订第2版),陈嘉映、王庆节译,北京:商务印书馆2015年版,第240页。

② [德]海德格尔:《存在与时间》(中文修订第2版),陈嘉映、王庆节译,北京:商务印书馆2015年版,第397页。

③ [德]海德格尔:《存在与时间》(中文修订第2版),陈嘉映、王庆节译,北京:商务印书馆2015年版,第241页。

④ [德]海德格尔:《存在与时间》(中文修订第2版),陈嘉映、王庆节译,北京:商务印书馆2015年版,第397页。

形而上学,尤其是现代形而上学的"自我""意识""主体""客体""对象"等范畴。海德格尔也把现代形而上学称为现代主体性形而上学。现代主体性形而上学从笛卡尔开始,经由康德的批判哲学,在黑格尔那里达到一种极致形态。它奉行"主客二分"思维模式,通过理性的原则、反思的方法去认识世界、征服世界、贯通世界。现代主体性形而上学高扬人的理性、自我的反思,以认识论、知识论为显著特征,造就了近代以来形形色色的人道主义、人类中心主义。就其对封建社会的反抗、对宗教神学的批判而言,它高扬了人的作用和地位,具有了巨大的历史进步作用。

但是,在海德格尔看来,现代主体性形而上学存在着一个无法解决的困境——他称之为哲学上的"丑闻"——"这个进行认识的主体怎么从他的内在'范围'出来并进入'一个不同的外在的'范围?认识究竟怎么能有一个对象?"①造成这种丑闻的原因,跟其方法论上的唯我论紧密相关。唯我论的核心是自我的意识的分析,而不是进行意识分析的这个自我的存在方式。显然,相较于前者,后者是更加基础的,最为源始的。因为在主体对客体的认识过程中,"无论怎样来解释这个'内在范围',事情总已经摆明了:人们只是发现认识成了问题,而并没有首先去澄清这个出此谜团的认识究竟是什么以及它究竟如何存在"②。

所以,问题的关键在于必须要改变追问方式,从认识主体自身的存在方式着手。于是,海德格尔必然一开始就要把这个进行认识的主体、自我转换成生存着的此在。此在不再是一个认识的主体,不再是一个孤立的自我,它本身恰恰是一个生存展开的建构过程。也就是说,此在这个范畴,一开始就被海德格尔规定为在外的、绽出性的生存,即消弭于它所展开的世界之中而存在。这样,认识问题就可以被奠基在此在在世生存的过程之中。海德格尔说:"此在本身就是作为认识着的'在世界之中'。反过来

---

①[德]海德格尔:《存在与时间》(中文修订第2版),陈嘉映、王庆节译,北京:商务印书馆2015年版,第80页。

②[德]海德格尔:《存在与时间》(中文修订第2版),陈嘉映、王庆节译,北京:商务印书馆2015年版,第81页。

说，对被认识的东西的知觉不是先有出征把捉，然后会带着赢获的猎物转回意识的'密室'；而是：即使在知觉的收藏和保存中，进行认识的此在依然是作为此在而在外。"[1]

海德格尔存在论试图克服主体性形而上学的关键，把此在规定为在外的、绽出生存，也就是说，将此在与世界合一，即把此在的存在性规定为与世界源始一体。

此在不是自我，因为它不"是什么"，它表现为世界的展开；世界自身同样也不"是什么"，它只是此在的筹划、展开。海德格尔用此在的绽出生存来标示此在与世界，并将之作为对形而上学主体与客体、自我与对象、理论与实践等的二元对立的克服。所以，当你拿传统的"主体"来对照此在的时候，此在是绽出生存而达成的世界；当你拿"对象"来比照世界的时候，世界也不是现成摆在那里的、等待认识的对象，而已然表现为此在的能在筹划的内在生存论结构。这种生存论结构，使得此在"既不是'主体'也不是'客体'的存在，但从'在世存在'的角度看，它又在本体论上对两者都处于优先位置"[2]。

海德格尔如此的现象学——生存本体论式的解释，赢得不少思想家的赞赏，成为他们思想建构的资源和批判形而上学的方法论。

海德格尔存在论把人的本质看成是生存过程的动态建构，把世界看成是自己的世界，通过此在本己能在的建构，去克服生存困境，去超越物化，进而从日常沉沦走向本真存在。

在海德格尔存在论区分中，首先确立起此在的两种基本性质："一是它的existentia〔存在〕对essentia〔本质〕的优先地位，一是它的向来我属性质。"[3]此在的本质在于它的生存，也就是说，一个人的本质是随着生存

① 〔德〕海德格尔：《存在与时间》（中文修订第2版），陈嘉映、王庆节译，北京：商务印书馆2015年版，第82—83页。

② 〔美〕理查德·沃林：《海德格尔的弟子：阿伦特、勒维特、约纳斯和马尔库塞》，张国清、王大林译，南京：江苏教育出版社2005年版，第242页。

③ 〔德〕海德格尔：《存在与时间》（中文修订第2版），陈嘉映、王庆节译，北京：商务印书馆2015年版，第59页。

的展开而得构建的。他能够成为什么样的人，在于他自身的筹划、努力。由于海德格尔的此在都是单独的自我，所以都只能用单数人称代词"我""你"。每一个人都是一个存在者，都仅只是在此，它若不去存在，就一无所有。相反，去存在就是它的所有。但是在海德格尔存在论诞生的时代，在这个此在去生存的过程中，却遭遇了各种严峻的生存挑战，遇到了资本主义社会带来的严重的异化现象，遇到了人的未来命运的历史抉择。

海德格尔存在论诞生的时代，是一个冲突尖锐爆发的时代。19世纪末到20世纪初，西方资本主义社会不仅遭遇多次严重的经济危机，而且经历了第一次世界大战。严重的危机使社会动荡、生产遭受重创、经济凋敝，在残酷的战争中上千万的个体生命被摧毁，成千上万的家庭被毁灭，人们无家可归，无法获得安定的生活，肉体和心灵都遭受难以弥合的巨大创伤。危机和战争，也极大地冲击了西方社会基督教信仰和价值观，人在精神上无家可归，沦为真正的流浪汉。于是，忧虑、烦恼、恐惧、荒谬、毁灭、死亡等带来的情绪体验，就成了个体生存的实际处境。

海德格尔存在论诞生的时代，是一个普遍物化的时代。在资本逻辑主导的社会生产方式下，竞争激化、生存物化、感情淡化……人们普遍陷于孤独、颓废与绝望的异化生活状态中。1915年弗兰兹·卡夫卡发表的小说《变形记》，就是以人不再是人而变成甲虫的异化状态，来表现这种真实的社会生存状态，从而表达了对资本主义社会严重异化现象的控诉。海德格尔对这种时代状况也同样表达了强烈的不满，他指出，现代资本主义社会中贪新骛奇的快速生活，充满着"令人窒息的沉闷气息"，"指向颓废的元素"，"暗示着健康生命和生命彼岸价值令人悲哀的降格"[1]。社会生活充满了混乱和荒诞，个体的生命意义和生存价值已经旁落，变得无足轻重，人的价值和信仰亟待被重塑。

海德格尔存在论诞生的时代，更是一个亟须重新审视人的未来命运的时代。1917年，在资本主义统治链条上最薄弱的环节——俄国，爆发了十月革命。这场由列宁领导的武装起义，建立了人类历史上第一个以马克思

①［德］海德格尔：《思的经验(1910—1976)》，陈春文译，北京：人民出版社2008年版，第2页。

主义为指导的由无产阶级领导的社会主义国家，使一个消灭剥削和压迫、建立公平正义的崭新制度从空想变为现实，极大地震撼了资本主义世界，也给西方思想界带来巨大震荡，使得人们的世界观和价值观发生剧烈变化。人该如何思考自己的命运，人类未来究竟何去何从，成了重大而紧迫的问题摆在人们面前。海德格尔无力发起改造世界的现实革命，他所能做的是从哲学上肯定人、发现人、重塑人。

而人在形而上学那里却被遗忘了，这并不是说形而上学不研究人，而是指它没有真正把握住人，没有真正解答人的存在之谜。对此，海德格尔说道：“没有任何时代像今天的时代一样，关于人有着如此大量而又有如此多样的知识；也没有任何时代像今天的时代一样，关于人的知识会以一种如此强烈和如此迷人的方式表现出来；迄今为止，更没有任何时代像今天的时代这样，能够如此迅速和如此容易地提供出这一知识。但是，同样也没有任何时代像今天的时代这样，对人是什么的问题知道得如此之少；更没有任何时代像我们的时代这样，人竟然如此的成为问题。”①形而上学对人的把握，实质上是一种追求关于人“是什么”的学问，而对“是什么”的追问，得到的只能是关于人的知识。在海德格尔看来，这样的知识即使获取再多，也没有真正涉及人的生存处境，更无法达至人的本质存在。

海德格尔认为，要恢复人的本真面目，达到本质存在，就要从形而上学关于人的知识的累积，回到人生存的实际处境上去。因为人的本质在于他通过存在领会去将存在展开。因此“值得寻求的不是关于‘人是什么’的问题的答案，而是首先要去追问，在形而上学之一般的奠基活动中，人究竟如何才可能和必然地被发问”②。要通过此在的存在追问，将关于人的生物学、心理学、社会学意义上的实证知识予以排斥，将人的社会历史性发展当作流俗的时间过程加以悬搁，才能去“直面”人的源始存在境

---

① 转引自[德]海德格尔：《康德与形而上学疑难》，王庆节译，上海：上海译文出版社2011年版，第199页。

② [德]海德格尔：《康德与形而上学疑难》，王庆节译，上海：上海译文出版社2011年版，第204页。

域，才能获得关于人的存在之谜的本真答案。"根据人的最内在的有限性，即他需要'存在论'，也就是说，根据他需要存在之领悟，将其把握为'创生性的'并因而是'无限的'……如果没有一种'事先被设定为前提的'〈vorausqesetzte〉无限性，亲（此）在的有限性还会哪怕仅仅作为问题自身展开出来吗？"①通过存在领会回到人生存的实际处境上，就是要回到人的生存中操心、忧烦、畏惧、良知、决断、向死而生等生存论元素上，展开一幅分环勾连的整体性生存论图卷，从而超越非本真的存在，达到本真此在。

海德格尔以生存本体论为基础，以此在去生存为核心，对人的存在之谜进行独特的求解，对人的本真能动性重新进行了肯定与高扬，有力地激发了激进哲学家们的想象空间，使他们从人的本真能在上找到了异化复归的革命路径。

海德格尔存在论对形而上学进行了强烈的批判，要求废黜超感性世界，并通过生存本体论的基础性建构，回到生活世界，使人超越非本真的存在走向本真存在，这也重新肯定了人的存在意义和价值。而在马克思主义发展过程中，从第二国际正统派到社会主义各国的理论界，则存在着一种偏重从客体向度，多少忽视了从主体向度，从人的能动性、实践性、价值性等来理解马克思主义的片面性表现，从而对人的感性生活世界造成了一定的疏离。

第二节 马克思主义理解史上的客体向度表现

马克思在《关于费尔巴哈的提纲》中曾指出，旧唯物主义的缺点，即它忽视了人对自然、规律的能动反作用，从既成性而不是过程性的维度，去理解和把握人的存在本质，以及人类社会的发展。马克思指出："从前的一切唯物主义（包括费尔巴哈的唯物主义）的主要缺点是：对对象、现

①［德］海德格尔：《康德与形而上学疑难》，王庆节译，上海：上海译文出版社2011年版，第236页。

实、感性，只是从客体的或者直观的形式去理解，而不是把它们当做感性的人的活动，当做实践去理解，不是从主体方面去理解。"①

这里，马克思所批判的正是偏重于客体向度来理解马克思主义，而多少忽视了从主体向度，从人的感性活动、主体的能动实践过程来理解马克思主义，即过多从自然与社会历史发展的客观根据出发，偏重客体原则、唯物原则和真理原则，而忽视了从人的能动性维度去解读世界与人的关系，忽视了价值原则和真理原则、主体原则与客体原则的辩证统一。

一、第二国际正统派理论家的客体向度表现

第二国际正统派理论家考茨基、拉法格、梅林、普列汉诺夫等，使马克思主义在世界范围内的工人之间得到广泛传播、运用，有力地推动了国际共产主义运动。他们是马克思、恩格斯的学生、战友和后辈，不少都得到过马克思、恩格斯的亲自指导和帮助，是马克思主义的坚定传承者，在捍卫、传播马克思主义上，作出了巨大的、不可忽视的贡献。19世纪90年代，第二国际正统派的理论家们，大都跟着恩格斯一起批判过资产阶级学者以及德国社会民主党内"青年派"对马克思主义歪曲化、庸俗化、机械化的解读，对"经济唯物主义"、机械唯物主义等的错误较为清楚。但是，他们在对马克思主义的理解过程中，也留下了具有客体主义片面性倾向的经验教训，没有真正走出实体论形而上学，这也需要我们认真总结反思。

立足于客体向度来理解马克思主义，在第二国际正统派理论家那里的具体体现有三个方面：一是自然主义倾向；二是实证主义倾向；三是"经济决定论"倾向。当然，并不是所有的理论家同时都具有这三种倾向，即使是就其中某一种倾向而言，它在每一位理论家那里体现的程度也是不一样的。

考茨基（1854—1938）写了《马克思的经济学说》《1789年的阶级矛

①《马克思恩格斯文集》第1卷，北京：人民出版社2009年版，第499页。

盾》《爱尔福特纲领解说》等大量的马克思主义理论著作，在恩格斯逝世后，他还出版了《剩余价值学说史》（《资本论》第四卷），在德国社会民主党内和世界无产阶级中有着极高的声誉和地位，是第二国际正统派的理论权威。然而，考茨基因为不能从社会历史发展的实际过程出发，拘执于马克思主义的词句，教条地理解马克思主义，无法及时回应新时代提出的新课题，不能使理论彻底地说服人。因此，他在对战伯恩施坦的修正主义时，占不到上风，没有彻底战胜伯恩施坦，甚至还有滑向唯心主义的危险。列宁曾形象地表述道："从考茨基的一切著作来看，在他的书桌或脑袋里一定有许多小抽屉，把马克思所写的一切东西放得井井有条，引用起来极其方便。"①考茨基对马克思主义教条化的理解，主要体现在他把马克思主义理解为一门实证主义的经验科学，否认马克思主义是哲学，否认它有自己的哲学世界观。

考茨基一生都持一种自然主义立场。在19世纪80年代以前，他是一个地地道道的达尔文主义者。他把人与人的社会关系自然化，把社会历史的过程生物化，用自然界生物之间的竞争来解释人类社会的阶级斗争，认为人使用语言、劳动工具不过是动物本能的一种延续，人类社会的分工现象不过是动物群落的一种延续。这实质上是把人动物化了，忽视了人以自然界为基础的主观能动的实践过程与动物的本能生存之间的根本差别，忽视了人的社会属性、人与人关系的社会性与动物群落的原则差别。后来经过马克思、恩格斯的批评指导，考茨基不再单纯立足于自然主义来观察社会生活，但却没有完全抛弃自然主义立场，仍用自然人性来定位人的本质，解释人的历史过程。他认为，人性"不是经过历史发展变成了人的本性，而是人从那种历史过程开始时所具有的、从他的动物祖先遗传得来的本性"②。由此看来，在人与自然的关系上，考茨基关注的只是人在自然环境面前受动性的一面，而忽视了人的能动性的一面，忽视了人对自然环境的实践改造，更不用提人通过实践活动对人自身的改造了。这一点在其

---

① 《列宁全集》第35卷，北京：人民出版社1985年版，第234页。

② ［德］考茨基：《唯物主义历史观》（第2分册），上海：上海人民出版社1965年版，第51页。

《爱尔福特纲领解说》中也得到了印证。其中，考茨基通篇解释的都是社会历史发展规律的普遍必然性，而没有讲到无产阶级和人民群众的革命意识与实践改造。

考茨基具有浓厚的实证主义倾向。考茨基说："我是从达尔文出发的。我所研究的首先是达尔文，后来才是马克思；首先是有机体的发展，后来才是经济的发展；首先是物种的生存斗争，后来才是阶级斗争。"①他正是以达尔文的进化论为纲领和地基，杂糅马克思的历史唯物主义、庸俗唯物主义、新康德主义等理论于一炉。在他眼中，马克思主义不是一种世界观哲学，而是一门包含三个层次的实证主义的经验科学体系，即唯物史观是历史科学和研究方法，政治经济学是经济科学和基本理论，科学社会主义是应用科学和实际策略②。他将用以反对先验主义的实证主义、感觉主义、经验主义等与唯物史观直接等同起来，混为一谈。他认为"唯物主义历史观并不是与一种唯物主义哲学结合在一起的"，它"不仅可以与马赫和阿芬那留斯合得拢，而且可以与许多别的哲学合得拢"③。考茨基把马克思、恩格斯开创的唯物主义世界观等同于马赫和阿芬那留斯的立场，表明他完全是在实证主义、经验主义的范围内来理解马克思主义的。马赫和阿芬那留斯以经验为其学说的主导原则去解释世界，他们认为不能像唯物主义那样把物质当成世界第一性的东西，也不能像唯心主义那样把精神当成世界第一性的东西，这个东西不是别的，正是感觉经验。从考茨基把物质和精神统一于感觉经验的做法来看，他没有正确理解马克思主义，这是他陷入调和、折中的根本原因。列宁指出，考茨基"对于马克思主义中有决定意义的东西，即马克思主义的革命辩证法……一点也不理解"④。

考茨基具有一定的"经济决定论"倾向，他对"经济决定论"是有一些警惕的。他指出，马克思在研究经济问题的时候，的确把"牟利的欲望

①［德］考茨基：《唯物主义历史观》（第1分册），上海：上海人民出版社1964年版，第17页。

②参见姚顺良主编：《马克思主义哲学史：从创立到第二国际》，北京：北京师范大学出版社2010年版，第266页。

③［德］考茨基：《唯物主义历史观》（第1分册），上海：上海人民出版社1964年版，第29—30页。

④《列宁全集》第43卷，北京：人民出版社1987年版，第369页。

当作经济行为的原动力，但绝对没有把它当作人类一切行为的原动力"①。他也强调"唯物主义历史观并不否认人的意志的作用"②等。这就表明，考茨基想把历史唯物主义同庸俗的经济唯物主义区别开来，但是，却没有把历史唯物主义同"经济决定论"的原则区别一以贯之地坚持下去。考茨基的"经济决定论"主要表现在，过分地夸大了社会形态的自然进化过程。这种理论的底色，其实还是达尔文的进化论。考茨基的社会机体进化论，也谈到人的因素的参与，只是关于这个"人"，他也是在自然本性上来理解的。

拉法格（1842—1911）是第二国际的创立者与组织者之一。他通过《马克思的经济唯物主义》《马克思的唯物主义和康德的唯心主义》《思想起源论：卡尔·马克思的经济决定论》等主要著作，积极宣传马克思唯物史观，是对唯物史观进行独立阐释的第一人，被称为"社会主义的推销员"。

拉法格具有"环境决定论"倾向。这里的"环境"不只是指自然环境，主要是指社会环境。拉法格将自然环境与社会环境二者区分开来：前者主要是指地理环境，它"制约着有机体的生存，每一个机体是特定的特征的综合"③；后者是指人为环境，它包括经济、政治、文化等在内的社会历史环境。自然环境与社会环境结合在一起，对人类社会进化起到决定作用。"这两种环境的共同的作用和反作用决定人和人类社会的进化。"④那么，这两种环境中哪一种对人类社会进化的意义更大呢？拉法格认为是社会环境。在此，拉法格能正确地指出社会环境与自然环境一样，具有不以人的意志为转移的客观实在性，这丰富了唯物主义关于物质客观实在性的理解，即物质不仅仅局限于具体的物质形态，而且包括客观存在的经济社会关系。就这一点而言，说明拉法格已经力图避免机械唯物主义的缺

---

① [德]考茨基：《唯物主义历史观》（第1分册），上海：上海人民出版社1964年版，第4页。
② [德]考茨基：《唯物主义历史观》（第2分册），上海：上海人民出版社1964年版，第293页。
③ [法]拉法格：《思想起源论：卡尔·马克思的经济决定论》，王子野译，北京：生活·读书·新知三联书店1963年版，第29页。
④ 《拉法格文选》上卷，北京：人民出版社1985年版，第168页。

陷，应该予以充分肯定。但拉法格把具有不以人的意志为转移的客观社会环境，看成是对人和人的意识的决定者。这仍然具有环境决定论的倾向，只不过是把机械论唯物主义者那里的自然环境变成了社会环境。拉法格的社会环境决定论倾向，仍忽视了人的实践性，忽视了人通过实践达成的人与自然、人与社会，以及包括人自身的一致性。马克思的《关于费尔巴哈的提纲》第三条指出："环境的改变和人的活动或自我改变的一致，只能被看做是并合理地理解为革命的实践。"①这一批评，也适用于拉法格。

拉法格的实证主义倾向主要表现在研究方法上。拉法格把马克思历史唯物主义当作实际运用的实验工具，并且过分抬高了经验的地位。他指出："经济决定论，这是马克思交给社会主义者的新的工具，为的是要靠它的帮助把秩序带进历史事件的混沌状态中去。"②他认为经验比理论更能指出我们工具的不完善和教人如何纠正它们的缺点③。在此意义上，拉法格认同法国科学家彭加勒提出的经验是真理的唯一源泉。一方面，拉法格把真理等同于假设，认为"真理，归根结底不是别的，只是假设而已"④。另一方面，又认为假设只有借助工具，进行试验，即获得经验，才能去验证它。"马克思不是用具有公理、定理、系统和辅助定理的理论形式来叙述自己的解释历史的方法……为的是鼓励我们在实际中去试验它。"⑤这种"理论=工具=假设"的实证主义倾向，难免会造成这样一个误读：理论本身的正确与否是无关紧要的，只要某种理论假设能引导人们在实际的生活过程中有所获益，那就可以称之为"真理"。这种理解，类似于后来的实用主义真理观。

---

① 《马克思恩格斯文集》第1卷，北京：人民出版社2009年版，第500页。

② ［法］拉法格：《思想起源论：卡尔·马克思的经济决定论》，王子野译，北京：生活·读书·新知三联书店1963年版，第7页。

③ 参见［法］拉法格：《思想起源论：卡尔·马克思的经济决定论》，王子野译，北京：生活·读书·新知三联书店1963年版，第6页。

④ ［法］拉法格：《思想起源论：卡尔·马克思的经济决定论》，王子野译，北京：生活·读书·新知三联书店1963年版，第7页。

⑤ ［法］拉法格：《思想起源论：卡尔·马克思的经济决定论》，王子野译，北京：生活·读书·新知三联书店1963年版，第7页。

拉法格的思想中存在着"经济决定论"倾向。"经济决定论"这一范畴，正是拉法格第一次明确表述出来的。早在1883年法国工人党"社会主义图书阅读小组"的一系列读书报告中，他就将自己的历史唯物主义的报告题目定为"卡尔·马克思的经济唯物主义"。在1904年出版的《卡尔·马克思的历史方法》一书中，他又明确地把历史唯物主义等同于"经济决定论"[①]。"经济决定论或唯物史观、历史唯物主义、经济唯物主义都是意义相同的说法。"[②]当然，在此不能将拉法格的"经济决定论"直接等于机械论庸俗唯物主义。因为他强调"经济决定论"不是自然科学的方法，而是历史的方法，是指导人们研究人类社会的时候，不向"天上"或"内心深处"的神秘力量去找寻，而是到社会存在中去发现不断变化的经济规律。然而，这种解读毕竟是对历史唯物主义的片面理解，没有从根本上划清马克思历史唯物主义与机械决定论之间的界限，过分地强调经济的决定作用，而忽视人的能动反作用、意识形态的批判功能，以及忽视对复杂的上层建筑的反作用等的研究，因而也就未能正确地把握马克思主义。

梅林（1846—1919）在马克思主义哲学、社会民主党史等方面有很深的造诣。他通过一系列的著作来批判修正主义与资产阶级思潮，传播和捍卫马克思主义，如《论历史唯物主义》《康德、狄慈根、马赫与历史的唯物主义》等。在这一过程中，梅林成为权威的马克思主义理论家。

梅林曾跟随恩格斯批驳德国资产阶级学者保尔·巴尔特把历史唯物主义歪曲为"经济决定论""死板的公式"等错误观点。在《论历史唯物主义》等著作中，梅林在历史唯物主义基本原理的基础上，阐释了物质生产方式在社会生活中的决定作用，同时指出了上层建筑对于经济基础的反作用，以及意识形态的能动性。在反对论敌把经济规律硬当作宿命论的时候，梅林针锋相对地指出："思想观念也能影响经济事实；决不能因为意

---

① 参见姚顺良主编：《马克思主义哲学史：从创立到第二国际》，北京：北京师范大学出版社2010年版，第276页。

② ［法］拉法格：《思想起源论：卡尔·马克思的经济决定论》，王子野译，北京：生活·读书·新知三联书店1963年版，第221页。

识形态不能发生独立的作用，就认为意识形态不发生作用。"①这有力地批驳了资产阶级的唯心史观，也在一定程度上捍卫了马克思主义。

通过梅林对机械论马克思主义，以及修正主义的哲学基础新康德主义等的批判可以看出，他已经较多地关注到社会经济生活和精神生活之间的作用与反作用，这是难能可贵的。但是，他在研究历史的时候，一方面，未能充分揭示社会生活各种因素之间复杂的相互作用，只重视经济的方面，使得对马克思主义的理解也存在着实证主义的倾向并带有一定的"经济决定论"色彩；另一方面，将历史观与自然观割裂开来而未能从实践基础上达成人与自然、自然与社会有机的辩证统一。

梅林明确区分过历史唯物主义与自然科学的唯物主义，认为二者既有相同点，也有不同之处。二者的相同点在于，它们都是科学的唯物主义。历史唯物主义也是一种科学假说，需要在历史材料的基础上进行实践验证，要按照经验的原则推进对历史唯物主义的研究。梅林强调："在这方面，马赫完全与马克思相一致，完全撇开哲学，而只在历史和自然科学方面的实践工作中考察人类的精神进步。"②这里，梅林明显体现出一种历史唯物主义实证论的倾向。他还指出，不能只看到自然科学的唯物主义与历史唯物主义的相同之处，也要看到二者的不同之处。他认为："自然科学唯物主义忽视了：人不只在自然中，而且也在社会中生活；除了自然科学之外还存在着社会科学。历史唯物主义包含自然科学唯物主义，但自然科学唯物主义不包含历史唯物主义。自然科学唯物主义认为人是具有意识而行动着的自然产物，但它没有考察，人的意识在人类社会中是由什么决定的。因此，当它进入历史领域时，它就转化为自己最相反的对立物，即转化为最极端的唯心主义。……与此相反，历史唯物主义则从自然科学的事实出发，认为人不只是动物，而是一种社会动物，他只是在社会集团（游

---

① [德]梅林：《德国社会民主党史》第1卷，青载繁译，北京：生活·读书·新知三联书店1963年版，第318页。

② [德]梅林：《保卫马克思主义》，吉洪译，北京：人民出版社1982年版，第161页。

牧群、氏族、阶级）的共同生活中才获致意识。"①梅林这里的论断基本上是正确的，但是也暴露出其将自然科学与人文科学、自然观与历史观割裂的倾向，这会消解马克思主义作为辩证唯物主义和历史唯物主义有机统一的整体性。

梅林强调："每一时代的生产方式里都包含着这一时代的劳动自然条件，在这范围以外，自然在人类社会史中就没有什么干系了。"②他认为需要在自然的历史与人类社会的历史之间，永远保持一条明显而确定的界线③。自然科学的领域交给自然科学的唯物主义，社会科学的领域则归属于历史唯物主义。"机械唯物主义在自然科学范围内是科学研究的原则，一如历史唯物主义在社会科学范围里一样。"④梅林这里把马克思、恩格斯看成是自然科学领域的机械唯物主义者和社会科学领域的历史唯物主义者，实则是误读了马克思、恩格斯，误解了马克思主义。对于马克思主义来说，唯物主义自然观和唯物主义历史观是辩证统一的。如果离开其中的一方来谈另一方，都是无法成立的。离开唯物主义自然观，就不可能产生唯物主义历史观；同样，离开唯物主义历史观，也不会产生正确的唯物主义自然观。

综上来看，第二国际理论家基于对唯物史观的捍卫，偏重于客体向度，忽视了人的能动的实践活动在马克思主义哲学中的地位，在提到辩证法时，也只是在抽象的原则加上几条具体的实例而已。他们将马克思主义教条化、机械化，以及与康德、达尔文、马赫等理论家思想的折中化，是对马克思主义哲学革命的本真精神还缺乏深入理解的表现。

思想上存在的失误之处，也使得第二国际正统派理论家在政治上犯下了错误，尤其是1914年第一次世界大战爆发，以考茨基、普列汉诺夫等为代表的一些理论家，拥护本国资产阶级所推行的侵略战争，歪曲这场帝国

---

① [德]梅林：《保卫马克思主义》，吉洪译，北京：人民出版社1982年版，第17—19页。

② [德]梅林：《保卫马克思主义》，吉洪译，北京：人民出版社1982年版，第69—70页。

③ 参见[德]梅林：《保卫马克思主义》，吉洪译，北京：人民出版社1982年版，第149页。

④ [德]梅林：《保卫马克思主义》，吉洪译，北京：人民出版社1982年版，第99页。

主义战争的本质，麻痹了各国工人阶级的意志，给世界共产主义运动带来了不良的影响，第二国际最终也以失败告终。

二、普列汉诺夫与苏联模式马克思主义的客体向度表现

普列汉诺夫（1856—1918）是俄国最早传播马克思主义的代表人物之一，是第二国际理论家中对唯物史观进行最为系统阐释和发挥的人，是马克思、恩格斯与列宁中间重要的一环[①]。他的主要著作有《论一元论历史观之发展》《论唯物主义的历史观》《论个人在历史上的作用问题》等。普列汉诺夫坚持马克思主义物质一元的世界观和方法论，批评第二国际中存在的把马克思主义看成是历史理论、经济理论的实证化倾向，强调马克思主义有自己的哲学，唯物主义就是马克思主义理论的基础。这种唯物主义就是辩证唯物主义，唯物辩证法使唯物主义哲学彻底化，成为包括自然观和历史观在内的有机的完整的世界观。此外，普列汉诺夫也关注到了上层建筑的反作用、意识形态的相对独立性，以及群众和个人在历史上的作用等。列宁称其培养了一整代俄国马克思主义者。

与其他第二国际正统派理论家不同，普列汉诺夫"环境决定论"的倾向需要仔细地辨别。他批评"环境决定论"仅仅在自然界，在关于人的心理、生理方面影响的狭窄范围内作探究，"完全忽视了自然界对生产力的状况，并且通过生产力状况而对人类的全部社会关系以及人类的整个思想上层建筑的影响"[②]。这里，普列汉诺夫引入生产力这个"中介"，即把生产力看作地理环境对人类社会起作用的中介。通过这个中介，一方面地理环境会对生产力的发展起到制约作用，尤其是对低下的原始社会生产力的制约更明显，在高级形态的社会中，地理环境对生产力的制约也依然会存在；另一方面，生产力制约着地理环境对社会历史的影响，使得这种影响不是固定不变的"常数"，而是变化不居的一个"变数"。他指出："社会

---

① 参见王荫庭：《普列汉诺夫哲学新论》，北京：北京出版社1988年版，第4页。
② 《普列汉诺夫哲学著作选集》第1卷，北京：生活·读书·新知三联书店1959年版，第485页。

第一章 "以海解马"论的背景分析

人和地理环境之间的相互关系，是出乎寻常的变化多端的。人的生产力在它的发展中每进一步，这个关系就变化一次。"①这里，普列汉诺夫就较为深刻地揭示了地理环境与人类社会复杂的辩证关系，形成了自己的理论特色。但是，他的不少概念表述还是含混的，有时又把人类社会制度归结为由"地理环境的属性决定的"②，甚至把生产力自身也归属于地理环境之内。他认为："地理环境的特性决定生产力的较快或较慢的发展。"③究其原因，还在于他也没有理解马克思所说的"环境的改变和人的活动即自我改变的统一"的革命的能动的实践活动，没有在实践基础上正确地把握地理环境与人类社会的辩证关系。

对革命的能动的实践活动的忽视，同样导致普列汉诺夫有一定程度的"经济决定论"倾向，这主要体现在他的"五项因素公式"理论中。他指出，关于经济基础和上层建筑的见解，"可以得到下面一些东西：（一）生产力的状况；（二）被生产力所制约的经济关系；（三）在一定的经济'基础'上生长起来的社会政治制度；（四）一部分由经济直接决定的，一部分由生长在经济上的全部社会政治制度所决定的社会中的人的心理；（五）反映这种心理特性的各种思想体系"④。普列汉诺夫的"五项因素公式"，有值得肯定的一面，但也存在机械性的一面。这种对历史唯物主义的描述，仍不免陷入简单划一的机械图式：抓住了主干骨骼，却忽略了马克思主义整体的丰富内涵。对比马克思、恩格斯的经典表述，普列汉诺夫的"五项因素公式"有了进一步的发挥，适应了工人群众和一般民众的理论水平，但是，它只着眼于考察各因素之间的理论关联，而忽视了理论与实践的关联，尤其是阶级革命与各因素矛盾运动之间是如何关联起来的。

普列汉诺夫的客体向度表现，主要还是在他的辩证唯物主义认识论

①《普列汉诺夫哲学著作选集》第2卷,北京:生活·读书·新知三联书店1961年版,第170页。

②[俄]普列汉诺夫:《论一元论历史观之发展》,北京:生活·读书·新知三联书店1961年版,第195页。

③[俄]普列汉诺夫:《俄国社会思想史》第1卷,孙静工译、郭从周校,北京:商务印书馆1988年版,第30页。

④《普列汉诺夫哲学著作选集》第3卷,北京:生活·读书·新知三联书店1962年版,第195页。

· 041 ·

上。普列汉诺夫在批判伯恩施坦修正主义、新康德主义与马赫主义的过程中，阐述了辩证唯物主义认识论，批判了唯心主义与不可知论。不过，需要强调指出的是，普列汉诺夫阐释马克思主义，是走上了"回到费尔巴哈""回到斯宾诺莎"的路向。这一阐释路向的实质，使马克思主义陷入实体论形而上学之中。

首先，普列汉诺夫抬高了费尔巴哈的唯物主义，并将其直接等同于马克思的唯物主义。他认为："马克思的认识论是直接从费尔巴哈的认识论发生出来的……只不过是因为马克思做了天才的修正而更加深刻化罢了。"①其次，普列汉诺夫进一步把费尔巴哈和马克思唯物主义的基础归结到斯宾诺莎哲学上。他指出："既然费尔巴哈的观点是斯宾诺莎主义者的观点，那末很明显的，和它相同的恩格斯的哲学观点不可能是另外一种观点。……马克思和恩格斯在他们的发展中的唯物主义时期从来没有抛弃过斯宾诺莎的观点。"②"实在说来，现代唯物主义只是或多或少地意识到自己的斯宾诺莎主义。"③而斯宾诺莎哲学是典型的实体论形而上学，马克思对此也有过明确的批判。马克思指出，斯宾诺莎的实体不过是"形而上学地改了装的、脱离人的自然"④。普列汉诺夫把马克思主义定位为斯宾诺莎主义，充分显示了他的马克思主义解读模式的自然本体论特征。普列汉诺夫认为唯物主义的本质规定就是自然第一性。"唯物主义其实就是想依靠自然界的力量来解释自然界的学说，而且对'精神'说来，这一学说是把自然界看做第一性的东西的。"⑤的确，坚持唯物主义就是要坚持自然第一性，坚持自然对人来说的先在性。在这一点上，普列汉诺夫是正确的。但是，在讲自然第一性的同时，必须讲改造自然、社会、人自身的实践基

① 《普列汉诺夫哲学著作选集》第3卷，北京：生活·读书·新知三联书店1962年版，第146—147页。
② 《普列汉诺夫哲学著作选集》第2卷，北京：生活·读书·新知三联书店1962年版，第403—404页。
③ 《普列汉诺夫哲学著作选集》第2卷，北京：生活·读书·新知三联书店1962年版，第381页。
④ 《马克思恩格斯文集》第1卷，北京：人民出版社2009年版，第342页。
⑤ 《普列汉诺夫哲学著作选集》第2卷，北京：生活·读书·新知三联书店1961年版，第472页。

础。坚持自然界的客观先在性与坚持实践能动改造是辩证统一的。否则，就容易陷入旧唯物主义的自然本体论，而无法理解马克思主义的哲学革命和意义。

列宁对普列汉诺夫的贡献与失误进行过辩证的分析，但是在列宁逝世后，普列汉诺夫对马克思主义诠释的客体向度表现及其存在的缺陷，也被苏联教科书模式的马克思主义继承下来。

十月革命胜利后，由于现实与理论的双重需要，马克思主义哲学亟待体系化、通俗化与简明化。由此，开启了在世界大地上广泛传播马克思主义的洪流。对马克思主义而言，它也只有被群众掌握，才能变成改造现实的物质力量。而且，对于一个理论而言，它走向成熟的标志就是成为科学的理论体系。黑格尔曾说："哲学若没有体系，就不能成为科学。……哲学的内容，只有作为全体中的有机环节，才能得到正确的证明，否则便只能是无根据的假设或个人主观的确信而已。"①黑格尔对哲学体系化的认知，极其中肯，抓住了哲学发展的本质。为此，马克思主义的后继者需要认真研究马克思主义哲学的全部内容，以及这些内容之间的内在的有机关联。可以说，以体系化的哲学教科书来解释和宣传马克思主义，苏联有首创之功。

苏联教科书的典型代表是1938年《联共（布）党史简明教程》第四章第二节《论辩证唯物主义和历史唯物主义》。该部分由斯大林亲自撰写，它上承德波林的《辩证唯物主义纲要》（1916）和布哈林的《历史唯物主义理论》（1921），主要借鉴了米丁和拉祖莫夫斯基著的《辩证唯物主义与历史唯物主义》（1932—1934）。因此，斯大林也将米丁等提出的"辩证唯物主义+历史唯物主义"的结构，作为马克思主义基本原理教科书的基本结构继承了下来。20世纪50年代中期以后，米丁、康斯坦丁诺夫等对苏联教科书体系作出过局部的改良，但是没有根本的创新，苏联教科书的建设开始走向封闭、僵化。

德波林的《辩证唯物主义纲要》一书，主要依据普列汉诺夫所阐发的

---

① [德]黑格尔:《小逻辑》,贺麟译,北京:商务印书馆1980年版,第55页。

辩证唯物主义，它比普列汉诺夫的著作还要通俗化、大众化和系统化。该书的核心是辩证唯物主义认识论，虽然也提到唯物史观，但其处于附属地位。布哈林的《历史唯物主义理论》一书是对德波林的教科书纠偏，它强调历史唯物主义是马克思主义理论的基础，而非辩证唯物主义。这里布哈林提出了需要我们必须正视和深入研究的问题：马克思主义理论的基础是什么？德波林与布哈林分别给出了两个不同的回答：德波林认为是辩证唯物主义，而布哈林则主张是历史唯物主义。随后，米丁和拉祖莫夫斯基的《辩证唯物主义与历史唯物主义》对这个"基础"问题，则给出了第三种答案：将二者结合起来，即"辩证唯物主义+历史唯物主义"。该书的结构是上下两卷，上卷讲三个层次：哲学唯物主义、唯物辩证法和列宁主义；下卷也讲三个层次：生产力与生产关系、经济基础与上层建筑、阶级斗争和意识形态。从中我们能够看到，米丁和拉祖莫夫斯基的教科书已经成熟，其对马克思主义基本原理的表述大体上也是正确的，并且将马克思主义的新时代发展——列宁主义吸纳进去，将十月革命、新经济政策等苏联初期的革命建设经验也吸收进去，体现出鲜明的苏联特色。斯大林在借鉴该书基础上，并作精简化处理写成《论辩证唯物主义和历史唯物主义》一书，也成为苏联教科书的权威著作。

必须指出的是，苏联教科书对马克思主义基本原理的阐发，坚持了唯物主义原则，尤其重视理论要落实到对实际工作的指导上，强调理论与实践相结合，对马克思主义的普及发挥了重要作用。不过，其立足于客体向度来理解和把握马克思主义哲学体系的缺陷也是存在的，这主要体现为以下两个方面。

第一，阐释辩证唯物主义时，采取了简化叙述，即将丰富的马克思主义辩证法思想，简化为"三大规律、五对范畴"，斯大林《论辩证唯物主义和历史唯物主义》中又将辩证法的规律范畴简化为"辩证法的四个特征"——普遍联系、永恒发展、发展是量变引起质变、发展是对立面的斗争，以及这四大特征在运用于社会历史中的方法论意义。过度简化使得辩证唯物主义的内在逻辑环节缺失，把辩证法的系统性、包容性、开放性，及其与历史唯物主义的内在一致性给简单化了、抽象化了，以致妨碍了人们对辩证唯物主义的正确而全面的把握。

第二，阐释历史唯物主义时，采取了"掐头去尾，只要中间"的叙述模式①。历史唯物主义本来应该是一个三维的有机整体：首先，历史唯物主义坚持自然界的客观先在性，以及在其对人的制约性的基础上，人展开能动的、合规律性与合目的性相统一的实践活动；其次，通过人的实践活动，人类社会发展成为一个合乎规律的客观自然历史进程；最后，在人的实践改造中、在社会的不断发展中，人得到发展和解放，实现个性自由。但是苏联教科书则只讲"历史唯物主义是关于社会发展规律的科学"，只讲经济基础、阶级斗争、意识形态三个层次，而忽视了"头"和"尾"——不讲自然先在性、制约性与人的实践之间的辩证统一，也不讲历史唯物主义是"关于现实的人及其历史发展的科学"，这导致了对历史唯物主义理解上的片面化、机械化。

也正是由于存在上述缺陷，苏联教科书无法深入地去探究辩证唯物主义与历史唯物主义二者内在统一的机制和原理。对此，斯大林提出了"推广应用说"。他指出："历史唯物主义就是把辩证唯物主义的原理推广去研究社会生活，把辩证唯物主义的原理应用于社会生活现象，应用于研究社会，应用于研究社会历史。"②"推广应用说"是对马克思主义简单化、机械化的理解。因为马克思主义的辩证唯物主义与历史唯物主义，根本不存在谁先谁后的问题，它们是同时创立的，而不是先创立辩证唯物主义，然后将辩证唯物主义推广应用到社会、历史领域而形成历史唯物主义的。马克思主义既不是将自然规律推广到社会领域，也不是将社会规律推广到自然领域，而是将自然与社会辩证统一起来的唯物主义。马克思主义坚持自然的先在地位，坚持自然对人的制约，同时又通过人的能动的实践来达成人与自然、人与人的关系的辩证统一。只有在实践活动中体现出来的这种

① 参见王东：《马克思学新奠基：马克思哲学新解读的方法论导言》，北京：北京大学出版社2006年版，第72页。
②《斯大林选集》下卷，北京：人民出版社1979年版，第424页。

同时性，才能使自然与社会的发展规律和人自身的历史发展得到合理的、正确的说明。

将马克思主义哲学体系化、通俗化与简明化，是社会革命与建设的现实需要，也是群众掌握理论的迫切需要。这一意义怎么肯定也不为过，但是也要注意，体系化、通俗化、简明化和教条化、庸俗化、简单化是有区别的。如果做不好这一工作的话，马克思主义的理论与实践必定要遭遇歪曲和曲折。这是苏联模式的马克思主义带给我们的宝贵经验。

总体来看，苏联模式的马克思主义立足于客体向度来理解马克思主义，造成了以下缺陷。一是对马克思主义实践观的轻视。在谈到实践时，把实践限制在认识论的范围内，使得实践在马克思主义哲学中的重大变革意义被遮盖。二是对马克思主义物质存在论的表述，主要从自然本体论的角度进行，忽视了人的存在、社会存在及其与自然存在三者的辩证统一。三是忽视了马克思关于人的自由解放的学说，及其所包含的异化批判、自由观、发展观、文化观等理论。四是对马克思世界历史理论的机械化理解，忽视了社会主义运动的多样性与曲折性。

三、我国马克思主义哲学教科书存在的客体向度表现

苏联人以教科书模式力图促进马克思主义的体系化、时代化、大众化，被中国人学习过来。但是要强调的是，我国的马克思主义哲学教科书编写，并不是对苏联教科书编写模式的简单照搬，而是随着社会革命和建设实践的不断丰富得到完善的，既遵循了马克思主义基本原理，也体现出鲜明的中国特色。

我国第一部马克思主义哲学教科书是瞿秋白于1924年出版的《现代社会学》，这开启了我国编写马克思主义哲学教科书的先河。

瞿秋白（1899—1935）是中国共产党早期卓越的革命家、理论家和宣传家，杰出的马克思主义哲学家。瞿秋白是在十月革命胜利后的1920年，到苏联学习并接受马克思主义，从而成为马克思主义者的。他学习马克思

主义是想要像列宁通过马克思主义解决俄国问题那样，来解决中国问题。

《现代社会学》一书的大部分内容是对布哈林《历史唯物主义理论》前四章的编译，简明扼要地介绍了辩证唯物主义的三大规律之后，进一步揭示了三大规律之间的联系，特别突出地强调矛盾规律，并把它独立为一节，认为矛盾规律是辩证法的根本原理。"物的矛盾及事的互变便是最根本的原理——没有矛盾互变便没有动；没有动便没有生命及一切现象"[1]，这一论断是瞿秋白的原创性贡献。

瞿秋白强调要从整体上来理解马克思主义，认为马克思主义是辩证唯物主义和历史唯物主义二者的有机结合。他指出："马克思的哲学学说决不能以唯物史观概括得了。所以，必须知道马克思主义的真切的意义。"[2]"马克思主义是整个儿的宇宙观。"[3]他反对只把马克思主义讲为历史唯物主义，而不讲辩证唯物主义，因为那对马克思主义本真精神的理解是不全面的，不准确的。"马克思主义宇宙观的基础是在于互辩法的唯物论。互辩唯物论的名称便可以表示：马克思的唯物论是唯物论与互辩法的综合，而且是这两种学说最发展的最进化的结论。"[4]瞿秋白批评将辩证唯物主义仅仅限于自然领域，将历史唯物主义仅仅限于人类社会领域的错误观点。难能可贵的是，他力图在世界观高度把握辩证法与唯物论二者的贯通，这是正确的路向。可以说，他对马克思主义哲学本真精神的这种正确把握，为今后我国马克思主义教科书的编写以及不断完善，创造了良好的开端。

瞿秋白编写的教科书与苏联的教科书相比，有继承也有创新，也存在着以客体向度来解释马克思主义哲学的问题。在他看来，唯物主义的要点即在于"以科学的宇宙观去观察一切现象，纯粹客观的考察外界事物，对于各种现象都要寻找物质方面——亦即客观的实际的方面之原因；却不能根据主观的、理想上心理上的解释，去说明宇宙或社会现象"[5]。这一倾

---

①《瞿秋白文集》(政治理论编)第2卷,北京:人民出版社2013年版,第364页。

②《瞿秋白文集》(政治理论编)第4卷,北京:人民出版社2013年版,第21页。

③《瞿秋白文集》(政治理论编)第4卷,北京:人民出版社2013年版,第18页。

④《瞿秋白文集》(政治理论编)第4卷,北京:人民出版社2013年版,第2页。

⑤《瞿秋白文集》(政治理论编)第4卷,北京:人民出版社2013年版,第15页。

向，又体现为以下三点。一是对辩证唯物主义理解的科学化、实证化倾向。瞿秋白认为："归根到底，'存在'的根本，始终是电子组成的物质。"①这表明他对物质的理解，就是从自然科学出发的，从机械唯物主义出发的，而未能从马克思科学实践观的高度达到对物质的辩证理解。二是一定的"经济决定论"的倾向。他虽然看到社会现象中的行动者——人，具有各自的意识和目的，但也强调并不能因此而否定历史的规律性进程。"严格而论，历史也没有偶然的事。从最小的事实一直到最大的世界政局都在因果律的连锁中；同样是非偶然的，同样是有原因的。"②"所谓偶然完全出于我们的无知"③，只是那些原因人们还没发现而已。这是一种明显的机械决定论倾向。那么，历史最终的支配的规律是什么呢？瞿秋白将之归结为经济。"社会发展之最后动力在于'社会的实质'——经济。"④此外，他继承了普列汉诺夫的"五项因素公式"理论⑤，以"五层阶梯式"作为社会内在结构，来阐述社会历史的发展。三是对实践观重要意义的忽视。瞿秋白不仅没有把实践放在认识论中作系统的阐发，而且没有看到实践是认识论的首要的和基本的观点。他只是单纯地从物质对精神的决定作用出发，认为"认识的唯一根源是外界物质。外界物质对于内部物质（脑经）的影响足以规定认识"⑥，这表明他对马克思主义哲学问题的理解有着浓厚的自然本体论的印记，没有完全将其与旧唯物主义的直观性区分开来。

　　我国第二本马克思主义教科书是李达1937年出版的《社会学大纲》。李达（1890—1966）是中共一大代表，卓越的马克思主义哲学家。与瞿秋白编写的教科书的主体部分直接介绍和编译苏联教科书不同，《社会学大纲》则是李达经过三四年的漫长书写并且通过不断的反思——尤其是对普

---

① 《瞿秋白文集》（政治理论编）第4卷,北京：人民出版社2013年版,第7页。
② 《瞿秋白文集》（政治理论编）第2卷,北京：人民出版社2013年版,第427—428页。
③ 《瞿秋白文集》（政治理论编）第2卷,北京：人民出版社2013年版,第429页。
④ 《瞿秋白选集》,北京：人民出版社1985年版,第127—128页。
⑤ 参见《瞿秋白选集》,北京：人民出版社1985年版,第123页。
⑥ 《瞿秋白文集》（政治理论编）第4卷,北京：人民出版社2013年版,第15页。

列汉诺夫与德波林对自己影响的清算①，而独立创作的，为马克思主义在中国的传播作出了巨大贡献。该书被毛泽东赞誉为"中国人自己写的第一本马列主义的哲学教科书"。

《社会学大纲》篇幅宏大，全书四十七万字，分为五篇十二章，系统、完整、深刻地阐述了辩证唯物主义与历史唯物主义的基本原理。虽然《社会学大纲》受到了苏联教科书的影响，但是它也借鉴了中国马克思主义哲学家的研究成果，联系到了中国实际，因而具有了鲜明的中国特色。首先，它强调了唯物辩证法与以往哲学的关系，认为唯物辩证法是对人类全部知识的继承和升华。其次，该书很重视列宁主义，对其有许多专门的论述。这表明作者是以发展的眼光来看待马克思主义的。再次，在关于辩证法三大规律及其关系的理解上，该书将矛盾规律置于核心位置，视为根本法则。"这个根本法则，包摄着辩证法的其余的法则……是理解其他一切法则的关键"，"其他一切辩证法的法则，都是这个根本法则的显现形态"②。最后，该书反复强调了科学的实践观及其在马克思主义哲学中的地位。它的阐发有两点特别重要：一是把实践看成是哲学认识论的范畴，阐述了实践是认识的基础、出发点和源泉，感性认识与理性认识的辩证关系，指出实践是检验真理的唯一标准等。"唯物辩证法在社会历史的实践的基础上考察认识过程，去理解主观与客观、认识与存在的统一。"③二是把实践看成是科学的自然观与科学的历史观、辩证唯物主义与历史唯物主义相统一的基础。"崭新的科学的哲学——唯物辩证法，具有其新的质、新的生命、新的内容和新的历史使命。唯物辩证法是科学的历史观与科学的自然观的统一，而两者统一的基础，是社会的——生产的实践。"④这里，李达对实践予以充分的重视和强调，认为它是马克思主义哲学的核心范畴，是马克思主义能超越旧唯物主义的关键所在。由此，李达第一次把

---

① 参见黄楠森、庄福龄、林利主编：《马克思主义哲学史》（修订版）第6卷,北京:北京出版社1996年版,第266页。

②《李达文集》第2卷,北京:人民出版社1981年版,第132—133页。

③《李达文集》第2卷,北京:人民出版社1981年版,第211页。

④《李达文集》第2卷,北京:人民出版社1981年版,第56页。

马克思主义称为"实践的唯物论（主义）"。这是对第二国际正统派理论家、苏联模式教科书的纠偏，比西方马克思主义学者以及我国后来的实践唯物主义讨论都要超前。

不过，《社会学大纲》也存在着一定的客体向度表现。第一，全书虽分五编，实质上还是分为两个部分：第一编为辩证唯物主义，占了全书一半的篇幅，借鉴了米丁等著的《新哲学大纲》的逻辑安排，采用了马克思主义哲学史、唯物论、辩证法、认识论的叙述顺序；后四编为历史唯物主义，其章节与布哈林的《历史唯物主义理论》的结构大致相同，当然更为系统和具体。第二，虽然凸显了实践在认识论中的地位，也提及实践在马克思主义哲学中具有重要意义，但受时代的局限，书中没有深刻地阐述实践在马克思主义哲学革命中所起到的地位和作用，没有揭示自然观与历史观、辩证唯物主义和历史唯物主义等，在实践基础上实现辩证统一的机制原理。因此，该书也主张历史唯物论就是辩证唯物论在社会历史领域的具体运用。

艾思奇于1961年主编的《辩证唯物主义历史唯物主义》，则是新中国成立后出版的第一本马克思主义哲学教科书，它影响最广，发挥作用最大。艾思奇（1910—1966）是我国著名马克思主义哲学家，他1937年出版的《大众哲学》，结合中国实际，生动具体地阐发了马克思主义基本原理，开创了中国风格、中国特点的马克思主义哲学表达方式，有力地推动了马克思主义大众化和中国化。

《辩证唯物主义历史唯物主义》学习和借鉴了苏联教科书的经验，但不是完全照搬苏联的编写模式。因为中国人很早就懂得，要将马克思主义理论同自己的实际相结合，不能搞教条主义和经验主义。以毛泽东同志为代表的中国共产党人，对苏联的教条主义是有比较清醒的认识的。毛泽东指出，斯大林在《苏联共产党（布）历史简明教程》中讲，"马克思主义辩证法有四个基本特征。他第一条讲事物的联系，好像无缘无故什么东西都是联系的。究竟是什么东西联系呢？就是对立的两个侧面的联系。……他第四条讲事物的内在矛盾，又只讲对立面的斗争，不讲对立面的统一。

按照对立统一这个辩证法的根本规律，对立面是斗争的，又是统一的，是互相排斥的，又是互相联系的，在一定条件下互相转化的"①。在苏联教科书中，并不讲主要矛盾与次要矛盾、矛盾的主要方面与矛盾的次要方面在一定的条件下的相互转化。因此，讲矛盾的相互转化是中国人对唯物辩证法的贡献，具有鲜明的中国特色。《辩证唯物主义历史唯物主义》根据中国人自己的经验，作出了富有自己特色的改进、丰富和创新，它在整体面貌上是呈现出中国特色的马克思主义哲学教科书。这主要体现在两个方面：一是论述了马克思主义哲学中国化的新成果——毛泽东思想，并且吸收了我国专业哲学家的探索成果，对中国的具体实践经验进行了理论概括和提升，体现出与时俱进的宝贵理论品格；二是结合了中国哲学史的相关思想。

《辩证唯物主义历史唯物主义》与苏联的教科书，无论是在内容上，还是形式上，都呈现出很大的不同。不过，应当看到其客体向度的表现也还是存在的。一是，对辩证唯物主义与历史唯物主义的关系，也采用了"推广应用说"。它指出："马克思和恩格斯把辩证唯物主义推广到对人类社会的认识，从而把唯心主义从社会历史领域中驱逐出去，建立了完备的、彻底的唯物主义哲学。"②二是，实践范畴也是被安排在认识论的范围内来阐发的。三是，在叙述历史唯物主义时，也只讲"历史唯物主义是关于社会发展规律的科学"，即只讲经济基础、阶级斗争、意识形态三个层次，而忽视了自然制约基础上的人的能动的实践活动，以及人的自由解放论。

综上所述，我国马克思主义哲学教科书的编写和完善，是我国一代又一代马克思主义哲学家，力图在坚持马克思主义基本原理的基础上结合中国实际而进行的努力创造，富有中国风格、中国气派、中国特色。我国马克思主义哲学教科书的确在一定程度上学习、借鉴了苏联教科书的模式，但不能简单地将二者相等同，不能忽视其与苏联教科书是有很大不同的。

①《毛泽东文集》第7卷，北京：人民出版社1999年版，第194页。

②艾思奇主编：《辩证唯物主义历史唯物主义》，北京：人民出版社1961年版，第195页。

总体上说，我国马克思主义哲学教科书坚持了马克思主义的唯物主义，坚持了马克思主义的基本原理，坚持了辩证唯物主义与历史唯物主义的有机统一，这都是正确的。但它对马克思主义的说明，主要是针对旧唯物主义的机械论进行批判，而没有对其理解自然和社会上呈现出的直观性进行深刻的批判，更没有就其意识内在局限性进行有效的揭示与批判。如是，它更多的还是偏重于从客体向度来讲客观世界的辩证运动，多少忽视了从人对自然和社会的能动的实践改造来把握马克思主义。这形成了以下三个方面的遗憾：一是对实践理解的窄化。实践只是作为一个认识论的概念而被限定在非常有限的范围和层次上。二是对主体能动性的淡化。人的活动的社会历史成了社会基本矛盾自行运动的过程，变得与人无关了。三是轻视了人存在的意义与价值，忽视了马克思主义关于现实的人及其历史发展的维度。

西方马克思主义者和我国不少论者看到偏重客体原则、唯物原则、真理原则的客观性与绝对性而忽视主体原则、实践原则、真理原则的重要性缺陷，因而主张从主体原则、实践原则、价值原则等来理解马克思主义，这是有道理的。不过问题在于，对马克思主义理解史上客体向度的反思，并不意味着放弃坚持马克思主义基本原理，也不意味着放弃坚持自然界的客观先在性、制约性，更不意味着否定马克思主义教科书的建设。立足主体向度，否弃自然界的客观先在性，否弃对社会历史、人类思维本质和发展的客观依据的正确说明，无疑会陷入另一种理论误区。

第三节　西方马克思主义创始人立足主体向度的反拨

以卢卡奇、葛兰西与柯尔施为代表的西方马克思主义创始人认为，第二国际正统派理论家的学说，甚至包括列宁主义，都是从客体向度来理解马克思主义的，由此造成了马克思主义的教条化、庸俗化。他们强调应该从马克思所言的"主体方面"，即主体向度来理解对象、现实、感性等，力图以主体原则、实践原则和价值原则等来理解马克思主义的本质特征，高扬马克思主义的革命精神；但是，却因忽视了客体原则、唯物原则和真理原则及其辩证统一，走上了另一种片面性。西方马克思主义创始人的理论反拨，主要表现为三个方面：一是，他们不再坚持自然界客观先在性及其对人的实践活动的制约；二是，高扬人的意识的能动性；三是，抬高实践的地位，把实践本体化。

与第二国际正统派理论家强调马克思主义的费尔巴哈传统不同，西方马克思主义创始人突出地强调马克思主义的黑格尔传统。卢卡奇曾经对这一理论倾向作过总结。他指出："对任何想要回到马克思主义的人来说，恢复马克思主义的黑格尔传统是一项迫切的义务。《历史与阶级意识》代表了当时想要通过更新和发展黑格尔的辩证法和方法论来恢复马克思理论的革命本质的也许是最激进的尝试。"①

一、卢卡奇的主体向度反拨

卢卡奇（1885—1971）是名气最大、争议最多的西方马克思主义创始人之一。其代表作是1923年出版的《历史与阶级意识——关于马克思主义辩证法的研究》和1971年写成的巨著《社会存在本体论》。这里我们主要考察《历史与阶级意识——关于马克思主义辩证法的研究》。

该书被称为西方马克思主义的"圣经"，书名共有三个关键词：历史、阶级意识、马克思主义辩证法，三者紧密关联，具有内在一致性。卢卡奇用它们来反拨第二国际正统派理论家的自然本体论、经济决定论等客体主义倾向。

卢卡奇所指谓的辩证法并不是唯物辩证法，而是具有黑格尔主义倾向的主体实践进程中的主客体辩证法。卢卡奇批评了恩格斯的自然辩证法，认为它只是把黑格尔的辩证法扩大到自然界，因而没有抓住辩证法中"最

---

① [匈]卢卡奇:《历史与阶级意识——关于马克思主义辩证法的研究》,杜章智、任立、燕宏远译,北京:商务印书馆1992年版,第15—16页。

根本的相互作用，即历史过程中的主体和客体之间的辩证关系"①，而这最根本的方面恰恰"并不存在于我们对自然界的认识中"②。卢卡奇把自然辩证法从辩证法中排除出去，单独强调关于历史过程的辩证法。其历史辩证法的核心要义并不是以自然因素来解释历史，而是对由主体与客体矛盾运动建构起来的全部人类生活进行整体的理解。因此，卢卡奇便主张辩证法是总体性的，其本质体现就是主体与客体相互作用及其统一。"不是经济动机在历史解释中的首要地位（Vorherrschaft），而是总体的观点，使马克思主义同资产阶级科学有决定性的区别。总体范畴，整体对各个部分的全面的、决定性的统治地位（Herr-schaft），是马克思取自黑格尔并独创性地改造成为一门全新科学的基础的方法的本质。"③卢卡奇把辩证法看成是社会历史的，而社会历史对应的是主体，它是主体创造的产物。

卢卡奇对历史非常重视，通过把社会理解为过程性的事件，来反拨第二国际正统派理论家用既成性的规律来理解社会，这是需要加以肯定的。但是，他在关于历史的理解上，没有把人类历史看成是物质生产发展的历史，没有在物质生产发展的历史进程中来寻求问题的解决方法，而是把历史理解为"同一的主体—客体在自身范围内相互作用的历史"。卢卡奇撒开了科学的实践原理来谈主体与客体相统一，是无法正确说明这种统一的。这里他借用了黑格尔绝对精神思辨进程的描述，只不过是把黑格尔的绝对精神替换为无产阶级，把有物质内容的现实人类历史变成无实际内容的思辨的主客体关系史④。当卢卡奇把历史看作主客体相互作用的产物时，历史既成为主体，也成为客体。一方面，历史是人创造的产物，它自身就是主体；另一方面，历史作为客观的实践过程，又是客体。历史作为主体

---

① [匈]卢卡奇：《历史与阶级意识——关于马克思主义辩证法的研究》，杜章智、任立、燕宏远译，北京：商务印书馆1992年版，第50页。

② [匈]卢卡奇：《历史与阶级意识——关于马克思主义辩证法的研究》，杜章智、任立、燕宏远译，北京：商务印书馆1992年版，第51页。

③ [匈]卢卡奇：《历史与阶级意识——关于马克思主义辩证法的研究》，杜章智、任立、燕宏远译，北京：商务印书馆1992年版，第76页。

④ 参见孙伯鍨：《卢卡奇与马克思》，南京：江苏人民出版社2010年版，第15页。

与客体的本质体现在人身上。"人应当意识到自己是社会的存在物,同时是社会历史过程的主体和客体。"①卢卡奇所言的主体,不是指个体,而是指总体。

在卢卡奇看来,称得上现实总体的只能是阶级。他指出:"只有阶级才能在行动中冲破社会现实,并在这种现实的总体中把它加以改变。"②但这个阶级却不是指资产阶级,因为资产阶级站在维护资本主义的立场上,以致把资本主义看成一种永恒的现象,也就是把资产阶级看成了超历史的存在,而不是历史的、暂时的存在。无产阶级把历史当作自己的产物,因而资本主义社会对无产阶级来说,就是暂时的,是历史过程中的现象,而非永存的。"把辩证的方法当作历史的方法则要靠那样一个阶级来完成,这个阶级有能力从自己的生活基础出发,在自己身上找到同一的主体—客体,行为的主体,'创世'的我们。这个阶级就是无产阶级。"③由此,在卢卡奇看来,"只有无产阶级的意识才能指出摆脱资本主义危机的出路"④,找到解放的道路。

无产阶级自觉意识对无产阶级实践革命至关重要。没有它,无产阶级就无法推翻资产阶级统治,克服资本主义危机。但是,这一意识却受到了阻碍,它根本无法觉悟到自己正是创造历史的主体,又是认识与改造的客体。阻碍无产阶级意识的则是资本主义制度下普遍存在的物化现象。卢卡奇说的物化即"异化"。社会历史本来是人的活动的作品,打上了鲜明的主体的烙印。但是,在以商品经济为基本存在方式的资本主义社会中,商品却不再由人来支配,它反过来支配了人,造成了严重的异化。在这种物化现象下产生的物化意识,产生了可怕的后果——它使哲学思维方式变成

---

① [匈]卢卡奇:《历史与阶级意识——关于马克思主义辩证法的研究》,杜章智、任立、燕宏远译,北京:商务印书馆1992年版,第69页。

② [匈]卢卡奇:《历史与阶级意识——关于马克思主义辩证法的研究》,杜章智、任立、燕宏远译,北京:商务印书馆1992年版,第91页。

③ [匈]卢卡奇:《历史与阶级意识——关于马克思主义辩证法的研究》,杜章智、任立、燕宏远译,北京:商务印书馆1992年版,第228页。

④ [匈]卢卡奇:《历史与阶级意识——关于马克思主义辩证法的研究》,杜章智、任立、燕宏远译,北京:商务印书馆1992年版,第136页。

直观的、抽象的和外部反思的。这种简单直观的反映论，无法触及本质的内部反思，因为它只看到物，而看不到人，忽视了人，割裂了主体与客体的辩证关系。在它看来，无论是资产阶级哲学，还是第二国际正统派的理论家，都受到物化意识的严重侵蚀。物化使人丧失了主体地位与自由意志，丧失了主体性，这不仅体现在商品经济中，还体现在政治、法律、哲学、文学艺术等领域。卢卡奇不单指出了商品拜物教现象，还扩展到资本主义日常生活领域，揭示了日常生产管理中的科层制、一切社会生活的计量合理化原则、客体与主体的分裂以及主体人格的分裂，指出物化对资本主义社会中的人的生产、生存方式和心灵意识等的支配。这可以说是对马克思主义社会批判理论、意识形态批判理论的一个新拓展，由此，卢卡奇也开了西方马克思主义关于资本主义日常生活批判理论的先河。

那么，如何克服异化呢？卢卡奇认为，对物化虚假意识的批判，在于日常生活批判。借助此种批判带动无产阶级的革命实践，使客体不再被当成异化之物，而是被当成由主体所创造的、所支配的一种客体，从而实现主体与客体的统一，实现历史的本质与人的本质的复归。这里，卢卡奇的问题在于：没有区分物化、异化与对象化，也没有分析生产力对生产关系的决定作用、经济基础对上层建筑的决定作用，以致他无法找到铲除异化土壤的根本途径，而只能倚重于对"副本"的批判，强调哲学上的批判，走上了"本质—异化—复归"人本主义的逻辑理路。所以，他对日常生活中的社会历史问题的分析，也就并不是真实的具体，而是虚假的具体。但客观地说，卢卡奇的物化分析，有力地回应了时代的呼唤。他指出："人的异化是我们时代的关键问题，并且无论资产阶级还是无产阶级的思想家，无论政治上和社会上的右派还是左派思想家都看到和承认这一点。"①甚至吕西安·戈德曼在他的《卢卡奇与海德格尔：通向一种新哲学》一书中还提出了一种大胆的猜想，认为海德格尔的《存在与时间》那里就有卢

---

① [匈] 卢卡奇：《历史与阶级意识——关于马克思主义辩证法的研究》，杜章智、任立、燕宏远译，北京：商务印书馆1992年版，第17页。

卡奇物化思想的隐秘痕迹①。通过仔细辨别，不难发现，卢卡奇的物化与海德格尔的非本真存在样式的描述，也确有相似之处。

卢卡奇立足于主体向度对马克思主义的解释，对旧唯物主义以及第二国际正统派理论家存在的机械性、直观性有一定的纠偏，但也犯了将世界观与方法论割裂开来的错误——对坚持自然界的客观先在性的抛弃。无论是在他的历史、阶级、辩证法中，还是物化分析中都是如此。虽然他多次强调指出"自然是一个社会范畴"②。但在考察作为物化劳动的社会（第二自然）的时候，完全忘记了"第一自然"在人类生活中的作用。在他的逻辑理路中，自然史不是主体创造的，因而在谈到主体创造的历史中，必须排除自然。在他的主体创造历史、改造历史的实践中，自然从属于社会，客观制约从属于主观能动，存在从属于思维，体现出实践本体化的倾向。消解自然界的客观先在性及在此基础上的人与自然的双向互动，否定了生产力、经济基础的决定作用，也就找不到说明社会历史发展的客观依据，无法正确理解社会历史发展的客观规律，也不能把握阶级斗争的本质规律。其所谓的辩证法，也就因为脱离唯物辩证法，而成为一种黑格尔式的主观思辨辩证法。

二、葛兰西的主体向度反拨

葛兰西（1891—1937）是意大利著名的马克思主义理论家，早期西方马克思主义创始人之一。葛兰西的贡献在于，他不仅把马克思主义诠释为一种哲学，而且明确地把它诠释为一种实践哲学。葛兰西的实践哲学，把实践从认识论层次中超拔出来，提升了实践范畴在马克思主义哲学中的地位，这是他的独特之处。但是，他却把实践本体化，看成是超越唯物主义

---

① Lucien Goldmann: *Lukács and Heidegger: Towards a New Philosophy*, London, Boston and Henley: Routledge & Kegan Paul, 1977, p.27.

② [匈]卢卡奇：《历史与阶级意识——关于马克思主义辩证法的研究》，杜章智、任立、燕宏远译，北京：商务印书馆1992年版，第203页。

与唯心主义之外的范畴,继而又把实践意志化,从而滑向了马克思所批评过的抽象能动的唯心主义。

葛兰西认为第二国际正统派理论家的唯物主义理解是旧唯物主义的,它们具有实证主义倾向。他曾批评道:"普列汉诺夫提出问题的方式是实证主义方法的典型","滑到庸俗唯物主义去了"。①在他看来,要准确地理解马克思主义,则需要抛弃第二国际正统派理论家所持的唯物主义立场,抛弃他们的实证主义倾向,而这就需要高扬实践。其实践哲学理论具有两个方面的基本内涵:一是实践本体化,一是实践意志化。

葛兰西主张实践是自足的,不需要"某种其它的唯物主义或唯心主义哲学的支撑"②。也就是说,实践超越了唯物主义与唯心主义的对立,从而不再从属于它们之中的任何一方。葛兰西为了批判教条的、实证的马克思主义以突出实践哲学,甚至不屑于再回到唯物主义或者唯心主义中的任何一种了。他指出,实践哲学的"独创性不仅在于它超越了先前的哲学,而且也在于,并首先在于它开辟了一条新路,从头到脚地更新了整个设想哲学本身的方式"③。葛兰西所言的更新整个设想哲学的方式是指什么呢?在此,他实际上作了两点基本的操作:第一,彻底抛弃实践哲学的唯物主义基础;第二,强调实践哲学是一种绝对的历史主义。这两点又可以看作同一个问题的两个方面。

葛兰西明确说过,要抛弃实践哲学的唯物主义基础,提醒人们在使用历史唯物主义的场合,"应当把重点放在第一个名词——'历史的'——而不是把重点放在具有形而上学的根源的第二个名词上面。实践哲学是绝对的'历史主义',……一种历史的绝对的人道主义,人们正是必须沿着这条路线追踪新世界观的这条线索"④。的确,葛兰西所批评的第二国际正统派理论家的唯物主义理解存在着缺陷,表现为一种实体论形而上学,

---

① [意]葛兰西:《实践哲学》,徐崇温译,重庆:重庆出版社1990年版,第74页。
② [意]葛兰西:《实践哲学》,徐崇温译,重庆:重庆出版社1990年版,第159页。
③ [意]葛兰西:《实践哲学》,徐崇温译,重庆:重庆出版社1990年版,第161页。
④ [意]葛兰西:《实践哲学》,徐崇温译,重庆:重庆出版社1990年版,第161页。

没有达到辩证法的高度。但是，不能因此而把唯物主义等同于形而上学，进而将其抛弃。葛兰西这种失误的原因在于，他没有看到马克思、恩格斯对唯物主义的坚持和发展，对旧唯物主义的根本超越。尽管葛兰西一直强调他的实践哲学不同于任何一种唯物主义或唯心主义，但还是不得不借助黑格尔抽象能动的唯心主义来阐发何为"历史"。他说，黑格尔主义是"最重要的哲学动机"①，实践哲学不过是把"黑格尔的内在论变成了历史主义"②，它是"继续了内在性的哲学，但清除了它的一切形而上学装置，并把它带到具体的历史领域中去"③。在此，葛兰西祭出黑格尔的绝对精神能动的历史过程，把世界看成过程性的集合，这对旧唯物主义抽象的物质实体是有杀伤力的。不过，这只是把内在性的绝对精神变现为外在性的具体的历史领域罢了，仍无法科学地说明人类社会历史发展的规律性进程。

葛兰西强调，"历史"要优越于"唯物主义"，甚至历史根本不需要唯物主义，这就否定了马克思主义科学实践观的唯物主义根基，否定了实践的物质基础，也就解决不了具体历史领域何以能贯通起来成为历史、成为体现客观发展规律的辩证进程。葛兰西最后把实践又交还到内在性那里，即把实践意志化。他并没有把实践理解为包含人的精神因素在内的客观物质性活动，而是将其看成体现内在精神特性的意志活动。他指出："每种形式的唯心主义都必然要陷入唯我论。为了避免唯我论，同时又避免包含在认为思维是一种感受的和整理的活动的机械论概念，就必须用一种'历史主义的'方式提出问题，同时又把'意志'（归根到底它等于实践活动或政治活动）作为哲学的基础。"④在此，葛兰西掉过头来，不再把经济因素作为解释社会历史发展的客观依据，而是把上层建筑或意识形态中的政治活动与个人意志当作最终的基础。由此，他对第二国际正统派理论家的

---

① [意]葛兰西:《实践哲学》，徐崇温译，重庆:重庆出版社1990年版，第161页。
② [意]葛兰西:《实践哲学》，徐崇温译，重庆:重庆出版社1990年版，第108页。
③ [意]葛兰西:《实践哲学》，徐崇温译，重庆:重庆出版社1990年版，第145页。
④ [意]葛兰西:《实践哲学》，徐崇温译，重庆:重庆出版社1990年版，第28页。

极端反拨可见一斑。

由于葛兰西的实践本体化与实践意志化的一元论倾向，自然界的客观先在性、制约性就被消解了，自然统一于人的实践之中。他反问道："自然所提供的机会，并不是对于预先存在的力量——对物质的预先存在的性质——的发现和发明，而是同社会兴趣、同生产力的发展和进一步发展的必然性紧密相联的'创造'?"①的确，人与自然在实践基础上达成的统一，这是恢复马克思主义科学实践观的题中应有之义，但不可拔掉实践的物质根基，也不可错误地认为实践就是对自然界客观先在性、制约性的消解。

三、柯尔施的主体向度反拨

柯尔施（1886—1961）也是西方马克思主义的创始人之一，其代表作《马克思主义和哲学》与《历史与阶级意识》均于1923年发表。柯尔施也对第二国际正统派理论家和苏联模式马克思主义的教条主义、实证主义进行了激烈的批判，但与卢卡奇相比，柯尔施没有展现出更多的学理上的深刻性，他关心的主要是自己理论活动的政治后果。柯尔施明确提出"西方马克思主义"这一概念，用以对抗第二国际和苏联模式的马克思主义，并开拓了出西方马克思主义的诸多论域。这就意味着，"西方马克思主义"这个概念在一开始就是一个具有针对性的概念。

柯尔施展示的理路是：首先，他认为马克思主义有其独特本质，即马克思主义是一种哲学；其次，他将马克思主义定位为哲学的目的，是要去反拨马克思主义已经被误解为客体的、自然的、反映论的辩证法本质；最后，他强调马克思主义哲学辩证法的本质在于意识形态争斗，体现为主体的、历史的、能动的。

柯尔施指出，否定马克思主义是哲学的情形有三种：一是，资产阶级理论家出于否定马克思主义的目的，而去否定马克思主义是哲学；二是，第二国际正统派理论家认为哲学是纯粹思想观念的幻想，而马克思主义是

_____

① ［意］葛兰西：《实践哲学》，徐崇温译，重庆：重庆出版社1990年版，第162页。

可以实证的科学、社会学；三是，第二国际的一些理论家用新康德主义、马赫哲学来补充、调和马克思主义哲学。柯尔施认为："正是因为他们认为马克思主义体系需要哲学的补充，他们也就使人明白了，在他们眼中，马克思主义本身是缺乏哲学内容的。"①用某种其他的哲学来补充、调和马克思主义体系，这种做法实则就是对马克思主义是一种哲学的否定。柯尔施的这一见解，虽有些极端，但也颇有深刻的启发意义。也就是说，马克思主义有自己的哲学，不需要其他形式的哲学来补充与调和。

柯尔施指出，以上三种情形遭遇到同一种本质性缺陷，即都忽视了马克思主义哲学与黑格尔辩证法之间的内在关联，它们"以一种完全观念形态的和无可救药的非辩证的方式，把哲学思想的发展表述为纯粹的'观念的历史'的过程"②。由此，他强调，拒斥辩证法就是拒斥哲学，同时也就是拒绝革命。以辩证的方式理解马克思主义哲学，要解决"'国家对于社会革命和社会革命对于国家的关系问题'（列宁语），而且还有'意识形态对于社会革命和社会革命对于意识形态的问题'"③。意识形态的问题正是被第二国际正统派理论家所忽视的关键性问题。这里，柯尔施特别突出了意识形态在唯物主义中的地位，有利于我们完整地理解马克思主义。但另一方面，柯尔施对第二国际正统派理论家的这一反拨，走上了依据精神能动来解释马克思主义的极端。

柯尔施认为，意识形态并不是第二国际正统派理论家所理解的空洞的幻想，而是社会存在的一个组成部分，具有具体性、实在性。他指出，意识形态是"一般的社会—历史现实的一个实在的组成部分——一个必须在唯物主义理论中把握并由唯物主义实践来消灭的现实部分"④。对柯尔施

---

① [德]柯尔施：《马克思主义和哲学》，王南湜、荣新海译，张峰校，重庆：重庆出版社1989年版，第4页。

② [德]柯尔施：《马克思主义和哲学》，王南湜、荣新海译，张峰校，重庆：重庆出版社1989年版，第8页。

③ [德]柯尔施：《马克思主义和哲学》，王南湜、荣新海译，张峰校，重庆：重庆出版社1989年版，第33页。

④ [德]柯尔施：《马克思主义和哲学》，王南湜、荣新海译，张峰校，重庆：重庆出版社1989年版，第39页。

而言，意识形态不能仅仅被看作社会意识或者精神生活的一种，其具有现实的、实践的功能。意识与现实是一致的，精神就是现实，意识变革就是现实革命。他指出："没有这种意识和现实的一致，政治经济学的批判根本不可能成为社会革命理论的主要组成部分，而是必然得出相反的结论。那些认为马克思主义实质上不再是社会革命理论的马克思主义理论家们，看不到这种现实和意识相一致的辩证概念的需要：在他们看来，它必定在理论上是虚假的和非科学的。"[①]意识形态作为现实的存在，是社会—历史的。因此，科尔施在本体论上对意识形态加以界说，力图把意识自身的变革理解为批判的、革命的理论，并理解为马克思主义哲学本质的方面。

面对当时社会历史条件下的资本主义制度已经相对成熟的现实，工人阶级少了变革的冲动和激情，三位西方马克思主义创始人认为，相对于遥远的物质制度的变革，唤醒无产阶级的阶级革命意识才是较为切近实际的。因此，区别于第二国际正统派理论家与苏联模式马克思主义的科学实证原则和直观化的反映论原则，他们则祭出总体性的社会—历史原则和能动的、历史的辩证原则，这有一定的纠偏意义，但却不是在对马克思主义哲学本质精神正确把握基础上的纠正。他们的总体性的历史原则和辩证原则，是脱离客观依据的抽象原则，其所谓的主体能动的"实践"，仍然是黑格尔主义的意识主体、精神主体，与马克思那里的客观物质性实践活动及其现实主体，具有原则性差别。

西方马克思主义创始人尝试从主体向度来理解马克思主义哲学革命的发生及意义，然而他们却作了抽象的理解。卢卡奇强调自觉的阶级意识，葛兰西高扬意志，柯尔施主张意识就是现实，这使得他们没有突破形而上学意识内在性的基本建制。

---

① [德]柯尔施：《马克思主义和哲学》，王南湜、荣新海译，张峰校，重庆：重庆出版社1989年版，第47—48页。

第四节 "以海解马"论的背景综述

"以海解马"论看到了海德格尔存在论的形而上学批判及其生存论转向的哲学意义，并认为它真正把握住了人的生存处境和存在本质，看到了马克思主义理解史上立足于客体向度解读而出现的一些教条主义，继承了西方马克思主义创始人对客体向度的反拨，力图从主体向度来矫正其片面性，同时也注意到了他们理解的主体向度并没有真正地走出黑格尔主义。"以海解马"论认为，海德格尔存在论实现了从超感性世界到感性世界的生存论转向，用海德格尔存在论解读马克思主义能走出旧唯物主义式的教条与黑格尔主义的抽象，走出形而上学，从而实现人的自由解放，真正切中人的本质存在，这就是"以海解马"论生成的总体背景。

一、对西方马克思主义创始人反拨客体向度的继承与批评

西方马克思主义创始人卢卡奇、葛兰西、柯尔施，激烈批评了第二国际正统派理论家的客体主义倾向，认为其对马克思主义的理解还是旧唯物主义的，是实证主义的，把马克思主义的本质定位为"经济决定论"则是把马克思主义庸俗化了。他们强调，第二国际理论正统派理论家之所以如此，是因为没有看到实践在马克思主义哲学中的重要地位，没有把实践置于本体论的地位上去理解，也没有把实践的本质理解为人的意志的活动，只等待资本主义的自动崩溃，忽视了历史是人的创造，忽视了"历史"优越于"唯物主义"，忽视了阶级意识、意识形态等在马克思主义那里的重要意义。

在反拨立足于客体向度理解马克思主义的理论倾向上，"以海解马"论与西方马克思主义创始人的目标是一致的，都强调要把实践置于本体论的地位去理解马克思哲学革命的意义，并从主体的方面理解实践的本质在

于人的能动的精神活动。可以说，"以海解马"论继承了西方马克思主义创始人立足于主体向度的片面反拨，紧紧抓住第二国际正统派理论家，以及苏联模式和我国传统教科书中偏重于从客体向度理解马克思主义，而未能更多地从人的主体性、能动性及实践去理解和说明自然、社会历史以及人本身的缺点；强调应该大力批判客体向度，进而从主体的方面来理解马克思主义，把握马克思主义本真精神。

但另一方面，"以海解马"论也认为，西方马克思主义创始人立足于主体向度对第二国际正统派理论家的反拨，是借助恢复马克思主义的黑格尔传统以克服第二国际正统派理论家的费尔巴哈传统，实质上他们并没有走出黑格尔主义的地基。由此，他们的这种"反"，也就没有走出形而上学，仍然停留在主客二分思维模式的近代哲学之中，无法真正切中人的本质存在。

比如，主张"以海解马"论的马尔库塞，继承了西方马克思主义创始人从主体向度对第二国际正统派理论家把马克思主义实证主义化的反拨，但他同时认为在卢卡奇等西方马克思主义创始人那里，还缺乏对人的本质存在的具体的生存论分析，缺乏"一种能为他把马克思主义理解为激进行动理论奠定基础的激进存在论"①。广松涉也认为，包括西方马克思主义创始人在内的整个西方马克思主义都还是一种近代哲学的模式。他指出："正如'俄国马克思主义'的'科学主义'和'西欧马克思主义'的'人本主义'的两极对立中所看到的那样，人们在很长一段时期，将马克思主义摆在近代哲学的地平来理解。"②

可以说，"以海解马"论对西方马克思主义创始人的这一判断抓住了问题的本质，是颇为中肯的，也是颇为深刻的。

西方马克思主义创始人想要克服第二国际正统派理论家的缺点，试图

---

① 转引自余在海、江永霞：《论马尔库塞的历史唯物主义现象学》，《武汉大学学报》（人文科学版）2015年第1期，第73页。

② ［日］广松涉：《物象化论的构图》，彭曦、庄倩译，南京：南京大学出版社2002年版，第49页注释。

在对马克思主义本质精神的理解上不机械、不直观、不教条，以凸显马克思主义哲学的当代性，为此，他们作出过各自富有特色的阐发，诸如提出了总体性、能动性、历史性等原则。但是，他们对这些原则的阐发，却没有走出黑格尔主义的地基，没有达到对现实的人的真切关怀。

卢卡奇从黑格尔那里借来了总体概念以对抗"经济动机"，认为黑格尔总体的辩证法已经克服了主体和客体等全部的形而上学对立。这显然是没有看到黑格尔辩证法的抽象性、唯心性，也没有理解马克思对黑格尔辩证法以及黑格尔主义的根本超越。作为扬弃了主体与客体对立的总体，又被落实到历史的主体——无产阶级身上，而这个阶级的主体性、历史性则取决于阶级意识、自我意识。葛兰西直接让实践本体化，把实践理解为通过历史主义改造了的黑格尔主义内在论，理解为意志。葛兰西从黑格尔主义的意识内在性开出外在的物质的历史领域，这本身就表明葛兰西是站在黑格尔主义的形而上学之中的。柯尔施同样尝试从马克思那里找出无产阶级的"意志"来反拨第二国际正统派理论家的实证主义倾向。

西方马克思主义创始人借助黑格尔主义并没有实现对形而上学的超越，他们从主体向度反拨客体向度，试图正确把握马克思主义的目标并没有实现。因为其"主体"，还停留于"意识主体""自我主体"层面，没有达到人的本真的能动性。"以海解马"论认为，对比黑格尔主义与西方马克思主义创始人的哲学阐释，海德格尔存在论则更有优越性。

首先，海德格尔存在论建构的关于此在去生存的生存本体论，彻底颠覆了形而上学。它通过此在的在世存在这个基础，解构了意识内在性之基本建制，消解了主体与客体、物质与精神、思维与存在等一切形式的主客二分的形而上学思维方式，从而走出了近代哲学的地基。如果把马克思主义对接海德格尔存在论的地基的话，那么就可以拯救马克思主义于主客二分的近代哲学之中。

其次，类似于西方马克思主义创始人那里的实践一元论、实践本体论，在海德格尔存在论中，自然、世界也被托付给此在，成为此在上手去存在的能在建构的生存论环节。通过呈现分环勾连的生存论建构，此在能在就成为一种历史性的存在。而西方马克思主义创始人的实践本体论，虽然把实践作了本体化的处理，但对于实践的历史性展开却停留在"意识主体""自我主体"的封闭的、内在的旋转之中，没有从意识内在性中走出来，实现主体的外在化的、绽出性的生存。

最后，海德格尔的生存本体论真正切中了人的本质存在。海德格尔的存在论对人的实际处境作出了更具学理性的分析，此在的能在在世，颇为有力地回应了资本主义进入垄断时代，通过战争以及新的剥削方式造成人的价值的贬损和异化的状况，肯定了人的意义和价值，高扬了人的本真能动性。虽然卢卡奇关于物化现象的分析也切入到资本主义日常生活中，但是对于如何在人的一般存在的基础上理解这些非本真的存在样式，以及这些非本真的存在样式与人的存在的本质又是如何内在地关联起来等问题的研究上，卢卡奇的物化理论与海德格尔生存本体论相比，还是不够"基础"的，没有深入到人的生存的具体处境中去。

"以海解马"论认为，海德格尔存在论对形而上学成功进行了批判，由此可以借助海德格尔存在论的地基来解读马克思主义，这样就能把机械的、实证的、教条的马克思主义者们所造成的缺陷——把马克思主义哲学拉回到了近代哲学的地基上，即拉回到以主客二分思维方式为主导原则的形而上学中——彻底克服掉，从而对马克思主义哲学的合法性、当代性予以根本性的彰显，对第二国际正统派理论家等的实证主义、教条主义表现与西方马克思主义创始人那里的黑格尔主义表现，予以根基性的扬弃。

二、海德格尔与马克思在形而上学批判上具有一致性

无疑，马克思也对形而上学进行了彻底的批判，并且较为清晰地指出了形而上学的基本特性、基本建制与基本态度。

马克思、恩格斯曾经深刻地指出，形而上学有两个"怪物"：一个是

"主体"，一个是"实体"①。马克思正是对主体论形而上学与实体论形而上学进行了彻底的批判，这也是针对黑格尔代表的唯心主义与费尔巴哈代表的旧唯物主义进行的双重批判。

一方面，马克思对以黑格尔主义为代表的精神主体论形而上学进行了彻底的批判。

精神主体论形而上学从古希腊柏拉图的理念论开始，在黑格尔绝对精神那里获得最典型的体现。柏拉图的理念论认为，理念是世界的本原、依据和法则。而现实世界不过是意念的世界，是不真实的世界，是理念派生的世界。所以，现实的物质世界是理念的"摹写""影子"，现实世界低于理念世界。

笛卡尔接过理念的原则，发展了思想的原则，成为17世纪形而上学的代表。笛卡尔通过"我思故我在"的普遍怀疑方法，找到了一个不可怀疑的支点——正在怀疑着的"自我"这个确定了的精神实体。笛卡尔指出："这个实体的全部本质或本性只是思想。"②以此命题为依据，然后再按照几何学演绎的方法，推导出其他确定的知识。笛卡尔哲学是典型的"心物二元论"，它除了承认精神实体外，还承认物质实体。笛卡尔自我的思想不仅只在思想的范围内进行演绎，还需要过渡到思想以外的现实领域。这一过渡，仍然依靠"我思"这个第一原则。他指出，按照"我思"标准就能消除思想与实在两个领域的隔阂，即"我们极清楚、极明白地想到的东西都是真的"③。笛卡尔靠"我思故我在"之"故"建立起的"我思"与"我在"之间的联系，这种联系不是现实的关系，而是反思性的规定。

马克思、恩格斯指出，以笛卡尔、斯宾诺莎和莱布尼茨等为代表的"17世纪的形而上学，在德国哲学，特别是在19世纪的德国思辨哲学中，

---

① 参见《马克思恩格斯文集》第1卷,北京:人民出版社2009年版,第339页。

② 北京大学哲学系外国哲学史教研室编译:《西方哲学原著选读》上卷,北京:商务印书馆1981年版,第370页。

③ 北京大学哲学系外国哲学史教研室编译:《西方哲学原著选读》上卷,北京:商务印书馆1981年版,第373页。

曾经历过胜利的和富有内容的复辟"①。德国唯心主义继承了笛卡尔等的自我思想，并且更进一步发展了它，并最终完成了它。

康德在哲学领域发动了"哥白尼式的革命"，确立主体的地位，让客体围绕主体来"旋转"，即我们的知识，作为现象总体的经验自然，都来自我们先天的纯粹意识。我们的意识首先规范创造认识对象，然后再提供纯形式、纯概念去加以认识。如此一来，认识的对象和认识一致，就解决了知识的客观普遍有效性问题。但问题在于，康德哲学中将这个主体性限定于先验观念论之中，它无法通达"自在之物"。"自在之物"无法通达，不可认知。费希特发展了康德的先验观念论，把这个先验的主体"自我"变成了一个纯粹的、自我设置的概念。

关于康德和费希特先验唯心主义形而上学的超感性、虚妄性的基本性质，马克思早就已经认识到了。在《献给父亲的诗册》中，马克思说道："康德和费希特在太空飞翔，对未知世界在黑暗中探索；而我只求深入全面地领悟在地面上遇到的日常事物。"②马克思声明他的哲学研究原则与康德和费希特截然不同，他要探究的不是"在太空飞翔"的先验的、超感性世界，而是关于"地面上遇到的日常事物"的现实世界。

马克思也清晰地看到黑格尔思辨哲学是以笛卡尔为代表的17世纪形而上学的最终完成，是一切形而上学的集大成。马克思指出："黑格尔天才地把17世纪的形而上学同后来的一切形而上学以及德国唯心主义结合起来并建立了一个形而上学的包罗万象的王国。"③

在黑格尔那里，他不满意也不允许笛卡尔哲学与康德哲学所留下的精神与物质的二元分立，虽然它们已经充分发挥了"我思"这一精神能动原则，但其二元分立的哲学形态，既造成对精神的考量拘限于一种"外部视角"，又使物质成为一个孤零零的、单纯的结果。黑格尔赋予理性以绝对的权力，来克服笛卡尔精神实体与物质实体、康德自在之物与先验观念论

①《马克思恩格斯文集》第1卷，北京：人民出版社2009年版，第327页。
②《马克思恩格斯全集》第40卷，北京：人民出版社1982年版，第651—652页。
③《马克思恩格斯文集》第1卷，北京：人民出版社2009年版，第327页。

分裂的困境。

在黑格尔看来，理性如果是空的，是没有规定的，那么它就不能思维任何东西。而问题在于，理性不是空的，理性真正的客观性在于"思想不单纯是我们的思想，而且同时也是事物和对象本身的自在东西"①。黑格尔认为，理性既是思维的原则，同时也是对象和对象自身的活动。所以，应该让理性自己考察自己、自己规定自己、自己揭示自己。理性从自身开始又回到自身这样的辩证运动过程，需要给理性赋权，理性具有自己解决矛盾的权力。如是，在康德那里由于理性与自在之物分裂所造成的消极作用的假象和二律背反，到黑格尔这里却变成积极的了，理性通过这种必然产生的矛盾获得自身运动的动力。他指出："二律背反的真正的、积极的意义在于，一切现实事物都在自身包含着对立的规定，因此，认识一个对象，确切地说，把握一个对象恰恰意味着意识到这个对象是对立规定的具体统一。"②黑格尔高扬理性的内在能动性，将康德的限定再否定，将其变成思想的内容或对象，并返回自身开始自己的进程。这样，理性征服了一切，成为绝对的主体，绝对精神。黑格尔便建立起了一种超感性世界的思辨的"理性神学"。

对黑格尔超感性世界的神学，马克思批判道："思辨唯心主义用'自我意识'即'精神'代替现实的个体的人……显而易见，这种没有肉体的精神只是在自己的臆想中才具有精神。"③他又指出，黑格尔的这个绝对主体始终走不出自身，其思辨进程就成了"在自身内部的纯粹的、不停息的旋转"④。这里，马克思正确指出了黑格尔唯心主义形而上学的基本建制——陷于绝对精神的思辨进程中打转转，没有从超感性世界转向它的世俗基础——感性世界。

另一方面，马克思对以费尔巴哈的人本学唯物主义为代表的旧唯物主

---

① [德]黑格尔：《逻辑学》，梁志学译，北京：人民出版社2002年版，第104页。

② [德]黑格尔：《逻辑学》，梁志学译，北京：人民出版社2002年版，第116页。

③《马克思恩格斯文集》第1卷，北京：人民出版社2009年版，第253页。

④《马克思恩格斯文集》第1卷，北京：人民出版社2009年版，第218页。

义物质实体论进行了彻底的批判。

马克思首先肯定了费尔巴哈的人本学唯物主义对形而上学超感性世界的批判。他指出，费尔巴哈恢复了唯物主义的王座，把超感性世界归结为它的世俗基础，强调正是费尔巴哈"用'人'本身来代替包括'无限的自我意识'在内的破烂货"①。费尔巴哈终结了意识自我无限循环的超感性的神学话语，打破了以黑格尔哲学为代表的形而上学超感性世界的先验性、虚妄性。就此而言，费尔巴哈唯物主义的功绩是巨大的。

以费尔巴哈为代表的旧唯物主义承认自然界的客观先在性，坚持物质相对意识而言的本原地位，这是坚持了唯物主义的原则，坚持了唯物主义对超感性世界的原则性颠覆，但却没有走出形而上学。为什么说它没有走出形而上学，没有克服掉形而上学意识内在性的基本建制和根本原则呢？

旧唯物主义把不以人的意志为转移的客观存在理解为物质的属性，即把物质理解为某种不动的、不变的"实体""宇宙之砖"，并以此为根据和原则，去理解和把握世界与人的关系。这就把物质弄成一个机械的、死寂的抽象命题，而不是生动的、鲜活的、在实践之中不断获得具体展现的辩证运动。马克思、恩格斯指出："霍布斯把培根的唯物主义系统化了。感性失去了它的鲜明色彩，变成了几何学家的抽象的感性。物理运动成为机械运动或数学运动的牺牲品；几何学被宣布为主要的科学。唯物主义变得漠视人了。"②在这里，旧唯物主义表现为一种机械的物质实体论形而上学。

旧唯物主义在自然观领域表现为实体论本体论，同时由于这一主张机械性、抽象性的局限，导致它在社会历史观领域无法科学地说明社会历史发展的客观进程，由此又陷入另一种形而上学性，即直观论形而上学性。

马克思、恩格斯指出，旧唯物主义之中，如爱尔维修把"感性的特性和自尊、享乐和正确理解的个人利益"，看成是全部道德的基础，主张用"人的智力的天然平等、理性的进步和工业的进步的一致、人的天然的善

---

① 《马克思恩格斯文集》第1卷，北京：人民出版社2009年版，第295页。

② 《马克思恩格斯文集》第1卷，北京：人民出版社2009年版，第331页。

良和教育的万能"去解释社会历史①。虽然他们也谈到了感性，谈到了人，但实质上还是用人的抽象的本质去说明人，说明社会历史发展。

费尔巴哈的人本学唯物主义，批判了以黑格尔思辨唯心主义为代表的超感性世界神话学，旗帜鲜明地指出："谁不扬弃黑格尔哲学，谁就不扬弃神学。"②他要求哲学要回到人身上，回到感性上，甚至还经常谈到实践。但他关于感性、实践、人等的理解，关于感性世界的理解，"一方面仅仅局限于对这一世界的单纯的直观，另一方面仅仅局限于单纯的感觉。费尔巴哈设定的是'一般人'，而不是'现实的历史的人'"③。费尔巴哈用感性、感觉去直观社会历史，用"爱与友情"去直观人与自然、人与人的关系，因此，"除了爱与友情，而且是理想化了的爱与友情以外，他不知道'人与人之间'还有什么其他的'人的关系'"④。费尔巴哈所理解的"实践"，并不是能动的、革命的现实物质变革，而仍然是从属于理论活动的需要。因为他"仅仅把理论的活动看作是真正人的活动，而对于实践则只是从它的卑污的犹太人的表现形式去理解和确定"⑤。这种"实践"，不过是黑格尔思辨实践活动的另一种表达而已。

马克思深刻地指出，费尔巴哈的感性、感觉、直观、爱与友情等，仍旧是通过自我意识去说明人的本质存在与客观世界的历史进程，它并没有真正克服意识内在性。对此，恩格斯也曾指出："施特劳斯、鲍威尔、施蒂纳、费尔巴哈，就他们没有离开哲学这块土地来说，都是黑格尔哲学的分支。"⑥

为什么旧唯物主义会陷入直观性形而上学之中呢？因为一旦深入到社会历史领域，尤其是当面对根本不是某种"实体"的社会关系这种存在物的时候，旧唯物主义就束手无策了，最后不得不求助于抽象的人，回到孤

---

① 参见《马克思恩格斯文集》第1卷，北京：人民出版社2009年版，第333页。
② 《费尔巴哈哲学著作选集》上卷，荣震华、李金山等译，北京：商务印书馆1984年版，第114页。
③ 《马克思恩格斯选集》第1卷，北京：人民出版社1995年版，第75页。
④ 《马克思恩格斯文集》第1卷，北京：人民出版社2009年版，第530页。
⑤ 《马克思恩格斯文集》第1卷，北京：人民出版社2009年版，第499页。
⑥ 《马克思恩格斯文集》第4卷，北京：人民出版社2009年版，第296页。

立的个体性存在，从人的感觉去直观社会关系，把客观的社会历史过程说成是人的主观意识的产物，甚至形成社会意识决定社会存在的观点，陷入唯心史观，从而成为"半截子"的、不彻底的唯物主义。

为什么旧唯物主义无法将唯物主义贯彻到底呢？因为它没有从实践出发去理解现实的感性对象，更不懂得通过实践改造世界，通过无产阶级革命去实现无产阶级自身和全人类的现实解放。对此，马克思总结指出："从前的一切唯物主义（包括费尔巴哈的唯物主义）的主要缺点是：对对象、现实、感性，只是从客体的或者直观的形式去理解，而不是把它们当做感性的人的活动，当做实践去理解"。[1]

综上所述，马克思对形而上学进行了彻底的批判，指出了形而上学的基本特性表现为一种超感性世界的虚妄性，形而上学的基本建制是自我意识内在性的思辨进展，形而上学奉行的理论（理念）高于实践、思辨高于现实的基本态度。

对比海德格尔对形而上学基本特性、基本建制、基本态度的指认，马克思的形而上学批判的确与海德格尔的形而上学批判具有一致性。"以海解马"论者据此认为，马克思主义与海德格尔存在论在形而上学批判上的一致性，说明了二者之是相通相同的，由此，便可以用海德格尔的生存论转向来解读马克思发动的哲学革命。

三、海德格尔与马克思在某些用语上具有相似性

除了在形而上学批判上具有一致性，海德格尔存在论与马克思主义在某些用语上也有一些相似性。

海德格尔存在论哲学术语的一大特点就是"自铸新词"，有时甚至把词组组合到连词符"—"的链条之中创造新词，并用之反拨形而上学，构建生存本体论。他创造了诸如生存、此在、上手去在、在—世—存在、向来我属性、交道、寻视、因缘、意蕴、操心、决断等新的哲学词汇，来反

---

[1]《马克思恩格斯文集》第1卷，北京：人民出版社2009年版，第499页。

拨形而上学的理念、意识、自我、我思、实体、主体等概念、范畴。这些术语，成了海德格尔存在论哲学专属的标志性词汇。

在"以海解马"论者看来，海德格尔的这些词汇与马克思的不少术语，尤其是《1844年经济学哲学手稿》中的一些重要术语，如自由自觉的活动、类意识、类生活、为我的关系、感性、感性世界、感性活动、异化劳动、物化、实践等，在颠覆形而上学，建构生存论哲学上，具有相同的功能，有内在一致性。于是，"以海解马"论者便用海德格尔存在论的此在来解读马克思的无产阶级，以此在上手去在解读马克思的感性活动和实践。

1932年，马克思的《1844年经济学哲学手稿》一经出版，就引起了西方马克思主义者的广泛关注。因为这部手稿是马克思比较系统、集中地阐释异化与人的问题的著作。在这部著作里，充满了探索的痕迹，它是马克思新思想的实验场。不过，这部著作的主题和论证方式也是比较鲜明的，即马克思并不是对异化、人等诸问题进行抽象思辨，而是力图在经济学与哲学新的研究成果上来分析资本主义私有制的本质及其矛盾运动，力图在形而上学批判与政治经济学批判内在关联的基础上去进行哲学革命，创建新的唯物主义，走出黑格尔与费尔巴哈的影响。

问题在于，不少论者抓住了其中存在着的费尔巴哈的人本主义因素，把人的本质存在及其实现作为历史的目的，当作理解马克思主义的基础，来反拨科学主义的、知识论的马克思主义。其中，马尔库塞就是典型代表。他称《1844年经济学哲学手稿》是马克思主义发展史上的一个里程碑，把关于马克思主义的所有理论探讨，都置于一个新的地基之上[1]，以此来凸显青年马克思相对于成熟马克思而言，在整个马克思主义中具有的根基性、原则性的地位。立足于海德格尔存在论的地基，马尔库塞将马克思在手稿中集中加以阐发的感性超拔出来，加以本体化，将马克思感性活动、实践中的感性需要、感性意识、感性设定等，视为人的本质存在；将

---

[1] Herbert Marcuse: *Heideggerian Marxism*, Lincoln and London: University of Nebraska Press, 2005, p.86.

私有财产视为人的非本质的存在；将异化劳动看成人的本质存在的扭曲和丧失；将共产主义革命理解为对非本质存在的总体性颠覆和人的本质存在的全面占有；把无产阶级看作能进行本真决断的此在。

"以海解马"论也将马克思主义客观的社会关系、实践关系与海德格尔悬搁主客观关系形成的此在上手去存在的生存关系等同起来，混作一谈。

马克思所讲的客观的社会关系、实践关系，是在自然界的客观先在性及其对人的制约的基础上来谈的。虽然社会关系是通过实践而获得历史发展的，但始终是以自然制约为基础所达成的人与自然双向互动，即人与自然的物质变换实践，以及人与人的现实的历史的社会关系。由此，不能抛开物质，把实践看作马克思主义哲学的本体。一旦把以主客观关系为基础的实践关系单独脱离出来，与关系先在性、基始性、第一性的关系存在论混为一谈，就会把马克思主义哲学理解为实践（关系）本体论。这也是"以海解马"论所采取的普遍倾向。其中，日本马克思主义学者广松涉为此典型。他说："确立了历史唯物主义的马克思、恩格斯，正是这样，对'自然'的事物，首先是用'用在（上手）'的形式，确切地说，使其成为人类生态系（这与一般的动植物生态系不同，是由生产活动这样积极的因素来规定编制构造，将工业视为编制的轴心）的内在契机的形式，因此，以由于人的活动而'被改变'的'被历史化的自然'的形式，来进行观察。"①广松涉认为关系存在论不再立足于主体，也不再立足于客体，而是立足于主体间性，由此，马克思主义哲学自然也就超越以主客二元对立为核心原则的近代哲学世界观了。

总之，"以海解马"论看到了海德格尔存在论对形而上学的激烈批判，看到了其生存本体论哲学力图切中人的本质存在，继承了西方马克思主义创始人立足于主体向度对立足于客体向度来理解马克思主义的反拨，但也看到了其中的形而上学性质。鉴于马克思在形而上学批判以及某些重要的术语上与海德格尔具有一致性、相似性，于是尝试用海德格尔存在论来解

---

① ［日］广松涉：《物象化论的构图》，彭曦、庄倩译，南京：南京大学出版社2002年版，第43页。

读马克思主义，以彰显马克思发动哲学革命的源初境域，彰显马克思主义的本真精神，并力图建构出一种能切中人的本真存在的哲学形态。

以上是我们对"以海解马"论背景原因的综合分析。那么，"以海解马"论有哪些典型形态呢？我们在下一章进行剖析。

第二章 / "以海解马"论的典型形态

在"以海解马"论中，较为典型的形态主要有以西方马克思主义者马尔库塞为代表的"互补论"，以东欧新马克思主义者科西克为代表的"融入论"，以日本马克思主义者广松涉为代表的"深化论"等。

第一节　"互补论"

以马尔库塞为代表的"互补论"，主张马克思主义与海德格尔存在论二者互有优长与不足，可以用前者所具有的现实历史性来克服和拯救后者的空洞性，并用后者的"生存论转向"来补救前者的"知识论危机"，从而开了"以海解马"论的先河。

马尔库塞（1898—1979）是德裔美籍哲学家和社会理论家，法兰克福学派的主要成员之一。马尔库塞一生的主要理论功绩是对现代发达工业社会的批判反思，这给人们认识和把握当代资本主义的新变化新问题等，提供了富有价值的启示性思考。由此，他得到欧美"新左派"的崇拜，并被追捧为新左派思想的先知和守护神。

马尔库塞的哲学思想深受黑格尔、胡塞尔、海德格尔和弗洛伊德等的影响，同时也受到马克思早期著作的影响，特别是《1844年经济学哲学手稿》中异化学说的影响。马尔库塞的学术思想进程中，始终保持着与马克思主义的对话。这一对话的成果，按马尔库塞思想发展的不同时段，大体上可以概括为："海德格尔式的马克思主义""黑格尔式的马克思主义"与"弗洛伊德式的马克思主义"等。

相对而言，关于马尔库塞"黑格尔式的马克思主义"和"弗洛伊德式的马克思主义"的理论形态，学界给予了较多的关注和研究。但对于他早年以海德格尔存在论解读马克思主义形成的"以海解马"论，学界则关注不够。马尔库塞通过《历史唯物主义现象学论稿》（1928）、《论具体哲学》（1929）、《论辩证法问题》（1930）、《历史唯物主义的新材料》（1932）、《黑格尔的存在论与历史性理论的基础》（1932），以及《经济学中劳动概念的哲学基础》（1933）等一系列文章①，建立起"以海解马"论②。"以海解马"论是马尔库塞哲学的开端，它有三重蕴涵：一是批判从客体向度来理解马克思主义；二是把此在等同于无产阶级，为历史唯物主义奠定生存论根基；三是通过生存论的转向来克服人的本质存在的异化。

一、提出背景：批判从客体向度来理解马克思主义

马尔库塞1898年出生于德国柏林的一个犹太资产阶级家庭，19岁即投身革命，加入了德国社会民主党左翼。当时流行的马克思主义，正是第二国际的马克思主义。随着李卜克内西和罗莎·卢森堡被暗杀，德国社会民主党与当权者在政治上达成了妥协，马尔库塞因不满德国社会民主党叛变革命的这种行径，退出了该党。与此同时，他对从客体向度来理解马克思主义也感到失望，不满意当时第二国际正统派理论家们对马克思主义的实证主义解读。他认为这种解读模式忽略了人的主体能动性，忽略了对人

---

① 有关诸文由理查德·沃林（Richard Wolin）和约翰·埃布罗梅特（John Abromeit）于2005年集为《海德格尔式的马克思主义》一书。

② 最早提出这一说法的学者是美国现象学家皮柯尼和德菲尼。参见 Paul Piccone & Alexander Derfini: *Heideggerian Marxism*, *Telos*, 1970(6), pp.37-46.

的具体生存条件和处境的揭示，使马克思主义成为一种认识论的马克思主义，从而陷入知识化、实证化、教条化的片面性之中。

马尔库塞对列宁主义以及苏联模式的马克思主义，也持批评态度①。他认为，列宁主义把革命的动力从有阶级意识的无产阶级身上转移到了无产阶级先锋队的政党上，是对无产阶级主体的、能动的、革命的曲解，"威胁着要败坏整个马克思主义战略所依据的把无产阶级当作革命主体的概念"②；而且，苏联模式的马克思主义对辩证法的理解，使它"从一种批判性的思维方式变成了一种带有僵化的固定规则和条理的普遍的'世界观'与方法论"③。所以，在马尔库塞看来，无论是第二国际的马克思主义，还是列宁主义，都存在着政治与理论上的双重危机。

此后，马尔库塞一度转向浪漫主义文学研究。从其《德国的艺术家小说》和《席勒〈审美教育书简〉注释本》中能够看出，他这时的文艺理论明显受到卢卡奇小说理论的影响④。1923年卢卡奇的《历史与阶级意识》和柯尔施的《马克思主义与哲学》的出版，更是对马尔库塞的哲学研究产生了重大影响⑤。卢卡奇和柯尔施立足于主体向度来理解马克思主义，致力于恢复马克思主义的黑格尔传统，以反对将马克思主义实证化、知识化、教条化的理论倾向，认为这导致了无产阶级革命意识、主观意志等的

①这些批评后来集中于马尔库塞1958年出版的《苏联的马克思主义——一种批判性的分析》一书。

②［美］马尔库塞:《苏联的马克思主义——一种批判性的分析》，张翼星、万俊人译，黄振定校，北京:中国人民大学出版社2012年版，第17、24页。

③［美］马尔库塞:《苏联的马克思主义——一种批判性的分析》，张翼星、万俊人译，黄振定校，北京:中国人民大学出版社2012年版，第78页。

④在卢卡奇的《历史与阶级意识——关于马克思主义辩证法的研究》出版之前，他的《心灵与形式》(1910)、《小说理论》(1916)等已在德国的哲学界产生了广泛的影响。《心灵与形式》是在齐美尔"美学社会学"的影响下创作的论文集，从人的"终有一死"来理解悲剧艺术的特征;卢卡奇把人的存在与死亡联系起来，探讨现代人存在的悲剧性。吕西安·戈德曼称其发出了现代存在主义的先声。《小说理论》是在韦伯的类型学方法影响下对小说的本质和形式的类型作了开创性研究，摒弃了永恒形式，走向"美学范畴的历史化"，被同时代人称为"精神科学运动最重要的出版物"。

⑤参见 Herbert Marcuse: *Heideggerian Marxism*, Lincoln and London: University of Nebraska Press, 2005, Introduction, Xii.

丧失。马尔库塞充分继承了卢卡奇和柯尔施的主体向度这一点，但同时也认为在他们那里，还缺乏对人的本质存在的具体的生存论分析，缺乏"一种能为他把马克思主义理解为激进行动理论奠定基础的激进存在论"①。

1927年海德格尔的《存在与时间》出版，马尔库塞在这里，第一次看到了一种把哲学置于真正的具体基础之上的强烈意图，即要求把哲学置于人的生存、人的条件之上，以免陷于抽象的理念和空洞原则之中②。他于1928年来到弗莱堡，跟随海德格尔求学问道，直到1932年离开海德格尔③。他认为，海德格尔的生存论建构正好可以弥补、补救马克思主义的根基性缺陷，并由此形成了"海德格尔式的马克思主义"理论。对于"海德格尔式的马克思主义"这种独特的哲学立场，马尔库塞是通过对海德格尔与马克思的双重解读形成的，即他一方面把海德格尔存在论"本真性"概念具体化为现实性；另一方面，又把海德格尔对此在能在的绽出生存，当作马克思主义的宏大而抽象辩证法的根基。这样，马尔库塞就形成了一种"具体哲学"的独特哲学立场。虽然马尔库塞对海德格尔存在论和马克思主义两方面都有一定的改造，但其重心还是用海德格尔存在论来解读马克思主义。

马尔库塞批评客体向度的马克思主义过分强调社会历史发展规律的必然性和资本主义的自动崩溃，认为这是把马克思主义知识化、科学化，忽视了对革命阶级主体性的建设，忽视了工人阶级的意识，忽视了对工人阶级在资本主义社会的存在前提和存在状况的分析。因此，它必然在描述当代社会和历史危机的诸多方面，显得空洞无力。在他看来，实质性的问题在于，不能不关心人的具体的日常处境及其生存条件的生存论的揭示。因

①转引自余在海、江永霞：《论马尔库塞的历史唯物主义现象学》，《武汉大学学报》（人文科学版）2015年第1期，第73页。

② 参见 Herbert Marcuse：*Heideggerian Marxism*，Lincoln and London：University of Nebraska Press，2005，p.166.

③ 参见 Herbert Marcuse：*Heideggerian Marxism*，Lincoln and London：University of Nebraska Press，2005，p.165.

为"马克思主义不是关于知识的真理，而是关于发生的真理"①。

马尔库塞强调，海德格尔生存论对人的此在沉沦在世的一系列具体处境的分析，如日常性、工具性、操劳、闲言、好奇、两可、共在、历史性等，使哲学的本真面貌显示出来。"本真的哲学并不停留在知识的范围内，毋宁是，把知识意义上的真理引向人类此在意义上真理的具体体现和通达。人类生存的操心及其真理意义使哲学成为深刻意义上的'实践科学'，而且至关重要的是，它把哲学导向人类生存的具体忧虑。"②

不仅如此，马尔库塞还主张，海德格尔此在能在的生存本体论还是理解一切社会历史现实的方法论基础。对此，他说道："此在的本体论历史必须被设定为'社会科学'精确而重要的方法论。社会管理、经济运行和政治运作都聚焦在此在发生的建构之上，它们只能用生存的视角来看待。"③马尔库塞强调，如果只从客体或事物的方面来看待社会、经济与政治的话，那么其结构、彼此之间的相互关系以及发展的规律，都将无法得到本真的揭示。所以，需要从主体向度，从关于此在能在的生存视域出发来看待一切社会历史现实，即要从海德格尔存在论来把握历史唯物主义的根基。

二、核心命题：此在即无产阶级

马尔库塞看到：不仅是客体向度的马克思主义造成了马克思主义的"危机"，而且当时的整个德国哲学界也都萎靡不振，根本无法正视整个社会所面临的"危机"局面，尤其是学院派哲学，它以严肃的思想讨论为名，实际上却回避对人类实际生存问题的真正研究。马尔库塞认为，如果不对人类生存的实际处境进行探讨，任何一种哲学都会违背人类实践活动

---

① Herbert Marcuse: *Heideggerian Marxism*, Lincoln and London: University of Nebraska Press, 2005, p.1.

② Herbert Marcuse: *Heideggerian Marxism*, Lincoln and London: University of Nebraska Press, 2005, p.36.

③ Herbert Marcuse: *Heideggerian Marxism*, Lincoln and London: University of Nebraska Press, 2005, p.39.

的本真状况。

基于此，马尔库塞从存在论视域对历史唯物主义进行了重新诠释。他指出："历史唯物主义是指谓有关历史性的全部知识境域——包括存在，结构，以及发生的状况。"①在他看来，历史性本身显露为人的存在的基本规定性。而历史性一旦被规定为人的此在的基本规定，那么，所谓存在、历史性结构及历史发生的状况，都需要立足于此在能在的生存论建构来理解。马尔库塞认为，这就是海德格尔存在论的巨大成就。他说道，《存在与时间》"这本书几乎代表着哲学史上的一个转折点：资产阶级哲学从内部越出了自身，开启出一条新'具体'科学的道路"②。基于这种认识，他试图把海德格尔存在论与马克思主义融合起来，建构一种历史唯物主义现象学，他称其为"具体哲学"。

马尔库塞在建构历史唯物主义现象学的过程中，一方面借用了海德格尔生存本体论中先验的历史性本质结构，把历史性看作此在的本体历史，这样，历史性就被马尔库塞本体化了；另一方面，又批评了海德格尔不变的本质结构中，没有融入一定层次的历史具体性，即具体的历史情况和具体的物质条件。马尔库塞认为："以历史性为基础对历史客体进行分析，必须把具体历史情况和具体物质条件考虑进去。因此，假如关于人类实存的现象学回避了历史实存的物质条件，那么它就缺乏必需的清晰性和完整性。正如我们已经指出的，海德格尔所处的正是这种状况。"③在马尔库塞看来，海德格尔存在论带给人们的成就，就在于能够为阐明历史性的物质构造作出贡献，但是，海德格尔本人却没有意识到，因而也无法达到这一点。不过，马尔库塞随即强调，这无碍大事。"尽管海德格尔的分析和他的方法论基础会遭到质疑和否定，但是所有这些批评都错失了这项工作的

---

① Herbert Marcuse: *Heideggerian Marxism*, Lincoln and London: University of Nebraska Press, 2005, p.1.

② Herbert Marcuse: *Heideggerian Marxism*, Lincoln and London: University of Nebraska Press, 2005, pp.10–11.

③ 转引自理查德·沃林:《海德格尔的弟子:阿伦特、勒维特、约纳斯和马尔库塞》,张国清、王大林译,南京:江苏教育出版社2005年版,第158页。

意义，哪怕它犯下重大错误，这项工作仍然是'真正的'。"①马尔库塞所说的"这项工作"，就是在海德格尔存在论的地基上，进行关于历史唯物主义现象学与具体哲学的建构。

马尔库塞认为，虽然马克思主义的方法论具有种种缺陷，但是关于具体的历史条件，马克思主义还是把握住了包括源于历史的存在、结构，以及发生的状况在内的全部知识，即马克思主义在对真实事件的性质、结构和运动的分析中，把握了源于真实历史的所有知识。他强调，马克思主义优越于海德格尔存在论的地方，就在于这里。在马克思历史唯物主义理论中，并没有对关于人类此在的内在客观本质的分析，而是充满了现实的、真实的社会历史内容，如生产关系、经济利益和阶级斗争，等等。就海德格尔存在论而言，这些东西都被看作非本真的所谓"实际的"层面，而遭遇悬搁与拒斥。故而，马尔库塞认为，历史唯物主义现象学必定是在海德格尔此在"在一世一存在"的历史性结构基础上，吸收进具体历史情况和具体物质条件，而形成的一种具体哲学。由此可以看出，马尔库塞这种具体哲学最为核心的地方是：试图通过把历史直接规定为人的存在的根本范畴，来把真实的历史补充进海德格尔的此在历史性之中。

马尔库塞阐发道：历史唯物主义现象学，"发端于马克思主义基本处境的展露处——通过对于历史性的把握，使全新的、革命性的根本姿态获得一种社会存在的整体视野。通过对现实性的全新理解，通过对由人类此在基本规定的历史性的发现，就开启出一种彻底转变行动的可能性"②。这样，不仅所有的理念对象和物质对象，都因返回到历史性这个基础上而得到理解，而且在这个基础上达到了对现实性的重新定位，即人的此在的现实性是历史的，是不断生成的，它不是某种不变实体，也不是某种预先设定，以及在这种预先设定下的逻辑进程。他引用马克思、恩格斯在《神

---

① Herbert Marcuse: *Heideggerian Marxism*, Lincoln and London: University of Nebraska Press, 2005, p.14.

② Herbert Marcuse: *Heideggerian Marxism*, Lincoln and London: University of Nebraska Press, 2005, p.2.

圣家族》中的话——"历史不过是追求着自己目的的人的活动而已"①来说明这一点。他认为这种生成运动正是一种辩证现象学，因为辩证法对应于历史自身的运动②。历史自身的运动，在马尔库塞看来，就等于存在自身的存在。他认为，并不是所有的存在者，在它们的存在样式中都是辩证的；只有那些本真的历史的存在，才是真正辩证意义上的东西。辩证法的全部意义，也只有在人的此在的历史中才能找到。辩证法不是基于某种哲学的或者社会学的理论知识方法或形式，而是对存在自身的存在之样式的描述③。于是，马尔库塞的历史唯物主义现象学、具体哲学，也就是以生存论为根基的所谓辩证现象学。

马尔库塞从此在能在的历史性来重新理解人的现实性、具体性，并由人的历史的生成活动导引出一种激进行动理论。一个人的具体性，也就是一个人的存在的基本处境。他把人的存在的基本处境规定为："一个人能够清楚领会到并决定的，他与环境之间独一无二的关系以及从这个关系所产生的任务。"④从这个规定出发，他把马克思历史唯物主义基本原理和方法，全部归结到马克思的基本处境的规定性上，即对马克思的历史唯物主义的理解，要还原到对马克思的在世存在模式的现象学描述上。而一切马克思主义者在世存在的现实性具体处境，所涉及的核心是激进行为的历史可能性。激进行为，在他看来，能够导致一种完整的人的实现，能够为新的必然的现实性开出道路。激进行为的承担者，是具有自我意识的历史的人的存在，它的唯一行动领域是有关人类此在基本范畴历史。因此，激进行动就是革命的和作为历史独特处境的阶级的行动⑤。

---

①《马克思恩格斯文集》第1卷，北京：人民出版社2009年版，第295页。

② 参见 Herbert Marcuse：*Heideggerian Marxism*，Lincoln and London：University of Nebraska Press，2005，p.17.

③ 参见 Herbert Marcuse：*Heideggerian Marxism*，Lincoln and London：University of Nebraska Press，2005，pp.64–65.

④ Herbert Marcuse：*Heideggerian Marxism*，Lincoln and London：University of Nebraska Press，2005，p.2.

⑤ 参见 Herbert Marcuse：*Heideggerian Marxism*，Lincoln and London：University of Nebraska Press，2005，pp.3–4.

如是，在马尔库塞这里，"此在即等于无产阶级"这个命题就呼之欲出了。

马尔库塞为什么会把激进行动诠释为革命的和阶级的呢？原因在于，马尔库塞的历史唯物主义现象学，把无产阶级的此在看成了本真能在的此在。马尔库塞说道："有一个此在，他是为了克服其被抛性而被抛在世存在的，这种历史的行动，在今天只可能是无产阶级的行动，因为它是在其存在中行动被必然地赋予的此在。"①马尔库塞把资产阶级的此在看成是非本真的存在样式，而无产阶级的此在则与之根本不同。无产阶级的此在是一种能够克服被抛性，走向本真存在的此在。因此，基于人类此在的在世存在，马尔库塞既把无产阶级当作资本主义不公正的答案，它是资本主义异化状态的克服；也把无产阶级当作海德格尔本真性问题的解决，它又是海德格尔存在的"落实"。

马尔库塞把激进行动看作无产阶级的革命行动，而无产阶级是能够克服自己的异化状态而达到本真历史能在的此在。因此，当1932年马克思的《1844年经济学哲学手稿》发表时，马尔库塞非常激动。他认为《1844年经济学哲学手稿》印证了自己对现行马克思主义的批判，以及用海德格尔来融合马克思主义的努力。他兴奋地写下了《历史唯物主义基础的新材料》一文，来解读马克思的这部手稿。

三、理论目的：克服人的本质存在的异化

马尔库塞特别推崇马克思的《1844年经济学哲学手稿》。他认为，该手稿的发表必将成为马克思主义研究史中一个具有划时代意义的重大事件。"这些手稿能够将历史唯物主义的起源和原初意义，以及全部'科学

---

① Herbert Marcuse：*Heideggerian Marxism*，Lincoln and London：University of Nebraska Press，2005，p.32.

社会主义'理论，奠立于新的根基之上。"①以这个新的根基为基础，后来的马克思历史唯物主义中所有类似的范畴才能得到合理的理解，当前的与以后的知识化、实证化、教条化的马克思主义才能被详尽地加以批判。也就是说，马尔库塞要求按照马克思的这部手稿来重新解释马克思历史唯物主义，而且强调在对这部手稿的解读上，不能再完全按照流行的解读模式，否则必定产生巨大的危险。因为后来的马克思政治经济学批判所遇到的所有类似范畴的原初意义，都包含在这部手稿之中了。只有"在这些范畴的原初意义的照耀下，才有可能颠覆掉对以当前流行的马克思为基础的后来解释，并作出详尽的批判"②。

那么，马尔库塞所理解的这个新的根基，或者说，历史唯物主义的立足点，到底是什么呢？

在他看来，这个根基是马克思关于人的总体历史与存在规定的理解。"对政治经济学的实证批判成为政治经济学批判的基础。在此批判之中，政治经济学的概念已经完全转换成一种关于共产主义革命的必要条件的科学。这种革命本身意味着——它与经济上的激变毫不相干——人的总体历史与人的存在规定上的革命。"③关于人的总体历史和存在规定的革命，其根基如果不是经济学的，就只能是哲学的，即马克思历史唯物主义所发动的革命之根基，是哲学批判和思想居所的革命，这种批判与革命就是一种关于人的存在本质的历史唯物主义现象学。马尔库塞说道，处于马克思哲学核心地位的劳动、对象化、外化、私有财产、扬弃等概念，是马克思在同黑格尔的激烈争论之中产生出来的，并不是对黑格尔方法的简单接受和向经济学领域的推广运用，而是直接追溯到了黑格尔哲学的根基，"独立

---

① Herbert Marcuse: *Heideggerian Marxism*, Lincoln and London: University of Nebraska Press, 2005, p.86.

② Herbert Marcuse: *Heideggerian Marxism*, Lincoln and London: University of Nebraska Press, 2005, p86.

③ Herbert Marcuse: *Heideggerian Marxism*, Lincoln and London: University of Nebraska Press, 2005, p.88.

地采取了其现实的内容"①。所以，马克思手稿中的异化劳动思想，"已然远远超出了经济学的范围，而跃入了那种把总体的人的存在当作其研究课题的境域"②。

马尔库塞这里的论述，虽然没有指名道姓地提及海德格尔，但以下这个事实十分明显地向我们显示出来：马尔库塞力求把黑格尔和马克思的哲学根基，在海德格尔的基础上融合在一起。实质上，马尔库塞要做的就是把异化劳动解读为人的本质的异化，再把这种解读上升为马克思主义的哲学根基和方法论根本，而加以本体化，由此把马克思历史唯物主义和海德格尔存在论融合起来。关于马尔库塞这种解读的逻辑理路，可以从以下四个方面来看。

第一，把马克思异化劳动的实质解读为人的本质的异化。马尔库塞认为，异化劳动所描述的不是简单的经济事实，"并不仅仅是一个经济问题。而是人的异化，生命的贬损，人的现实性的扭曲和丧失……这是一个人之作为人（不只是作为劳动者、经济主体等如此之类）的事情，是一个过程的问题，它不仅存在于经济史中，更存在于人的历史和他的现实性的历史中"③。

第二，把异化的根源归结到人的存在的本质规定之中。马尔库塞一方面认为，客观世界是人的本质通过对其占有和变更而首先得到确认和产生的东西，是人的存在中的一部分。另一方面，他认为，马克思自己也已经把对象化和在对象化之中出现的冲突，植根于对人的存在的本质规定之中。马克思"经济学哲学手稿中所要做的是关于人的本质的规定的这样一种论证：对象化在人的本质中总是倾向于物化，劳动总是倾向于异化。由此，物化和异化就不仅是偶然的历史事件。与之相契合的是，这也展示出

---

① Herbert Marcuse: *Heideggerian Marxism*, Lincoln and London: University of Nebraska Press, 2005, p.87.

② Herbert Marcuse: *Heideggerian Marxism*, Lincoln and London: University of Nebraska Press, 2005, p.95.

③ Herbert Marcuse: *Heideggerian Marxism*, Lincoln and London: University of Nebraska Press, 2005, p.90.

劳动者如何通过他的异化'造就'了非劳动者和对私有财产的统治，甚至展示出它如何在异化的起源之时，而不是在解放之后，就已握住了自己的命运"①。

第三，将共产主义革命定位为人的本质异化的总体性颠覆，要用人的本质财产去克服私有财产。因为马尔库塞已经把异化的根源归结到人的存在的本质规定之中，所以他从人的本质在总体上的颠倒来定位共产主义革命，即共产主义革命乃是从人的异化状态向人的本真状态的复归。"一个人的外化首先总是走向异化，而对象化则走向物化，这导致他只有通过'否定之否定'，即通过对其异化的废除和从其外化中复归，来获得一种普遍和自由的现实性。"②在马尔库塞看来，资本主义所造成的事实不仅是经济和政治上的危机，最主要的表现是人的本质遭受巨大灾难，这一实情决定着任何单纯意义上的经济革命和政治革命一开始就注定要失败，只有无条件地通过对人的本质异化的总体革命，才能彻底改天换地③。

按照马克思的思想，共产主义革命的途径必然要求对私有财产进行克服，在手稿中，马克思也一再提到私有财产同真正的人的财产的关系。马尔库塞把革命定位为人的本质的总体性颠倒，故而他主张所谓真正的人的财产就是人的本质的财产。那么，人的本质的财产又是什么呢？马尔库塞从分析马克思的感性下手。他认为"'感性'是一个解释人的本质的本体论概念"④，在感性之中表现出来的"忧伤""需求"不能从认识论问题上来看待，它们描述的不是人的某种个体行为方式，而是人的整体存在特

---

① Herbert Marcuse: *Heideggerian Marxism*, Lincoln and London: University of Nebraska Press, 2005, p.112.

② Herbert Marcuse: *Heideggerian Marxism*, Lincoln and London: University of Nebraska Press, 2005, p.112.

③ Herbert Marcuse: *Heideggerian Marxism*, Lincoln and London: University of Nebraska Press, 2005, p.122.

④ Herbert Marcuse: *Heideggerian Marxism*, Lincoln and London: University of Nebraska Press, 2005, p.98.

征①。私有财产处在一种不真实的、片面的占有和持有的方式之中，而人的本质的财产则是指感性中表现的一切感觉和情绪，不仅仅是在直接满足的意义上，而且是在本体论上以总体的方式对对象、对世界的本真占有。"人同他自身和一切存在者发生关系，他能超越那些给予的和先定的东西而占有它，这样就把自己的现实性赋予它，并在其中实现自身这种自由并不与人的忧伤和需求相矛盾……相反，就自由是超越那些给予之物和先定之物而言，它植根在忧伤和需求之上。"②

第四，现实的批判被托付给哲学的批判。马尔库塞把马克思手稿对人的定义，即关于人的本质和人的本质实现的思想，看作政治经济学批判的基础。如是，马尔库塞认为现实的革命批判最基本的就应该是哲学批判。"批判的基本概念——异化劳动和私有财产，起初就不是以经济学概念，而是以人的历史中的一个重要过程被接受，并被加以批判的；由此，通过对人的现实性的真正占有来实现私有财产的'积极地扬弃'将使整个人类历史革命化。"③在马尔库塞看来，在马克思同黑格尔争论中逐步发展起来的关于人的本质及其实现的观念中，一个简单的经济事实就是，人的本质的扭曲和人的现实性的迷失。只有在人的存在的本质规定这一基础上，经济事实才会成为那种真正改变人的本质及世界革命的现实基础。马尔库塞的这种归结，无疑就把现实的批判转向了哲学的批判。他认为："政治经济学的革命批判本身就有一个哲学的根基，正如，反而言之，作为批判根基的哲学蕴含着革命的实践。"④这样，马尔库塞就把马克思的异化劳动理论本体论化了。

马尔库塞用海德格尔存在论来补充马克思主义，是以海德格尔存在论

① Herbert Marcuse: *Heideggerian Marxism*, Lincoln and London: University of Nebraska Press, 2005, p.100.

② Herbert Marcuse: *Heideggerian Marxism*, Lincoln and London: University of Nebraska Press, 2005, p.100.

③ Herbert Marcuse: *Heideggerian Marxism*, Lincoln and London: University of Nebraska Press, 2005, p.90.

④ Herbert Marcuse: *Heideggerian Marxism*, Lincoln and London: University of Nebraska Press, 2005, p.87.

解读马克思主义的最早形态，开了"以海解马"论的先河。

第二节 "融入论"

以科西克等为代表的"融入论"，主张用海德格尔存在论的"操心""烦"等核心范畴，融入马克思主义的核心概念"实践"之中，建构一种能超越近代哲学主客二分模式的"具体的辩证法"。

科西克（1926—2003）是东欧新马克思主义的代表人物之一。科西克出生于捷克斯洛伐克首都布拉格。早年，其因抵抗纳粹入侵捷克斯洛伐克而入狱。二战结束后，在布拉格大学、列宁格勒大学和莫斯科大学攻读哲学，这为他的学术研究打下坚实的基础。1963 年他出版了《具体的辩证法》，该书是 20 世纪东欧新马克思主义理论中最具代表性的著作之一。

东欧新马克思主义是 20 世纪初期，在东欧地区各国的社会主义改革进程中涌现出的新型马克思主义批判理论。其代表人物大都具有较为深厚的马克思主义理论修养，又能关注到当代西方哲学的最新进展，他们尝试建构一种人本主义的马克思主义，力图推进马克思主义的丰富和发展，如胡塞尔的现象学、海德格尔的存在论、萨特的存在主义、西方马克思主义的社会批判理论等。其中，科西克在《具体的辩证法》一书中，以海德格尔存在论解读马克思主义而形成的"以海解马"论颇具特色[①]，是东欧新马克思主义中产生较大世界性影响的理论形态。

如何评价科西克的《具体的辩证法》一书呢？学界主要有以下三种观点：一是认为，该书是马克思主义的，因为它立足于马克思主义立场、观点和方法，如美国学者皮科纳认为，它"忠实地根据马克思的观点成功地

---

① 科西克与萨特、马尔库塞等哲学家一样，都具有现象学背景。他的老师巴托奇卡，是捷克斯洛伐克第一位总统哲学家马萨利克的高徒。马萨利克曾与胡塞尔一起受教于布伦塔诺，并与胡塞尔一起研究过现象学，后来转向了对海德格尔存在论的研究。这种学术背景使得科西克能够更为主动地关注到当代西方哲学的进展，关注到海德格尔。

提出了我们时代的伟大哲学问题"[1]；国内有学者也认为，该书是对马克思主义辩证法思想的全面解释与论证，从而使马克思的唯物辩证法建立在坚实的基础上，因此是对马克思主义的丰富和发展[2]。二是认为，它既不是海德格尔式的，也不是马克思主义的[3]。三是认为，该书是以海德格尔存在论，透视、解读马克思主义的理论结果。

笔者赞同上述第三种观点。尽管科西克的《具体的辩证法》产生了不小的影响，但它对马克思主义的理解是存在问题的，并不能看作对马克思主义的坚持、丰富与发展。它是以海德格尔生存论解读马克思主义的典型理论形态，只是学界关于上述第三种观点的得出与论证，或是基于科西克的现象学、存在论的背景，或是基于该书大量使用了海德格尔存在论的术语，比如，烦（操心）、追问、被抛性、向死存在、时间的三个向度、实存等，并没有对其内在理路进行系统深入的阐述。

科西克的《具体的辩证法》一书旨在探讨人和世界存在的本质问题，之所以被命名为"具体的辩证法"，倒不在于它是对辩证唯物主义基本原理和基本方法的指认，而是将辩证法等同于存在论，即通过存在论为辩证法植根，再以辩证法来描述存在的意义，将生存等同于实践，并将生存与实践本体化。概而言之，科西克"以海解马"的内在理路是：存在即实在，构造实在的是实践，实践即生存，人通过生存走向实在存在。

一、逻辑理路：从存在到实在

《具体的辩证法》开篇第一句就说道："辩证法探求自在之物。"[4]科西

---

① 转引自薛晓源：《简论科西克的具体的辩证法》，《安徽大学学报》（哲学社会科学版）1995年第3期，第25页。

② 参见刘玉贤：《科西克是存在主义的马克思主义者吗?》，《苏州大学学报》（哲学社会科学版），2015年第4期，第28—34页。

③ 参见张文喜：《科西克的海德格尔马克思主义批判》，《山东社会科学》2002年第6期，第76—82页。

④ Karel Kosik：*Dialectics of The Concrete：A Study on Problems of Man and World*，Dordrecht and Boston：D. Reidel Publishing Company，1976，p.1.

克认为，从古代开始，哲学的基本问题就是揭示自在之物，各种重要的哲学思潮不过是人类发展阶段上关于这个基本问题及其解决方案的变种罢了。自在之物到底该如何理解？康德哲学并没有给出最终的回答。在康德之后，叔本华、尼采试图以意志主义解答这个问题，黑格尔则以绝对精神来解答它。但是科西克对这些解答并不满意，他真正倾心的是海德格尔存在论和马克思历史唯物主义的回答。他也正是以康德的"自在之物"之谜为中介，将海德格尔与马克思关联起来。

一方面，他认为马克思主义根本不是机械论的唯物主义，也不是教条式的唯物主义。教条的、机械的马克思主义是对马克思主义的误读，它对存在的理解是实体论的，是把社会意识、哲学和艺术化约为、还原为经济条件、经济要素，而不是去揭示具体的历史的主体如何利用它的物质的经济基础，形成相应的观念和整套的意识形式。所以，在科西克看来，这种解读并没有遵从辩证思维，而是通过实体性思维和还原论思维把意识还原为经济条件和经济要素。这实际上是把马克思哲学解读为"经济决定论"，解读为实证主义了[1]。因此，这种解读没有真正破解"物"之谜。另一方面，他强调海德格尔存在论的"存在"范畴，乃是一个空洞的概念，它并没有被真正地落实下来。因而，它也同样没能把握住自在之物。

那么自在之物到底该如何理解和把握呢？科西克在全书最后一句给出了谜底："辩证法探求自在之物。但自在之物绝不是一般意义上的物，确切地说，它压根就不是什么物。哲学研究的自在之物本来就是人和人在宇宙中的位置。换而言之，自在之物是通过人在其历史过程中揭示出来的世界总体和世界总体中的人的存在。"[2]在科西克看来，自在之物绝不是指客观自然意义上的物，而是指人与世界的存在。那么，到底又该如何把握这种存在呢？

---

① 参见 Karel Kosik：*Dialectics of The Concrete：A Study on Problems of Man and World*，Dordrecht and Boston：D. Reidel Publishing Company，1976，p.128.

② Karel Kosik：*Dialectics of The Concrete：A Study on Problems of Man and World*，Dordrecht and Boston：D. Reidel Publishing Company，1976，pp.152–153.

科西克认为，不能像海德格尔那样，把存在局限在空洞的概念之中，应该把存在自身的丰富性还给存在，存在正是通过非概念性中介来实现自己的丰富性的。故而，科西克的求解思路的关键就是，为存在找到这种非概念性的中介，以补充存在的丰富性。这种非概念性的中介，科西克称其为"实在"（reality）。如是，科西克就实现了这样一种归结与还原：自在之物即存在，存在即实在。这里需要强调的是，科西克并不是要完全否定海德格尔的存在，他只是不满意其存在的空洞性，要将其丰富起来，从而达到一种具体的、历史的统一。所以，科西克的"实在"是在海德格尔存在的基础上，试图舍弃其空洞概念，继而补充、融入一种有现实内容的本真存在。科西克通过强调海德格尔的本真存在，来为马克思主义解蔽，形成了一种将海德格尔与马克思二者融合以后的"具体的辩证法"，来解"存在之谜"与"人之谜"。

科西克认为："实在是一个具体的总体，是一个结构性的、生成着的、自我塑形的整体。"[1]实在不能被看成一个单纯封闭性的概念，而应该看成历史的具体的多样性统一，实在是不断生成着的，而且是能自己构造自己的总体。也就是说，实在能够兼得具体与总体，或者说是具体总体。在科西克看来，通过实在，就可以解决"一与多""特殊与一般"等哲学基本问题，超越"物质与精神""唯物与唯心""主体与客体"等的二元对立，从而达到本真的境域。

如何理解具体总体？科西克巧妙地借用了海德格尔此在的存在领会结构——问之所问、问之所涉、问之何所以问[2]，来揭示具体总体，并展开对流俗理解的实在，即伪具体、虚假的总体等构成的伪实在世界的批判。

第一，"问之所问"乃是指谓一种本真的存在，而非一般意义上的存在。在此意义上，作为具体总体的总体，就可以与以下两种概念区别开

---

① Karel Kosik：*Dialectics of The Concrete：A Study on Problems of Man and World*，Dordrecht and Boston：D. Reidel Publishing Company，1976，p.12.

② 参见李宝文：《具体的辩证法与现代性批判——科西克哲学思想研究》，哈尔滨：黑龙江大学出版社2011年版，第137—138页。

来：一是实体，二是与部分相对应的整体。把总体当成实体来看待，或是认为整体决定部分，并大于部分之和。这种总体理解是实证主义或结构主义的，它理解的总体是空洞的、抽象的、恶的总体，因而是虚假总体①。虚假总体是根本无法将总体的意义显示出来的。具体总体既不是前者，也不是后者，总体在它的形成过程中，具体化自身。总体是一个本真的存在。第二，"问之所涉"乃是指谓概念实在，而非观念实在。科西克认为，观念实在是对伪具体世界的直觉系统，它缺乏反思；而概念实在则是人的精神理智再现。这里科西克吸收了胡塞尔意义上的世界整体的意向性构造，把实在看成人的精神理智再现的概念实在，并且自己能把自己构造出来。第三，"问之何所以问"是指教条的、机械的马克思主义把马克思主义当作僵化的实在来理解，它们的追问方式是"是什么"，而对具体总体的实在理解应该是追问实在"何以在"。对"何以在"的追问，就需要在实践中来理解实在。这样，科西克就引入了实践。

在这里，通过对科西克具体总体分析，我们可以总结出其具体总体的三个方面基本内涵。首先，具体总体并不是客观自然意义上的物，而是社会—人类实在的总体。其次，具体总体是人的总体。"实在没有人是不完全的，人没有世界也只是一个残片。"②最后，实在总体是人的精神再现的世界总体。人"不仅将社会—人类实在再生产出来，还以精神的方式把实在总体再现出来"③。总之，作为具体总体的实在，就是"在人的历史中再现的世界总体和人的存在"。

那么，如何才能达到本真的实在呢？科西克强调，要转换我们对实在、社会实在的追问方式，即通过追问实在、社会实在是如何形成的来确定实在、社会实在是什么的方式。他指出这种转换是问题的关键，正是

---

① 参见 Karel Kosik：*Dialectics of The Concrete：A Study on Problems of Man and World*，Dordrecht and Boston：D. Reidel Publishing Company，1976，p.31.

② Karel Kosik：*Dialectics of The Concrete：A Study on Problems of Man and World*，Dordrecht and Boston：D. Reidel Publishing Company，1976，p.152.

③ Karel Kosik：*Dialectics of The Concrete：A Study on Problems of Man and World*，Dordrecht and Boston：D. Reidel Publishing Company，1976，p.152.

"这种通过确定社会实在的如何形成来确定社会实在是什么的追问方式，蕴涵着一种社会与人的革命性概念"①。因"社会实在是如何形成的"这一追问方式的转换而构造出的革命性方式，在科西克看来，才算真正对应了马克思主义的本质要求——"唯物主义哲学主张，实在不仅以'客体'、境况和环境的方式存在，而且首先是以人的客观的活动存在，它自身的形成境况就是人类实在的具体化的构成"②。能够构造实在、社会实在、人类实在的革命性的客观的活动是什么？在科西克看来，就是实践。

二、本质特征：实践本体化与实践生存化

科西克在实在"何以在"的追问中，引入了实践。马克思在《关于费尔巴哈的提纲》中论述过实践的出场。马克思认为，对对象、现实、感性等不能只从客体的形式去理解，而需要从感性活动、实践来理解。科西克在海德格尔的形而上学批判中看到，追问实在"是什么"的方式，会从客体的或者主体的形式把实在当成一个精神主体与物质实体，这是对实在的一种形而上学理解，它追问的是存在者，而不是存在，也不是实在。实在是一个具体的建构过程，故而只能追问实在"何以在"，即需要把实在作为一种过程性的存在揭示出来。这样，科西克就把对实在的建构与揭示托付给实践。他指出："实践达成了通达人和理解人的路径，也达成了通达自然与解释、掌控自然的路径。对人与自然、自由与必然、人类学主义与实证主义的二元对立的沟通解决，既不能立足于意识，也不能立足于物质，而只能以实践为根基。"③可以说，科西克在此确实是抓住了旧唯物主义实体论形而上学与唯心主义主体论形而上学的问题所在，是比较深刻

---

① Karel Kosik: *Dialectics of The Concrete: A Study on Problems of Man and World*, Dordrecht and Boston: D. Reidel Publishing Company, 1976, p.25.

② Karel Kosik: *Dialectics of The Concrete: A Study on Problems of Man and World*, Dordrecht and Boston: D. Reidel Publishing Company, 1976, p.75.

③ Karel Kosik: *Dialectics of The Concrete: A Study on Problems of Man and World*, Dordrecht and Boston: D. Reidel Publishing Company, 1976, p.152.

的。然而问题是，一旦他把实践放在海德格尔存在论语境中来把握的时候，他就已然对马克思的实践进行了同一个向度上两个层面的"深化"：首先把实践本体化，继而再把实践生存化。

在科西克看来，实践之所以能成为追问实在的本真方式，是因为实践本身就是"人的存在的界域"①，而且人能通过实践，不断地打开这个界域，也能不断地构造实在。就社会人类实在而言，它不是既予的，而是由实践所构造的。社会人类实在既是人的存在的形成过程，又是人的存在的独特形式，所以实践是人的存在的界域。科西克认为，这种意义上的实践概念是现代哲学的产物，它强调了人的真正本性——创造性。人的实践对实在的重要意义表现在两个方面：首先，实践能够构造、推动和丰富实在；其次，实践还是实在本身的"显身之所"，即自在之物的显身之所。因为在"人的实践中发生着某种本质性的事件，这种本质性的事件绝非只指向其他的什么，而是包含着它自身的真理，即它是本体论的事件"②。如是，科西克就把实践抬升到本体论的高度。他认为，只有把实践本体化以后，它才能达成原初的存在界域，才能超越物质与精神、主体与客体、唯心与唯物等一切形式的二元对立。而且在他看来，对实践的这样理解，正是马克思辩证法的精髓所在。

科西克批评指出，一切形式的二元论都是还原论。还原论把实在的丰富内容转换、还原为某种基本的元素，从而导致一种把世界的全部丰富性都抛入不变的实体深渊之中的危险。而辩证法根本不是一种还原的方法，因为它不向物质与意识的任何一方还原过去；辩证法也不是知识论意义上的认识手段，因为它不是在"主体一元"向"客体一元"方向上的认识及加工等。辩证法探求自在之物，也就是探求实在，而实在由实践所构造和展示，所以辩证法就是在人的实践的根基上"精神地、理智地构造社会"，

---

① Karel Kosik: *Dialectics of The Concrete: A Study on Problems of Man and World*, Dordrecht and Boston: D. Reidel Publishing Company, 1976, p.136.

② Karel Kosik: *Dialectics of The Concrete: A Study on Problems of Man and World*, Dordrecht and Boston: D. Reidel Publishing Company, 1976, p.136.

"展开和解释一切社会现象"的方法①。

那么，又该如何理解辩证法及作为其根基的实践呢？在这里，科西克又通过把实践生存化来达成对这个问题的论证。

在科西克以海德格尔存在论解读马克思主义的新语境中，实践作为人的存在的界域，被看作前理智的领域，即海德格尔所指的生存领域。他认为，人正是通过他自己的生存，才与世界建立关系，其实在他开始沉思世界之前，把世界变成一个研究对象之前，在实践中或理智上承认或否定世界之前，这种关系就已经存在了②。因此，实践就是原初的生存境域，对它的理解必须从人的生存上来把握。

科西克指出，就实践的本质状况和客观普遍性而言，它是构造实在、社会实在、人类实在和人的实在的决定性因素。实践不仅呈现着实在自身，揭示着一切社会现象，同时还揭示出人自身的秘密，即"人是一种生存构造（onto—farmative）的存在，是构造社会—人类实在（即人的和超人的实在，总体实在）从而掌握和领会它的存在"③。也就是说，实践作为人的存在方式，绝非仅仅决定人的存在的某些方面的品格、心理，而早已渗透到人的全部本质性存在之中，并在总体上决定着人。可以说，人就是一种实践存在物，人的实践就是他的生存。

在科西克看来，实践包含着两个方面，即劳动与生存论的要素。所谓生存论的要素，不仅体现在人的实际活动中，也体现在构造人类主体自身的过程中。在人的实际生存活动中体现出来的焦虑、恶心、恐惧、愉悦、欢笑、希望等，并不能把它们看作确实的"反应""感受""体验"，它们不只是心理、情绪，而是以争取承认的斗争（即人的实现自由的过程）的方式表现出来的生存论上关键性的要素。"如果没有这些生存论要素，劳

---

① Karel Kosik : *Dialectics of The Concrete : A Study on Problems of Man and World*, Dordrecht and Boston : D. Reidel Publishing Company, 1976, p.17.

② Karel Kosik : *Dialectics of The Concrete : A Study on Problems of Man and World*, Dordrecht and Boston : D. Reidel Publishing Company, 1976, p.133.

③ Karel Kosik : *Dialectics of The Concrete : A Study on Problems of Man and World*, Dordrecht and Boston : D. Reidel Publishing Company, 1976, p.137.

动就无法作为实践的一种形式而存在。"①

　　科西克对实践生存化的论述，是通过重新诠释黑格尔的主奴辩证法来进行的。科西克认为，在实践的基础上，人忽然发现自己生存上不可逃避的必有一死性，从此过着向死而生的生活。这个激变是如何可能的呢？这个激变发生在人争取承认的斗争中。争取承认的斗争，是面向未来的生死搏斗。生死搏斗的结局不应该是死亡，虽然双方都以生命作为赌注，但都有要活下来的强烈意识。由是，生存就是主奴辩证法的前提。胜利的一方让对方活下来，对方宁愿活而不去死，正是因为他们都看到了未来，意识到等待他们的将是什么。宁愿做奴隶，争取生死搏斗，而不愿去死的人，即带着对死亡的焦虑而生存的人，正是以未来的眼光选择现在。这样，他就是有时间的，他在时间三维性中构造着自己。因此，革命的潜能就存在于奴隶的意识中，"奴隶的劳动是作为奴隶劳动来感受和想象的，它也是如此的存在于奴隶的意识中"②。人与自然的单纯客观关系不能产生自由，所谓以"非人格性"与"客观性"面目出现的实践，是操持和控制的实践，是拜物教化的实践。如果"没有生存论要素，没有渗透到人的全部存在中的为争取承认而进行的斗争，实践便会沉沦为工艺和操控"③。

　　于是，辩证法也必须从生存论上来理解和把握，才能找到自己的根基。因为在科西克看来，辩证理性是理性与良知的统一。他强调不能把理性与良知看成两个彼此独立的变量，一方以冷漠的方式或者以对抗的方式处理另一方，相反，它们相辅相成，共同构成人的存在的基础。虽然科西克强调，把理性与良知的统一性当成对两者都至关重要的东西，但在这两者中，他认为良知在人的存在问题上更为基础。如果没有良知，理性便还是笛卡尔形而上学中的那个理性，即计算理性、科学理性。计算理性与价

----

① Karel Kosik: *Dialectics of The Concrete: A Study on Problems of Man and World*, Dordrecht and Boston: D. Reidel Publishing Company, 1976, p.138.

② Karel Kosik: *Dialectics of The Concrete: A Study on Problems of Man and World*, Dordrecht and Boston: D. Reidel Publishing Company, 1976, p.138.

③ Karel Kosik: *Dialectics of The Concrete: A Study on Problems of Man and World*, Dordrecht and Boston: D. Reidel Publishing Company, 1976, p.139.

值脱节，压抑着良知，遮蔽着辩证理性，并把实在排除出去，因而无法捕捉实在。无法捕捉实在，就不能构造实在，于是便使得这种理性成为非理性①。然而辩证理性的本性就是："只有在历史进程中构造出合理的实在，才能建构起自身。"②所以，辩证理性不是奠基于认识论，而是奠基于人的存在的生存论根基。

科西克强调指出，所谓实践本体化与实践生存化，其实是同一个事件。因为实践被理解为构造社会实在、人类实在、人的实在的过程，也是从存在的本质层面去揭示宇宙和实在的过程。这样，实践形成了对于一般实在和存在的开放性。而在"实践过程中的生存构造（onto—farmative）是本体论成为可能的基础，也是存在理解的基础"③。

在他看来，只有通过对实践的本体论界定，才能准确地理解和把握人的存在本质。人的存在是社会人类进程与超人类实在，在实践中相互遭遇和冲突所构造的实在。它的本质特征不仅在于社会人类实在的实践性生产，也在于人类实在、超人类实在乃至一般实在的精神性再生产④。如是，人的在世存在就是实践。与海德格尔把人的在世存在区分为本真和非本真的样式一样，科西克也把实践二重化了。

三、理论归宿：通过生存走向实在存在

科西克认为，实践如果没有内蕴着生存论的要素，那么它就会降格到工艺和操控的水平；如果没有良知，那么理性也就成为那种贬黜价值的计算理性。没有良知的实践，就是降格了的实践，就是非本真的实践，就是

---

① 参见 Karel Kosik：*Dialectics of The Concrete：A Study on Problems of Man and World*，Dordrecht and Boston：D. Reidel Publishing Company，1976，p.57.

② Karel Kosik：*Dialectics of The Concrete：A Study on Problems of Man and World*，Dordrecht and Boston：D. Reidel Publishing Company，1976，p.60.

③ Karel Kosik：*Dialectics of The Concrete：A Study on Problems of Man and World*，Dordrecht and Boston：D. Reidel Publishing Company，1976，p.139.

④ 参见 Karel Kosik：*Dialectics of The Concrete：A Study on Problems of Man and World*，Dordrecht and Boston：D. Reidel Publishing Company，1976，p.152.

拜物教化了的实践，也即异化实践。

科西克指出，实践有本真实践与异化实践的两重划分，这根源于烦（care，操心）的两重性①。这是科西克从海德格尔存在论那里借用的一个核心范畴。他又是如何看待烦的呢？与海德格尔所说的操心一样，科西克把烦本体化了。他认为，烦是"经济的最原始最基本的存在方式"②，而不是像流俗认为的那样，是一种心理状态，也不是心理学所谓的与某种积极心境心态交替出现的消极心境心态。烦作为人的最基本的存在方式，乃是"经过主观转化的作为客观主体的人的实在"③。科西克强调，人在其整个的生存中，也总是已经"被抛"入环境与关系的恢恢之网，这张网就是在人面前展现出来的实践功利的世界，也就是人的生活世界，烦就是这张网对人的重重牵挂。故而，烦是经过主观转化的客观主体实在，也就是说，烦并不是主体外的客观世界，而是主体内的世界④。

与海德格尔一样，科西克也认为人一生都无法逃离烦。这个烦是两重性的，它"既包括指向物质的凡俗要素，也包括向上追求的神圣要素"⑤。烦的凡俗层面，是操劳、操持（procuring），体现异化实践；烦的神圣层面，体现本真实践。科西克指出，操持是实践的异化形式⑥。本真实践的世界是人的实在的起源、人的生产与再生产。作为实践的普遍物化现象，操持并不是生产和构造这样一个世界的过程。操持的世界表现为现成的机械、装具及其操控的实在。操持使人受雇于、被操控于一个既有之

---

① 参见 Karel Kosik：*Dialectics of The Concrete：A Study on Problems of Man and World*，Dordrecht and Boston：D. Reidel Publishing Company，1976，p.38.

② Karel Kosik：*Dialectics of The Concrete：A Study on Problems of Man and World*，Dordrecht and Boston：D. Reidel Publishing Company，1976，p.37.

③ Karel Kosik：*Dialectics of The Concrete：A Study on Problems of Man and World*，Dordrecht and Boston：D. Reidel Publishing Company，1976，p.37.

④ 参见 Karel Kosik：*Dialectics of The Concrete：A Study on Problems of Man and World*，Dordrecht and Boston：D. Reidel Publishing Company，1976，p.38.

⑤ Karel Kosik：*Dialectics of The Concrete：A Study on Problems of Man and World*，Dordrecht and Boston：D. Reidel Publishing Company，1976，p.38.

⑥ 参见 Karel Kosik：*Dialectics of The Concrete：A Study on Problems of Man and World*，Dordrecht and Boston：D. Reidel Publishing Company，1976，p.38.

物的系统，科西克称之为"装置系统"。在操控世界里，在装置系统中，事物自身既没有独立的意义，也没有客观的存在。它们只有在可操控时，才有意义①。也就是说，事物只是在具有整个装置系统的本质要素时，而不是自己的不可通约性时，才有意义。

那么，人如何从操持世界、异化实践转向本真的世界、本真实践呢？科西克主张，这个途径就在于生存论要素，在于烦的神圣维度。他指出，不能在人的生存之外的其他任何方式中去找寻，人恰恰是通过他的生存论要素才能真正地实现这种转换。在科西克看来，虽然人被操持世界统治和欺骗，在其中生活并浑然而不自知，但是，人自身具有与这个装置系统之间的不可通约性，具有超越系统的内在可能性。而且人在特定的系统中，如历史环境和历史关系中具有自己的独特位置和实践功能，与系统之间存在着距离。由是，具体的人的生存就能从中起而超越之。这种超越的可能性归根于烦的两重性中的神圣维度。烦的神圣维度就是主体超越物化世界的内在的生存力量，也是通向本真实践的内在力量。在这个意义上，科西克总结道："人正是通过他的生存，才不仅仅是一个业已被罩于社会关系恢恢之网的社会实在。"②

科西克在对具体总体的实在建构和对实践的存在论生存论解读的基础上，提出了"伪具体世界"的概念并对其加以批判。

伪具体世界就是与真实的实在世界相对应的世界，由人类日常生活世界和习以为常的现象集合而成，具体包括四个方面的内容：一是呈现在真实本质之表面的外部现象世界。二是操持与操控的拜物教化的世界。三是日常观念的世界。四是固定客体的世界，即独立于人的社会活动及其产物之外的自然环境世界③。

---

① 参见 Karel Kosik：*Dialectics of The Concrete：A Study on Problems of Man and World*，Dordrecht and Boston：D. Reidel Publishing Company，1976，p.40.

② Karel Kosik：*Dialectics of The Concrete：A Study on Problems of Man and World*，Dordrecht and Boston：D. Reidel Publishing Company，1976，p.46.

③ 参见 Karel Kosik：*Dialectics of The Concrete：A Study on Problems of Man and World*，Dordrecht and Boston：D. Reidel Publishing Company，1976，p.2.

科西克把伪具体世界描述成一个真理与欺骗纵横交织的世界。在其中，模棱两可的东西大行其道，现象在揭示本质的同时也在遮蔽着本质，而本质仅以某些侧面、单面、片面的形式显现。总之，这是一个由异化实践活动造成的世界。在伪具体世界之中，人不再是本真的历史性个体，而成为一种伪实践主体。伪实践主体包括经济人、日常人和操持人（烦人）。这三种主体，是共同承受着经济操控、技术操控和政治操控的日常生活中的人。

与海德格尔认为的日常生活的非历史性不同，科西克认为日常生活具有历史性。在他看来，如果日常生活不具有历史性，那它就不能成为日常生活。同时，科西克也不满意历史性对日常生活的抵制。他认为如果历史性没有日常生活，那它就是空洞的、神秘化的。"与历史离异，日常会变得空虚乏味，以致演变成荒诞的不变性。与日常离异，历史也会变成一个荒诞不经、软弱无力的巨人，它作为灾难闯入日常却无法改造日常，也就是说，它无法清除日常的陈腐无聊，也无法充实以内容。"①于是，科西克就把此在的本真历史性融入日常的在世样式之中。他认为日常与历史的意义就在于二者之间的冲撞。在冲撞之中，日常与历史相互征服，相互渗透，融合为一，各自被遮蔽的意义于此时都显示、被揭示出来。如此，就可以为以后在实践中消除日常拜物教和历史拜物教，摧毁伪具体世界铺平道路。

科西克认为，摧毁伪具体世界有三种方式②。一是，通过人的革命批判的实践。这种实践就是人的人化过程，社会革命则是这个过程的关键阶段。二是，通过辩证思维。它能打碎拜物教化的幻象之镜，直面实在和自在之物。三是，通过个体生存过程中真理和人类实在的实现。真理和实在世界也是作为一个社会存在的人的个体的个人创造，因此，每个个体不能让别人来代理自己的文化和生活，而要自己去占有它。科西克总结道：伪

---

① Karel Kosik: *Dialectics of The Concrete: A Study on Problems of Man and World*, Dordrecht and Boston: D. Reidel Publishing Company, 1976, p.45.

② 参见 Karel Kosik: *Dialectics of The Concrete: A Study on Problems of Man and World*, Dordrecht and Boston: D. Reidel Publishing Company, 1976, p.8.

具体世界的摧毁就是构造具体实在和探求实在的过程。

通过分析科西克与马尔库塞这两种"以海解马"论，我们可以看到，科西克的"以海解马"论，在理论水平上，完全不逊色于马尔库塞的"以海解马"论。据此，甚至可以说，科西克将东欧新马克思主义理论水平带到了西方马克思主义的理论高度上。因此，当我们在关注西方马克思主义的时候，也不能忽视对东欧新马克思主义的研究。

第三节 "深化论"

以广松涉为代表的"深化论"者，主张以海德格尔存在论中此在"上手"去存在为视角，把马克思主义解读为一种关系本体论的"物象化理论"，以此来深化马克思主义，力图超越近代哲学和西方马克思主义中的人本主义异化逻辑。

广松涉（1933—1994）是日本马克思主义哲学家。小时候的他就对自然科学有兴趣，读过爱因斯坦、马赫等的著作，后来读了马克思、恩格斯的著作，并受到《共产党宣言》的深刻影响，16岁时加入了日本共产党。进入大学以后，广松涉对哲学产生了浓厚兴趣，研究过胡塞尔现象学、海德格尔存在论和新康德主义。读研究生期间，他又对马克思、恩格斯的《德意志意识形态》产生浓厚兴趣，并发现阿多拉茨基版和梁赞诺夫版在编译上的一些问题[①]。在此研究基础上，他于1976年出版了《新编〈德意志意识形态〉》，为学界研究马克思、恩格斯的《德意志意识形态》提供了文献学的一种参考。广松涉的主要哲学著作有《事的世界观的前哨》《物象化论的构图》《新编〈德意志意识形态〉》《唯物史观的原像》《〈资本论〉的哲学》《存在与意义》等，其中大部分都已经被译成中文。

广松涉因他的从实体主义到关系主义的关系本体论哲学建树，成为日

---

① 参见［日］广松涉著，小林敏明编：《哲学家广松涉的自白式回忆录》，赵仲明、刘恋译，南京：南京大学出版社2009年版，第128页。

本马克思主义哲学以及日本哲学的杰出代表，代表着日本马克思主义哲学思维的最高水平。甚至有学者评价道："广松是西田几多郎之后，恐怕还要超越西田的哲学家……广松哲学是以全面克服近代的世界认识的地平为主题的哲学。如果是那样的话，在近代的世界观这一历史性的契机还没有被超越的时候，也许我们也不得不将广松哲学视为在我们的时代无法超越的哲学。"①

广松涉物象化论哲学的核心要义就是用关系本体论克服实体论与主体论形而上学的根本缺陷，并将这一理念拓展到对马克思主义的全部理解中，用"事的世界观"替换"物的世界观"。

一、批判指向：主客二分与异化逻辑

虽然广松涉广泛地借用了西方哲学的资源，如康德、马赫、胡塞尔、海德格尔等的哲学思想来理解马克思主义哲学。但是，在这些思想资源中，海德格尔存在论处于其理论建构的深层。他说："海德格尔根本性地确立了推倒现代哲学流派的世界图景之格局，并已经建立起了把握世界的世界性的桥头堡。"②前半句是指，海德格尔存在论实现了对近代哲学根本原则的颠覆，取得了形而上学批判的成功；后半句是指，海德格尔存在论为今天的哲学理解和把握世界奠立了基础。因此，广松涉也立志于形而上学批判，并力图把马克思主义的形而上学批判归置到存在论的视域中，以此获得当代性、合法性。不过，需要强调指出的是，广松涉并不是将海德格尔存在论与青年马克思的《1844年经济学哲学手稿》嫁接起来，而是与成熟时期的《德意志意识形态》《资本论》对接起来③。这一点，跟广松涉

---

① 转引自邓习议：《四肢结构论——关系主义何以可能》，北京：中国社会科学出版社2015年版，第2—3页。

② [日]广松涉：《事的世界观的前哨》，赵仲明、李斌译，南京：南京大学出版社2003年版，第108页。

③ 参见张一兵：《广松涉：物象化与历史唯物主义——〈历史唯物主义原像〉解读》，《哲学研究》2008年第4期，第21—30。

对西方马克思主义的人本主义缺陷的批评有关。

广松涉对苏联模式的马克思主义与西方马克思主义进行了双重反思，从关系本体论的视域来重新构建他心目中的马克思主义。"我想，需要尽快地打破俄国马克思主义的畸性化'体系'和西方马克思主义的'狂想曲'两相互补的现状。"①

为什么要打破苏联模式马克思主义与西方马克思主义的体系呢？在广松涉看来，"正如'俄国马克思主义'的'科学主义'和'西欧马克思主义'的'人本主义'的两极对立中所看到的那样，人们在很长一段时期，将马克思主义摆在近代哲学的地平来理解"②。换句话说，广松涉认为在以上两种视域中理解的马克思主义哲学，还停留于近代哲学，拘执于主客二分的思维模式之中，没有把握马克思主义哲学的本真精神。

广松涉认为近代哲学的核心范式就是在笛卡尔哲学中奠立、黑格尔哲学中完备的"主体—客体"二元对立的主体性形而上学的基本图式。"近代哲学、近代诸科学，甚至近代的世界观，在所谓笛卡尔式的近代范例的地平圈内，一直被各种二元对立性的盛衰剧（Wechselspiel）牵连着。"③

对于西方马克思主义来说，广松涉重点批判的是其人本主义异化逻辑，认为它仍然停留于近代哲学之中。

广松涉把西方马克思主义的人本主义异化逻辑归结为"三段论"：即（A）尚未被异化的本真的时代，（B）被异化的非本真的时代，以及（C）扬弃非本真的异化态，实现不被异化的本真态的时代④。接着，他认为"三段论"的实质不过是"自我异化—自我复归"的"两段论"：由于自我异化，（a）转变为（b）；由于自我复归，（b）转变为（c）。最后，他又进

---

① ［日］广松涉著，小林敏明编：《哲学家广松涉的自白式回忆录》，赵仲明、刘恋译，南京：南京大学出版社2009年版，第189页。

② ［日］广松涉：《物象化论的构图》，彭曦、庄倩译，南京：南京大学出版社2002年版，第49页注释。

③ ［日］广松涉：《物象化论的构图》，彭曦、庄倩译，南京：南京大学出版社2002年版，第75页。

④ 参见［日］广松涉：《物象化论的构图》，彭曦、庄倩译，南京：南京大学出版社2002年版，第54页。

一步，认为所谓"两段论"乃是一种"抽象主体论"。

首先，自我异化之所以可能，就在于它的主体是某种特殊的主体。"自我异化这一问题，与特别的主体概念密不可分。"①这样的主体只能是绝对精神、自我意识之类。其次，作为自我异化外延的社会历史，政治、经济、法律等，是作为一种内在的过程被设定的。最后，自我异化的必然结果是走向自我复归，因为这是主体的"存在方式"。

由此，广松涉指出，人本主义异化逻辑不过是黑格尔式的理性神学的构架，它没有科学说明历史变化的前提动力、现实过程和必然结果。"不论是称之为异化、复归也好，还是称之为正、反、合也好，如果仅仅只是这样的话，（a）→（b）→（c）的变化，为什么，又是怎样地在事实上是必然的，以及在当为上是必然的，实际上没有得到说明。"②所以，他认为，异化逻辑立足于主体的东西直接转变为物的客体存在，仍然停留在"主体—客体"的世界观之中。

广松涉对人本主义异化逻辑的批判具有启发意义，并且他在马克思、恩格斯那里找到了支撑。马克思、恩格斯曾在《德意志意识形态》中批评了以往的哲学家们对人的抽象理解，批评他们把整个历史过程看成人的自我异化的过程，"把后来阶段的一般化的个人强加于先前阶段的个人，并且把后来的意识强加于先前的个人"，如此就"把整个历史过程变成意识的发展过程了"③。这是一种本末倒置、因果颠倒的做法，因为它把历史发展的现实结果当成了历史发展的前提和动力，舍弃了对社会历史的前提、动力的现实的考察和说明，先验地、思辨地去理解人及其本质。

关于苏联模式的马克思主义，广松涉认为它是一种"科学主义"的知识论体系，还是认识论的路向。因此，它也无法逃脱主客二元对立的近代哲学。只不过，与西方马克思主义奉行的主体主义相反，苏联模式马克思主义奉行的则是一种实体主义，表现为"抽象实体论"。一方面，广松涉正

---

① ［日］广松涉《唯物史观的原像》，邓习议译，南京：南京大学出版社2009年版，第213页。

② ［日］广松涉：《物象化论的构图》，彭曦、庄倩译，南京：南京大学出版社2002年版，第55页。

③ 《马克思恩格斯文集》第1卷，北京：人民出版社2009年版，第582页。

确地看到了苏联模式马克思主义偏重于客体、自然、规律等原则,在一定程度上忽视了主体、实践、价值等原则,没有从实践的能动性、历史性去说明人与自然、人与社会、人与人之间的关系;另一方面,他忽视了苏联模式马克思主义对唯物主义的坚持,片面地抓住苏联模式马克思主义的科学主义、实证主义、自然主义倾向,认为它奉行"自然先在性"原则,而这一原则乃是抽象的物质实体论的形而上学思维方式。这就误读了"自然先在性"在马克思主义哲学中的意义,消解了马克思主义的唯物主义基础。

基于对西方马克思主义人本逻辑之"抽象主体论"的这一判断,广松涉并不看重马克思《1844年经济学哲学手稿》,认为主导该手稿的内在逻辑仍然是人本主义异化逻辑,只有在《德意志意识形态》等著作中,马克思主义世界观才有了从"异化论向物象化论的飞跃"。因为在他看来,马克思主义不是关于客观自然的"物的世界观",而是关于"关系先在性"的"事的世界观",这就把马克思主义解读为一种实践关系本体论了。

二、根本主张:实践关系本体论

广松涉也曾对海德格尔提出了批评,并且认识到马克思主义与海德格尔存在论之间存在差异,认为与海德格尔存在论相比,马克思主义更为具体和现实。他指出:"马克思、恩格斯与海德格尔在课题意识以及所关心的问题上迥异,马克思、恩格斯的那些与海德格尔的'世界'、'此在'、'在世中'在位相与层面上不同,而是更为具体、现实。"[1]但广松涉却借用了海德格尔存在论此在上手去存在的生存关系,来解读马克思主义。因为在他看来,此在上手去存在的关系存在论,取消了客观自然的先在性、基始性,论证了相对于实体、主体、客体而言,关系世界具有先在性、基始性、第一性。广松涉的《事的世界观的前哨》一书中指出:"笔者在特别重视上手状态的同时对海德格尔的物象化的错误观点进行了严厉的批

---

① [日]广松涉:《物象化论的构图》,彭曦、庄倩译,南京:南京大学出版社2002年版,第47—48页。

评，说实话是出于下面的考虑，即在批判近代的世界图景之时，应该追寻他的足迹并定位于相对'用的世界'的'物在'而言的先行性以及其基始性的本体构造。"①这是理解广松涉哲学观的关键。广松涉的"以海解马"论，就体现在借助了海德格尔存在论此在上手去存在建构出的生存关系本体论，把马克思主义哲学解读为实践关系本体论。这一解读体现在两个方面：一是，把上手去存在理解为实践；二是，把共同此在的意向关系场拓展为主体间性（主体际性）的实践关系场。

广松涉在批判近代哲学主客二分模式的困境时指出："成为问题的不是人与人的单纯的认知的、意识的关系，而是实践的关系。"②如何理解实践的关系呢？实践就是海德格尔所说的"上手去在"，广松涉又将它明确为"用在"。"用在"是相对于实体性的"物在"而言的。广松涉阐发道，"物在"是典型的实体论形而上学，在旧唯物主义那里它表现为机械的物质实体，在唯心主义那里它表现为抽象的观念实体。作为对一切形而上学根本超越的马克思主义哲学，则不再是实体论本体论的"物在"，而是转变为关系本体论的"用在"。广松涉的"用在"是海德格尔"上手去在"的推扩，在他看来，海德格尔的上手去在还不够始源，还没有将关系基始性、第一性彻底地凸显出来。他以"听何以可能"为例来论证这一点。我们的耳朵在仔细地倾听时钟的时候，听到了"咔奇咔奇"的声音。旧唯物主义会强调这是时钟实体发出的声音，唯心主义会强调这是人的主观作用，这两种解释都没有解决"听何以可能"的问题。海德格尔则强调正是在此在去寻视、去听建构的生存关联中，时钟"咔奇咔奇"的声音才得以揭示。由此，他"在本体论上遗憾地建立了既在的'声音'被揭示的理论"③。广松涉为什么用"遗憾"来表述海德格尔的上手去在的关系本体

---

① ［日］广松涉：《事的世界观的前哨》，赵仲明、李斌译，南京：南京大学出版社2003年版，第118页。

② ［日］广松涉：《物象化论的构图》，彭曦、庄倩译，南京：南京大学出版社2002年版，第79—80页。

③ ［日］广松涉：《事的世界观的前哨》，赵仲明、李斌译，南京：南京大学出版社2003年版，第115页。

论呢？在他看来，海德格尔的问题就在于立足于此在上手去在的关系对整个世界的存在进行揭示，而不是立足于整个听觉关系场的关联状态来理解听的何以可能，不是立足于实践关联关系场来理解整个世界。故而，他认为，海德格尔的关系存在论还不够始源。于是，广松涉把海德格尔存在论的上手去在的生存关联关系扩展为实践关联关系。这样，实践关联关系场就成为最始源的、第一性的存在，有了关系基始性存在，才能谈论关系之一方的可能性问题。

在他看来，马克思主义的实践就是指工业。"实践地扬弃、统一主观性和客观性等等的二元的对立性的场合被置于'工业'之中。"①在工业建立起的关系场中，使人（人类）这样巨大的主体和自然这样巨大的客体的统一得以可能。"如果采用人与自然在工业的情况下的统一这一说法的话，那么，首先有人和自然，然后才有两者的结合。只有生态系的关系的基始性才是真谛。实际情况是，自然在工业的情况下以人作为媒介，才能作为眼前的自然（用在〈上手〉的自然）而存在；人类在工业的情况下，只有历史地、现实地、实践地被当作与自然的媒介，才能作为现存的人而存在。"②由此，广松涉特别突出了马克思的生产关系，当然他的侧重点不是"生产关系"，而是生产"关系"，强调正是关系编织起人的本质，编织起历史与自然的对立，由此"超越物质与精神、主观与客观、类与个、本质与存在……自然与人等等的二元对立性"③。

关系第一性，意味着关系优先，具有本体的地位，而自然只是关系场中的一方。也就是说，物、自然，是"关系存在的现象态"，是"关系的结节"④，而非客观外在的自在之物。

应该说，任何实体都不可能离开关系而得以存在，在这一点上，广松涉的认识是深刻的。但同样的，任何关系也不可能先于实体而独立自存，

---

① [日]广松涉:《物象化论的构图》,彭曦、庄倩译,南京:南京大学出版社2002年版,第40—41页。

② [日]广松涉:《物象化论的构图》,彭曦、庄倩译,南京:南京大学出版社2002年版,第43页。

③ [日]广松涉:《物象化论的构图》,彭曦、庄倩译,南京:南京大学出版社2002年版,第76页。

④ [日]广松涉:《唯物史观的原像》,邓习议译,南京:南京大学出版社2009年版,第256页。

具有所谓的优先性，这恰恰是广松涉所忽视的。这造成他在对实体论形而上学中抽象物质概念进行反拨时，把"物"关系化了，用关系优先性消解了自然的优先性以及对他人、实践的制约性。"基始的自然以呼应活生生的实践关心的形式而出现。"①可以看出，广松涉同意海德格尔的看法，认为基始的自然不用作前提的考量，它以上手的形式而存在，以"呼应"此在而出现，即"用在"，而非"物在"。但是，如果客观自然是被托付给此在的，托付给实践关系场的，那么，它要么被悬搁，要么就只能服从于从事生存、实践的人，服从于主体能在的主观辩证法了。

由于广松涉强调了关系在存在论上的优先性，关系的任何一方，或者关系项，都不能脱离关系的规定而独立自在，所谓"主体""客体"的称谓都是多余的、没有必要的，因为一切都是人与人之间的主体际的、历史的、动态的实践关系场。广松涉认为，生产实践攸关人的本质性的存在。"生产，就这样作为主体间性的、历史的协动的对象性活动……生产，不单是为了取得面包的手段这种层次上的东西，而是对作为人的应有状态、历史赋予的东西的谋划性回应，将现在推向未来的实践的中介的人类生存世界的关系，表现为这个存在论的关系方的根本结构本身。具有这一存在论意义的'生产'这种实践，无非是马克思恩格斯的社会观及其世界观所定位的视域。"②这里，广松涉已经把海德格尔的共同此在的生存关系场，拓展为主体间性的生产实践关系场，用以定位马克思主义哲学的视域，来实现对"主体—客体"二元对立世界观图式的彻底超越。

海德格尔共同此在的实情，根本不是此在和与此在异质的他者之间现实的共同体，共同存在仍旧是此在的一个本质属性。海德格尔宣称："'此在'这个术语表示得很清楚，这个存在者'首先'是在与他人无涉的情形中存在着，然后它也还能'共'他人同在。"③然而，这只是宣称而

① ［日］广松涉：《物象化论的构图》，彭曦、庄倩译，南京：南京大学出版社2002年版，第41页。
② ［日］广松涉：《唯物史观的原象》，邓习议译，南京：南京大学出版社2009年版，第53页。
③ 海德格尔：《存在与时间》（中文修订第2版），陈嘉映、王庆节译，北京：商务印书馆2015年版，第153页。

已，此在共他人共同存在的实质是此在对他人存在的同一化，这种"共同"不是现实的、包含矛盾的存在，乃是"此在式的共同"①。"共在是每一个自己的此在的一种规定性；只要他人的此在通过其世界而为一种共在开放，共同此在就标识着他人此在的特点。"②这个此在式的共同，说的并不是人与人之间的关系，而是孤立的此在性质，是此在自身构造出的与他人的抽象关系。这一点，来源于胡塞尔现象学的意向性。胡塞尔的世界整体是在意向性理论基础上逐步被奠基出来的，他人也被奠基在自我的意向性之中，所有的一切都被意向性理论之光照耀。现象学的这种同一性把一切差异、矛盾格式化了，因而也把现实的社会历史抽象化了。于是，当"现象学停留在光的世界中，这个自我独居的世界中没有作为他人的他者，对于自我来说，他人只是另一个自我，一个他我（alter ego），认识它的唯一途径是同情，也就是向自身的回归（retour à soi-même）"③。海德格尔自己也坦承道："'他人'并不等于说在我之外的全体余数，而这个我则从这全部余数中兀然特立；他人倒是我们本身多半与之无别。我们也在其中的那些人。"④"对他人的存在关联变成了一种投射，把自己对自己本身的存在投射'到一个他人之中'去。他人就是自我的一个复本。"⑤由此看，海德格尔的共同存在仍然围于那个孤独主体之中。

在此，不能说广松涉没有认识到这一点。他对海德格尔的共同存在作了一定的批评。他指出，海德格尔那里的共同存在还是"同晶型的（isomorph）原子的他人"，"不能真正成为收获"⑥，这让他感到不满，因此想

①参见［德］海德格尔：《存在与时间》（中文修订第2版），陈嘉映、王庆节译，北京：商务印书馆2015年版，第151页。

②［德］海德格尔：《存在与时间》（中文修订第2版），陈嘉映、王庆节译，北京：商务印书馆2015年版，第154页。

③［法］勒维纳斯：《从存在到存在者》，吴蕙仪译，王恒校，南京：江苏教育出版社2006年版，第99页。

④［德］海德格尔：《存在与时间》（中文修订第2版），陈嘉映、王庆节译，北京：商务印书馆2015年版，第151页。

⑤［德］海德格尔：《存在与时间》（中文修订第2版），陈嘉映、王庆节译，北京：商务印书馆2015年版，第158页。

⑥［日］广松涉：《物象化论的构图》，彭曦、庄倩译，南京：南京大学出版社2002年版，第167页。

要把那个孤独主体解放出来，安置到主体间性所营造的实践关系场中，以此来解决主体困境。这无疑是具有启发意义的。但主体间性何以可能，是需要用现实的物质性实践来加以说明的，而不是反过来，用主体间性来营造所谓的实践关联场域。如果是这样，那不过是用一种抽象来克服另一种抽象罢了。广松涉的物象化论，还是在胡塞尔内在意向关联域与海德格尔此在建构关系场的遗产上来进行的，它本质上依靠人们意识的内在转变，即由日常意识转变为学理反思。

三、理论归结：把社会关系存在理解为反思规定

在"关系先在性"的世界观指导下，广松涉把马克思关于资本主义商品经济中人与人之间关系颠倒地反映为物与物之间关系的拜物教批判思想解读为物象化论，并将其泛化，看成整个历史唯物主义。在此基础上，他进一步将物象化论自身泛化，力图扩展到一般事物之间的反思性规定上面。其核心理路有二：一是脱离商品经济的历史规定性、条件性等，将物象化理解为一般的、永恒的社会关系状态；二是把人与人的社会关系这种客观的、物质性存在形式，理解为客观的、但却是抽象的反思性存在形式。

什么是广松涉所说的物象化呢？他通过与一般理解的物化现象相比较来谈物象化。他认为，通俗的物化或者物象化，包含三个方面的内涵：第一，人本身的物化，即人的存在变成了物的存在。第二，人的行动状态的物化，即人的行动变成了物的存在。第三，人的心身的力能的物化，即主体的东西转化为物的东西①。

这种意义上的物化，可以看成是近代哲学意义上的主体—客体关系，是主体向客体转化的构想。但是，广松涉认为，后期马克思所说的物象化，已经"不再是主体的东西直接成为物的存在这种构想，而和将人与人

---

① 参见［日］广松涉：《唯物史观的原象》，邓习议译，南京：南京大学出版社2009年版，第35—36页。

的社会关系宛如物与物的关系，乃至宛如物的性质这种颠倒的看法有关。例如，商品的价值关系、'需求'与'供给'的关系决定物价、货币具有购买力、资本具有自我增殖能力，诸如此类的我们身边的现象"①。在此，广松涉以物象化的理论来诠释马克思主义哲学的本质精神和本真面貌，并且将这一概念泛化为一般性的概念，扩展到自然呈现、意义问题、制度、规范、权力、艺术、宗教等领域，来理解和把握世界和人。对此，他指出物象化的概念，不限定于人与人的关系的物象化，而是要"扩张到事物之间的反思规定关系的物性化以及实体化"②。

的确，马克思是在解剖资本主义社会这个特殊的社会历史形态中，提出了商品拜物教、货币拜物教和资本拜物教批判思想，但不能把马克思的拜物教批判等同于广松涉的物象化论。而且，广松涉这里对马克思拜物教批判思想的理解，是含混错乱的。

首先，资本主义社会是人类社会中的一种形态，它也服从人类社会发展的基本矛盾——生产力与生产关系、经济基础与上层建筑的矛盾运动，遵循着人类社会发展的客观进程和一般规律；其次，在资本主义社会这个特殊社会形态下，劳动力成为商品，资本作为死劳动的积累与活劳动对立，成为一种社会关系和社会权力；最后，少数人（资产阶级）利用商品、货币、资本来支配、统治社会上绝大多数的人，这种统治形式以表面上的平等取代了实质上的不平等而显得更加隐蔽。三大拜物教批判，正是以对商品、货币、资本及其矛盾运动的客观性关系存在的科学描述为基础而进行的对这种隐蔽性的揭示。因此，拜物教批评思想无法取代历史唯物主义而承担起对人类社会发展规律，以及现实的人及其解放等的科学描述。

也就是说，马克思的三大拜物教批判思想，不是一个关于资本主义社会的基础性的、原则性的说明，而是一个结果性的概念，即关于资本主义社会这一特殊社会形态所采取的隐蔽的统治形式的揭示。其实马克思历史唯物主义的阐述已经是很清晰的了，但当广松涉将拜物教批判思想弄成物

---

① ［日］广松涉：《唯物史观的原象》，邓习议译，南京：南京大学出版社2009年版，第36页。

② ［日］广松涉：《物象化论的构图》，彭曦、庄倩译，南京：南京大学出版社2002年版，第80页。

象化论，并一再地泛化、抽象，反而将马克思主义的本质精神和本来面貌弄得模糊混乱。

有学者也注意到了这一点，指出"'物象化理论'只是历史唯物主义的一种特殊形式而已"①，即某种社会批判理论。但能不能将物象化论视为"历史唯物主义"的一种特殊形式？笔者认为，答案是否定的。因为广松涉的物象化论并非历史唯物主义的。其在关系的理解上，把社会关系的客观性存在及其物质基础抽象掉，将其理解为"反思规定"，由此他把社会关系泛化为关系一般，将物象化论推广、泛化到一般事物之上。

如何理解社会关系？广松涉指出，在对社会关系的理解上一直存在两种对立的主张：社会唯名论与社会实在论。

社会唯名论认为，社会关系只是一个名称而已，不具有实在的意义，实际存在的东西只是一个个的具体的人以及人的行动。这一主张的典型体现是社会契约论。与社会唯名论相反，社会实在论主张，社会关系是客观存在的，而且是实体性的存在，个人及其行为的实体存在是该实体存在中的一个组成部分。这一主张的典型体现是社会有机论。显然，社会唯名论与社会实在论都错误地理解了社会关系。立足于历史唯物主义，我们可以看到：社会关系并不是一个名称而已，它是客观存在的，但客观关系又绝不是实体性的东西。

广松涉认为："在历史唯物主义中，不仅仅社会唯名论（'个人'主义）视为自在实体的'个人'，就连社会实在论视为自在实体的'社会'都不是自在的实体，它们被视为在两个不同层面的'诸关系的一个整体'。基于这样的本体论，历史唯物主义扬弃了社会唯名论与社会实在论的两极对立性。"②在此，广松涉对社会唯名论与社会实在论进行了正确的批判，富有深刻的启发意义。不过，在此批评中他又遗憾地把社会关系理解为"反思规定"，错过了对社会关系的正确把握。

---

① 参见[日]广松涉：《唯物史观的原象》，邓习议译，南京：南京大学出版社2009年版，代译序第18页。

② [日]广松涉：《物象化论的构图》，彭曦、庄倩译，南京：南京大学出版社2002年版，第62页。

在广松涉看来，马克思分析的具有使用价值和价值二因素的商品，"实际上并不是独立自存的，而是社会关系的反思规定"①。在广松涉的物象化论的视域中，把社会关系，甚至关系一般，理解为反思规定，将其称之为一种"学理反省"。

广松涉对物象化下过一个概念性的定义，他说："物象'化'的这个'化成'，不是在当事人的日常意识中直接体现的过程，而是在学识反省的见地上审察性地被认定的事情。"②真实存在的形态，对于当事人的直接意识，变成了物象的形式呈现出来；对于学理反省，这就是一种物象化现象。他更清楚地阐释道："人们的主体际的对象参与活动的某个总体关联形态，在当事人的日常意识中（另外，即使对于仅仅停留在系统内在水准的体制内'学知'来说），犹如事物彼此之间的关系，或者像物的性质，甚至像物的对象性一样地映照出来。这样的面向我们（für uns）的事态，就是马克思的所谓的'物象化'。"③

所谓物象化不是纯粹的客体变化，而是思维形式的客观变化。他指出："马克思、恩格斯所说的物象化以及笔者所说物象化不是这种'纯粹的客体变化'。那是对于学理审察者的见地（面向我们 für uns）来说，作为一定的关系规定态在当事者的直接意识中（面向他们 für es）以物象的形式映现出来的情形。……因此，在称呼这一事态时，笔者采取了对于我们学识审察者来说的关系（verhältnis für uns）'化为'对于当事者来说的物象（sa-che für es）这一说法。"④

这里，广松涉指谓的"学理反省"犯了一个原则性的错误——把对社会关系进行正确认识、概括、抽象的客观的思维形式与社会关系自身的客观性搞混淆了。换句话说，把思想和事物搞混淆了。

日常意识、资产阶级理论，即广松涉指谓的"仅仅停留在系统内在水

---

① ［日］广松涉：《资本论的哲学》，邓习议译，张一兵审订，南京：南京大学出版社2013年版，第205页。

② ［日］广松涉：《物象化论的构图》，彭曦、庄倩译，南京：南京大学出版社2002年版，第82页。

③ ［日］广松涉：《物象化论的构图》，彭曦、庄倩译，南京：南京大学出版社2002年版，第70页。

④ ［日］广松涉：《物象化论的构图》，彭曦、庄倩译，南京：南京大学出版社2002年版，第218页。

准的体制内'学知'"等，没有正确地反映客观存在的资本主义社会关系及其运动规律，没有揭示出商品、货币、资本等的奥秘。但并不能因此就说，是这些客观事物自身制造了抽象。我们的思维要去正确认识这些客观事物是极其困难的。日常意识、资产阶级理论等形式的思维，都不能做到这一点，只有靠科学的抽象思维才可以。在此，需要强调指出的是，客观事物自身并不存在所谓抽象还是不抽象的问题。抽象，乃是就我们的思维而言的。思维抽象则又分为两种形式：一种是独断抽象、思辨抽象，另一种是科学抽象。

日常意识、资产阶级理论等表现为一种独断抽象、思辨抽象。这种抽象不是从客观事物及其运动规律出发，而是从主观臆断出发，或是从概念到概念进行运转，自然不能正确地认识、概括存在于客观事物中的本质内容。于是，客观事物在这些抽象中，就是蔽而不显的，它被混乱、悖谬、错误包裹着。

马克思主义理论是一种科学抽象。科学抽象与独断抽象、思辨抽象相反，它不是从概念出发，也不是从预先设定的抽象原则出发，它的行程取决于一切客观现实，是从现实出发实现的抽象与具体、历史与逻辑的辩证统一，因而正确、完整地反映出存在于客观事物中的内容。于是，客观事物在它这里就获得了真正的揭示，被彰显出来。

但是要注意，无论是独断抽象、思辨抽象，还是科学抽象，无论它们是否正确反映了存在于事物中的本质内容，它们都是第二位的，都不能等同于第一位的客观事物，否则就会混淆思想与事物，就不是马克思的唯物主义，而要滑向唯心主义了。马克思就此指出，对社会关系进行抽象的、作为观念形态的经济范畴，"只是这些现实关系的抽象，它们仅仅在这些关系存在的时候才是真实的"[1]。在历史唯物主义看来，社会关系作为客观存在，其客观性不在于客观之反思规定，恰恰是在人的物质性的实践活动中"诞生"的，是客观发生的社会现实。因为浓缩、包蕴着全部社会关系的实践，是人所特有的能动地改造世界的物质活动，所以社会关系就是

①《马克思恩格斯文集》第10卷，北京：人民出版社2009年版，第47页。

客观的、历史的，而不是反思的、主观间约定的。而广松涉关于"学理反省"的物象化论，也表现为一种思辨抽象，混淆了思想与事物。因此，在对社会关系的理解上，就不能把历史唯物主义与广松涉物象化论二者等同起来。

广松涉的物象化乃是一个结果性的、非批判的概念，它主要反映了在资本主义社会下的人们日常意识中，本质如何被现象（或假象）所遮蔽的思维机制，这有助于我们深化对马克思拜物教批判思想的认识，有助于揭示资本主义社会中越来越加深的对人的支配、统治程度。但可惜的是，物象化论并未对资本主义的本质、基本矛盾以及人类社会历史发展的规律等进行揭示，也未能寻找到消除物象化的现实改造方案。因此，对于如何打破资本主义社会的物象化的错误认识，广松涉认为，要把握反思性规定，只能靠主体的自觉、清醒的反思。在此，广松涉不得不求助胡塞尔意向性的清醒生活、海德格尔决断式的生存领会。对此，有学者正确地指出，广松涉掉入"胡塞尔加海德格尔式的泥潭"，"掉入更混乱的理论误区中去了"①。

广松涉立足于海德格尔存在论上手去在的关系主义视角解读马克思主义，这对立足于客体向度与主体向度来理解马克思主义的理论倾向，有一定的纠偏意义。但同时他又误读了马克思主义。一是，马克思拜物教批判思想位于历史唯物主义的末阶，不是历史唯物主义的基础、核心，也不是历史唯物主义的全部。因此，以物象化等同历史唯物主义，是一种窄化和误读。马克思、恩格斯的历史唯物主义，不管是经典的描述，还是具体领域的运用，都是比较清晰的。只是我们以往在理解的时候，偏重了客体的向度，而未能全面、准确地把握它。然而，广松涉没有科学地理解马克思的历史唯物主义及其拜物教批判思想，认为它是面向"我们""学识审查者"的意识，这种学理反省的物象化论、关系本体论，陷入了混乱的理论误区，陷入了主观主义的相对主义和虚无主义。二是，广松涉物象化论的

① 参见［日］广松涉：《事的世界观的前哨》，赵仲明、李斌译，南京：南京大学出版社2003年版，代译序第13页。

意义在于，突出强调了学习掌握唯物史观，才能清醒批判资本主义社会中的种种物化，正确地认识、理解资本主义社会的本质。在资本主义的商品经济中，人与人的关系颠倒地表现为物与物的关系，尤其是少数人通过商品、货币、资本来实现对多数人的统治，实质上的不平等关系被形式上的平等关系所掩盖，由此造成了人与人的关系对人来说不再是现实的、感性的，而是抽象的。只有在唯物史观的视域中才能达到对这一颠倒关系的透彻理解。但即使是在唯物史观中对种种物化有清醒的认识，也并不等于对物化有现实的、直接的克服。对其现实的克服，是推翻资本主义社会，这还需要经历曲折的、持续不断的无产阶级革命实践。广松涉的物象化论，把"批判的武器"与"武器的批判"等而视之，这与西方马克思主义对阶级意识的特别、突出的强调，又异曲同工了。

此外，在当代中国马克思主义研究的推进过程中，在反思马克思主义哲学原理教科书体系的过程中，在求解种种物化现象的克服和超越之道，发掘人本真的存在、高扬人的生存价值与意义的过程中，有不少论者通过海德格尔存在论生存论来解读马克思主义：比如，力图阐发所谓辩证法的生存本体论根基，认为从生存本体论的范式才能切实领会马克思实践的真实意蕴，即实践是一个生存本体论的概念；认为支撑马克思主义哲学的是生存论阐释与建构，生存论是内蕴在马克思主义哲学的"深层理论结构"之中的，故而需要将这一根基、这一结构"彰显"出来，也就是借助海德格尔存在论哲学把马克思主义中蕴涵的所谓生存论结构以及马克思科学实践观的生存论变革彰显出来等，以克服马克思主义哲学原理教科书等存在的对马克思主义教条式、机械论的理解，论证马克思主义哲学的当代性、合法性，超越主客二分的近代哲学模式，并构建能够切中人的本质存在的哲学新形态。

第三章 / "以海解马"论的逻辑路径

"以海解马"论的典型形态，既有时代之别、地域之别，当然也有论者之别、具体的理论观点之别，但其解读的逻辑路径却具有内在的一致性。在此，笔者尝试从以海德格尔存在论解读马克思主义的主导原则、"还原论"逻辑、"归结论"逻辑和逻辑结果等四个方面来剖析。

第一节 "以海解马"论的主导原则

"以海解马"论的主导原则是以海德格尔存在论的此在能在为基础和原则来重新解读马克思主义。这种主导原则包含三个层面的内涵：一是认为客体向度的马克思主义存在着缺陷，它使马克思主义陷入实体论形而上学之中；二是认为海德格尔存在论彻底走出了形而上学；三是认为将马克思主义的根基奠立在海德格尔存在论上是合法的，这样能够揭示出马克思主义哲学革命的发生与本真精神，彰显其当代性，并克服教条式的马克思主义的根本缺陷，超越以主客二分为思维模式的近代哲学。

一、对客体向度的马克思主义与海德格尔存在论的双重反思

"以海解马"论看到了客体向度的马克思主义存在着的严重的片面性，也对海德格尔存在论进行了一定程度的批判反思，意识到其存在着某些缺陷。这都体现了"以海解马"论在理论认识上较为深刻的一面，也显示出这种解读本身所具有的学术价值。

就以马尔库塞为代表的"互补论"而言。一方面，它批评第二国际正统派理论家以及苏联模式的马克思主义片面地立足于客体向度，从自然、人类社会及其历史发展的客观依据出发，过分强调自然、社会历史发展规律的客观性、必然性，在此基础上甚至认为资本主义社会是会自动崩溃的。这是把马克思主义知识化、实证化、教条化，以致弄成了"经济决定论"，从而忽视了对工人阶级在资本主义社会中的存在前提以及存在处境的分析。说到底，它没有从根本上关注人的具体的日常处境及其生存条件的揭示。马尔库塞强调，这正是关键性的问题。另一方面，它也批评海德格尔存在论具有一定的空洞性。海德格尔此在的"在世存在"是一种没有历史变化的本质结构，这就意味着，在这一本质结构中，根本没有融入一定层次的历史具体性，即具体的历史情况和具体的物质条件，使得海德格尔存在论缺乏针对现实的清晰性和完整性。马尔库塞指出："以历史性为基础对历史客体进行分析，必须把具体历史情况和具体物质条件考虑进去。因此，假如关于人类实存的现象学回避了历史实存的物质条件，那么它就缺乏必需的清晰性和完整性。正如我们已经指出的，海德格尔所处的正是这种状况。"①由于海德格尔存在论回避了历史实存的物质条件，缺乏清晰性和完整性，它关于此在之具体性、人之具体处境的阐述，无疑就表现出一定的虚假性。

就以科西克为代表的"融入论"而言，一方面，它认为客体向度的马

---

① 转引自理查德·沃林：《海德格尔的弟子：阿伦特、勒维特、约纳斯和马尔库塞》，张国清、王大林译，南京：江苏教育出版社2005年版，第158页。

克思主义关于存在的理解是实体性的。科西克指出，把马克思思想的发展进程看作是从哲学上的异化概念向经济学上的商品拜物教概念的转变，是令人吃惊地把马克思变成一个实证主义者了①。也就是说，客体向度的马克思主义对"唯物主义"的解读并没有遵从辩证思维，它把人的意识、人的精神化约为、还原为经济条件和经济要素，这在本质上是通过实体性思维和还原论思维把马克思读成了"经济决定论"的实证主义者。科西克认为，实证主义存在两个方面的片面性：一是，实证主义的世界图景说到底是物理世界，它所表达的只是客观现实的某些本质属性和方面，因此，不能用物理世界图景取代客观实在世界；二是，物理世界也只是众多可能的世界图景之一，而不能作为全部的世界图景，除此之外，人还有生存的世界、艺术的世界等。实证主义恰恰忽视了这一点，导致把人的整体性的、丰富的"主体性财富化约为单一的占有实在的类型"，从而把人的世界单面化了，贫困化了②。总之，实证主义没有深入到对人的重大关切中，忽视了人本真的生存。另一方面，它也认为，海德格尔的存在其实只是一个空洞概念，缺乏具体的落实。因此，科西克才力图为存在找到一种非概念性的现实中介——实在，去补充存在，使其具有现实性、丰富性，并真正落实下来。

就以广松涉为代表的深化论而言。一方面，它力图对苏联模式的马克思主义与西方马克思主义进行双重的批判反思。广松涉深刻地指出苏联模式的马克思主义与西方马克思主义都存在着严重的形而上学性："正如'俄国马克思主义'的'科学主义'和'西欧马克思主义'的'人本主义'的两极对立中所看到的那样，人们在很长一段时期，将马克思主义摆在近代哲学的地平来理解。"③在广松涉看来，苏联模式的马克思主义与西方马

---

① Karel Kosik: *Dialectics of The Concrete: A Study on Problems of Man and World*, Dordrecht and Boston: D. Reidel Publishing Company, 1976, p.128.

② Karel Kosik: *Dialectics of The Concrete: A Study on Problems of Man and World*, Dordrecht and Boston: D. Reidel Publishing Company, 1976, p.11.

③ ［日］广松涉：《物象化论的构图》，彭曦、庄倩译，南京：南京大学出版社2002年版，第49页注释。

克思主义对马克思主义的理解，是极端对立的：前者主张"物的世界观"，以抽象的物质实体为辩证唯物主义的根基，再把历史唯物主义看作是辩证唯物主义在社会历史领域的推广应用；后者异化—复归的人本主义异化逻辑不过是黑格尔式的主体自身的思辨运动。因此，二者虽然在哲学形态上的表现迥异，但实质上都面临着同一种困境，即都还没有走出主客二分近代哲学的窠臼，拘执于形而上学之中。另一方面，它对海德格尔存在论的批评也是比较突出的①。他指出，海德格尔的存在，实质上是来自某种物象化的谬误。海德格尔虽然揭示了此在的上手去在的关系存在论，但并未正确把握存在的本体构造，从而错过了存在的实情，它批判了物化现象，但却没有克服物化，反而陷入了拜物教之中②。需要指出的是，广松涉也对马克思主义哲学与海德格尔存在论的差异加以强调："马克思、恩格斯与海德格尔在课题意识以及所关心的问题上迥异，马克思、恩格斯的那些与海德格尔的'世界'、'此在'、'在世中'在位相与层面上不同，而是更为具体、现实。"③这里，广松涉同马尔库塞、科西克对海德格尔存在论缺乏具体性与现实性的批评，是一致的。

　　所以，不能说"以海解马"论没有看到客体向度的马克思主义存在的缺陷，也不能说其没有认识到海德格尔存在论哲学的一些缺陷。但是，"以海解马"论对客体向度的马克思主义与海德格尔存在论缺陷的反思，还存在着问题。关于对客体向度的马克思主义的反思而言，"以海解马"论正确地看待了它的一些缺陷，但总体上而言，没有辩证地看待它，忽视了它对自然界客观先在性的坚持，对唯物主义的坚持。对自然、人、社会历史及其相互关系的理解和说明，如果抛弃了客观根据，而只是强调从主

---

　　① 广松涉在《事的世界观的前哨》的第一部分结束后，专门附了一篇《海德格尔与物象化的谬误》的文章。参见［日］广松涉：《事的世界观的前哨》，赵仲明、李斌译，南京：南京大学出版社2003年版，第93页。

　　② 参见［日］广松涉：《事的世界观的前哨》，赵仲明、李斌译，南京：南京大学出版社2003年版，第110页。

　　③ ［日］广松涉：《物象化论的构图》，彭曦、庄倩译，南京：南京大学出版社2002年版，第47—48页。

体根据来理解，也将陷入另一种片面性之中。就对海德格尔存在论的反思而言，"以海解马"论虽然也指出了它的空洞性、个体性等缺陷，但并没有把握住海德格尔存在论的本质特征，没有看到海德格尔存在论并没能真正走出形而上学。但"以海解马"论无一例外地都认为海德格尔存在论与马克思主义一样，都走出了形而上学，彻底铲除了形而上学，也正是基于此，"以海解马"论才力图借用海德格尔存在论的基础和原则来解读马克思主义，克服知识化、实证化、教条化的马克思主义的根本缺陷，揭示出马克思主义哲学革命的发生与意义，彰显其当代性、合法性。

二、以海德格尔存在论为主导原则解读马克思主义

"互补论"认为，需要实现马克思主义与海德格尔存在论二者之间的互补。但是在这种互补中，二者的地位并不是平等的，其中的一方要以另一方为基础。以哪一方为基础呢？在"互补论"看来，要以海德格尔存在论为基础。

马尔库塞指出，马克思主义的确把握住了源于历史的存在、结构，以及发生的状况在内的全部知识，历史唯物主义也充满着现实的、真实的社会历史内容，如生产关系、经济利益和阶级斗争等。这些现实社会生活内容在海德格尔存在论之中，都被看作非本真的所谓"实际的"层面而被悬搁和拒斥。由此，海德格尔存在论的此在之历史性分析，就把历史实存的物质条件回避掉了，缺乏现实的、具体的物质内容，其所谓超越现实具体内容而实现的此在的本真性，不过是"脱离了人的真正的疾苦和福祉的虚假的真实"①，缺乏必要的清晰性和完整性。因此，马尔库塞认为可以将历史唯物主义吸收进海德格尔的此在在世存在结构之中，来补充海德格尔存在论的不足，使之更加清晰和完整。但这种补充却不是从现实的物质内容和具体的历史条件出发，来探求社会历史发展的客观规律和实现自由解

---

① Herbert Marcuse: *Heideggerian Marxism*, Lincoln and London: University of Nebraska Press, 2005, p.161.

放的现实根据，而是在海德格尔存在论的基础结构和框架之上，纳入现实的、具体的物质条件，以把此在的个体历史性推广、扩展为此在的社会历史性。

马尔库塞强调，虽然马克思主义在对于具体的历史条件的把握上，相对于海德格尔存在论而言，具有一定的优越性，但是，历史唯物主义理论中，并没有对关于人类此在内在本质结构的分析，因而马克思主义还缺少一个本体层面的根基，而这正好是海德格尔存在论的最大贡献。马尔库塞强调指出："尽管海德格尔的分析和他的方法论基础会遭到质疑和否定，但是所有这些批评都错失了这项工作的意义，哪怕它犯下重大错误，这项工作仍然是'真正的'。"[1]在他看来，真正涉及人类生存所面临的问题的哲学形态就是海德格尔存在论哲学。因此，要从人的能动方面、人的实践活动来理解事物和现实，就要用海德格尔此在在世存在的能在生存论建构，来为客体性或事物性的理解作奠基。"此在的本体论历史必须被设定为'社会科学'精确而重要的方法论。社会管理、经济运行和政治运作都聚焦在此在发生的建构之上，它们只能用生存的视角来看待。"[2]生存论对人的此在沉沦在世的一系列具体处境的分析，如日常性、工具性、操劳、闲言碎语、好奇两可、与他人共在、常人、历史性、畏、决断、向死而在等，使哲学的本真面貌显示出来，并为理解社会历史及其发展的规律奠立了重要的方法论基础。马尔库塞强调，如果哲学的意义是使真理显现出来，如果真理具有基本的存在特性，则哲学不仅是人类生存的样式，而且其自身就意味着是生存论的。

"融入论"直接用海德格尔存在论的此在在世存在融入马克思主义之中，通过对资本主义伪具体世界的异化批判，来实现人的本真存在的问题。

---

[1] Herbert Marcuse: *Heideggerian Marxism*, Lincoln and London: University of Nebraska Press, 2005, p.14.

[2] Herbert Marcuse: *Heideggerian Marxism*, Lincoln and London: University of Nebraska Press, 2005, p.39.

　　科西克虽然批评海德格尔存在论具有一定的空洞性，但他并不是要舍弃存在，而是要为它找到一种非概念性的、现实的中介，来补充存在，使之具有丰富性，以便将它落实下来。这个非概念性的、现实的中介就是实在。对这个实在的追问，不能以实在"是什么"的方式，而应该以实在"何以在"的方式。"是什么"式的追问，追问的仍是存在者，仍然无法摆脱实体论形而上学；"何以在"式的追问，表明实在不是一个既成的存在者，而是一个具体的历史建构过程，需要把它作为一种过程性的存在者揭示出来。

　　科西克强调，揭示实在的过程，就是实践。实践不断地构造、推动和丰富实在，从而成为实在本身的"显身"之所。如此，这种意义上的实践概念就不再是形而上学的，而是现代哲学的，因为它高扬了人的能动创造性，这才是人的真正本性。如同海德格尔存在论那里本真存在与非本真的存在划分一样，实践又被科西克通过"烦"的两重性划分为本真的实践与非本真的实践。其中，对异化实践的克服，取决于本真实践中蕴涵的生存论要素，以及"烦"之中向上的神圣的因素。由此，科西克就把实践本体论化和生存论化了。

　　"深化论"之"深化"，就是借助海德格尔存在论此在上手去在所构建的关系主义本体论来把马克思主义解读为实践关系本体论的，用"事的世界观"代替"物的世界观"，用"关系先在性"取代"自然界的客观先在性"，以揭示和凸显马克思主义哲学的革命性所在，并克服主客二分的近代哲学理解模式。

　　广松涉曾特别强调，虽然他对海德格尔存在论进行了严厉的批评，但却不能抛弃海德格尔存在论所奠立的根基。他在特别重视上手状态的同时对海德格尔的物象化的错误观点进行了严厉的批评，说实话是出于下面的考虑，即在批判近代的世界图景之时，应该追寻他的足迹并定位于相对'用的世界'的'物在'而言的先行性以及其基始性的本体构造。在这一意义上，试图批判性地继承海德格尔对用在世界的认知，而非单纯的对问题的讨论①。广松涉哲学的要义就在于其关系主义本体论。关系主义本体论的要义又在于关系先在性、关系第一性与关系基始性，这恰恰是通过海德格尔的此在上手去在的生存论所建构出来的。广松涉强调关系主义不同于实体主义，但要注意，对关系主义的突出强调，并不等于正确理解了"关系"，也不等于其所谓的关系主义就已然超越了实体主义，从而摆脱了形而上学。首先，没有实体，也就谈不上关系。关系与实体同时成立，无法脱离实体而成为第一性的东西。其次，就社会关系而言，它是不以人的意志为转移的客观存在、客观联系，而不是通过生存、反思等营造出来的抽象规定。

以海德格尔此在能在的生存本体论为主导原则来解读马克思主义，能不能使马克思主义哲学具有当代性、合法性呢？在笔者看来，它未能揭示出马克思主义哲学的当代性、合法性，也没有实现对马克思主义基本原理和本质精神的深刻把握。立足于此在能在、"主客不分，源始一体"、分环勾连的整体性生存论结构等，来解读马克思主义的做法，忽略了从客观依据、实践基础上达成的主客体矛盾的、对立统一的过程。以此来把握人与自然、人与社会、人与人之间的关系，实则是对马克思主义进行了片面解读。而且，"以海解马"论的主导逻辑，又表现为一种"二重还原"的"还原论"逻辑与"三步归结"的"归结论"逻辑。这种逻辑操作偏离了唯物主义基础和原则，没有抓住马克思主义实践观与物质观的辩证统一。

第二节 "以海解马"论的"还原论"逻辑

"以海解马"论的"还原论"逻辑是指，这种解读模式进行了一种"二重还原"，即把以自然界的客观先在性和以对人的制约作用为基础的人与自然的互动关系还原为人的实践，继而把实践还原为人的生存中先验性

---

① 参见［日］广松涉：《事的世界观的前哨》，赵仲明、李斌译，南京：南京大学出版社2003年版，第118页。

情绪结构，还原为单纯的精神性要素。

一、"还原论"逻辑的实质是把实践本体化

"二重还原"的"还原论"逻辑路径，是要消解自然界的客观先在性，把实践本体化。这种理论倾向在海德格尔存在论和西方马克思主义创始人那里，也是普遍存在着的。

海德格尔存在论是把外部世界（自然）托付给了此在，同时对二者进行了区分，并且认为：外部世界（自然）与此在的不同，要超过此在与一般存在者的不同，甚至要超过传统存在论中上帝与人的不同。那么，海德格尔最终是如何解决此在与外部世界（自然）如此尖锐的对立的呢？他虽然作出了外部世界（自然）与此在的区划，但还是将它们"托付于"此在。海德格尔强调，外部世界（自然）并不是此在的生存环节，但也只有"在已经展开的世界的基础上才是可揭示的"，随着此在世界的能在展开，它们因而"也总已经被揭示了"①。所以在海德格尔的存在论中，整个自然界仍是一般的存在者，它并不处于优先的地位，存在论首先需要问及的东西是先于其他一切存在者的此在②。这里，海德格尔同样是把以自然界客观先在性为基础的人与自然的双向互动关系，看成人的生存，而后把人的生存看成通过此在的存在领会而展开的过程。

西方马克思主义创始人也是如此。卢卡奇在思考人类社会及其历史发展的时候，根本忽视了客观自然（第一自然）的先在性问题及其对人的制约性作用。客观自然在他那里从属于主观能动，自然先在性及其对人的制约性基础上的人与自然的双向互动关系，全部被还原到人的实践活动的单一维度上，继而把实践活动的本质看成是抽象的意识的能动活动。葛兰西

---

① [德]海德格尔：《存在与时间》（中文修订第2版），陈嘉映、王庆节译，北京：商务印书馆2015年版，第250页。

② 参见[德]海德格尔：《存在与时间》（中文修订第2版），陈嘉映、王庆节译，北京：商务印书馆2015年版，第18—19页。

的实践哲学也把自然界的先在性及其对人的制约性消解掉了，认为客观自然通过依托于人的实践才能得到彰显。对此，他曾阐述道："自然所提供的机会，并不是对于预先存在的力量——对物质的预先存在的性质——的发现和发明，而是同社会兴趣、同生产力的发展和进一步发展的必然性紧密相联的'创造'?"①在葛兰西看来，客观自然没有意义，客观自然对于人而言的先在性是不存在的，具有优先性的恰恰是人的实践。自然所提供的机会，或人化世界应理解为实践的创造。葛兰西又把实践的基础还原为实践"意志"。他指出，为了彻底克服机械论，"就必须用一种'历史主义'的方式提出问题，同时又把'意志'（归根到底它等于实践活动或政治活动）作为哲学的基础"②。柯尔施同样认为，现实与意识是一致的，现实革命就是意识革命。他指出："没有这种意识和现实的一致，政治经济学的批判根本不可能成为社会革命理论的主要组成部分，而是必然得出相反的结论。"③

"以海解马"论的典型形态，继承了海德格尔存在论与西方马克思主义创始人把实践（生存）本体化，消解自然界的客观先在性的逻辑路向。

以马尔库塞为代表的"互补论"，继承了海德格尔的生存本体论，确切说来，它是把在人的生存过程中体现出来的感性加以本体化的感性本体论。

马尔库塞主张，感性是一个解释人的本质存在的本体论概念。人的感性包括感觉、情欲、忧伤、需求等基本的生存论要素，它们根本不能从纯粹认识论上来理解，而应该看作是描述人的整体存在特征的本体论问题④。马尔库塞阐发道："人的感性表明人是由先定的对象所创造的，从而也就表明了人拥有一个既定的对象性的世界，他'普遍地'和'自由地'同这

---

① [意]葛兰西:《实践哲学》,徐崇温译,重庆:重庆出版社1990年版,第162页。

② [意]葛兰西:《实践哲学》,徐崇温译,重庆:重庆出版社1990年版,第28页。

③ [德]柯尔施:《马克思主义和哲学》,王南湜、荣新海译,张峰校,重庆:重庆出版社1989年版,第47—48页。

④ 参见 Herbert Marcuse: *Heideggerian Marxism*, Lincoln and London: University of Nebraska Press, 2005, p.100.

个对象性的世界发生关系。"①在此，我们可以看出马尔库塞以海德格尔存在论为地基，力图实现海德格尔与马克思之间的互补：一方面，人同他自身和一切对象性存在者发生关系，能超越那些给予的和先定的东西而占有它，并把自己的现实性赋予它，从而在其中实现自身，其根源在于在世存在中，人与对象的源始一体性；另一方面，人能同对象性的世界"普遍"和"自由"地发生关系，则在于此在的优先性。只不过此在的优先性在海德格尔那里源于带有神秘主义色彩的存在领会，而在马尔库塞这里，则特别地将这种优先性归结为人的内在的主体性、本体性："就自由就是超越那些给予之物和先定之物而言，它植根在忧伤和需求之上"②。

虽然马尔库塞想要借助海德格尔存在论的地基来阐发马克思主义的感性活动、实践活动中蕴涵的主体与对象的一体性关系，凸显出对意识内在性基本建制的本体论批判，但是，他又对感性进行本体论的升拔，忽略了自然界的客观先在性、制约性，将人的优先性、能动性归结为感性自身的内在性，这必然使他不能对感性活动进行正确地阐发，也就导致他对意识内在性为特征的形而上学之批判是不成功的，仍然陷于形而上学意识内在性的基本建制之中。

以科西克为代表的"融入论"主张一种实践本体论与实践超越论。科西克认为，如果追问实在"是什么"的方式，就会从客体的或者主体的形式把实在当成了一个精神主体或物质实体，而无论是从哪一方面都是一种对实在形而上学的理解。实在是一个具体的历史建构过程，故而只能追问实在"何以在"，即需要把实在作为一种过程性的存在揭示出来，而那个能建构并揭示实在的，就是人的实践。实践何以能成为追问实在的本真的方式？在他看来，因为实践具有两方面的功能：一方面，实践本身就是实在的界域、"显身之所"，是"自在之物"的"揭示之所"；另一方面，人

① Herbert Marcuse: *Heideggerian Marxism*, Lincoln and London: University of Nebraska Press, 2005, p.100.

② Herbert Marcuse: *Heideggerian Marxism*, Lincoln and London: University of Nebraska Press, 2005, p.100.

又通过实践不断地打开这个界域，因而能历史地构造、推动和丰富实在。这样科西克就把实践本体化了，他明确地指出："人的实践中发生着某种本质性的事件，这种本质性的事件绝非只指向其它的什么，而是包含着它自身的真理，即它是本体论的事件。"①

科西克把实践抬升到本体论的高度，主张只有把实践本体化才能达成原初的存在界域，才能超越物质与精神、主体与客体、唯心与唯物等一切形式的二元对立，才能克服形而上学。因此，在科西克那里，实践不仅是本体论的，而且还是超越论的。他指出："实践达成了通达人和理解人的路径，也达成了通达自然与解释、掌控自然的路径。对人与自然、自由与必然、人类学主义与实证主义的二元对立的沟通解决，既不能立足于意识，也不能立足于物质，而只能以实践为根基。"②由此可以看到，自然界的客观先在性及其对人的实践的制约性被消解了，实践被看成是超越物质与意识的。随后，他又把实践区分成异化实践和本真的实践，而本真实践的达成，则是靠人的生存情绪——"烦"之中的神圣维度。这就拔掉了实践活动的客观物质根基，对实践进行了主观地理解。这一点，他在《具体的辩证法》一书的结尾进行了再次地说明："辩证法探求'自在之物'。但这个'自在之物'并不是平常之物，确切地说，它压根就不是一个物。哲学研究的'自在之物'是人及其在宇宙中的位置，换而言之，自在之物是通过人在其历史中揭示出来的世界总体和世界总体中的人的存在"③。但是，科西克消解客观自然相对于人的实践而言的先在性、制约性，对"自在之物"的如此理解和归结，不仅误读了马克思，而且还错解了康德的自在之物相对于其先验观念论而言所具有的独立先在性，及其处处起制约作用的意义。

---

① Karel Kosik: *Dialectics of The Concrete: A Study on Problems of Man and World*, Dordrecht and Boston: D. Reidel Publishing Company, 1976, p.136.

② Karel Kosik: *Dialectics of The Concrete: A Study on Problems of Man and World*, Dordrecht and Boston: D. Reidel Publishing Company, 1976, p.152.

③ Karel Kosik: *Dialectics of The Concrete: A Study on Problems of Man and World*, Dordrecht and Boston: D. Reidel Publishing Company, 1976, pp.152-153.

以广松涉为代表的"深化论"借助海德格尔存在论上手去在的生存关系，主张关系先在性、基始性、第一性，以消解自然界的客观先在性，成为一种关系主义的本体论，即实践关系本体论。

广松涉把马克思主义哲学看作一种"事的世界观"，其物象化论作为"事的世界观的前哨"，所要消解的就是"物的世界观"。物象化论倡扬"事的世界观"，虽然有助于纠偏旧唯物主义的机械直观论以及教条主义的马克思主义，但是却抛弃了唯物主义的原则要求，忽视了马克思主义实践观与物质观的辩证统一。在这里，先在性的、基始性的自然不用作前提的考量，它以上手的形式而存在，以"呼应"此在而出现，即"用在"，而非"物在"。他指出："基始的自然以呼应活生生的实践关心的形式而出现。"①这样做的实质是把"物"关系化了，用关系先在性消解了自然的先在性以及它对人、实践的制约性。于是，客观自然就被实践关系场所统摄，而实践只能被理解为主体内在的抽象能动了。所以，广松涉的马克思主义哲学观，用"事的世界观"替换"物的世界观"，实质是对马克思主义唯物主义本质的消解。他通过日常，意识到学理反思的变更，实现人们对物象化的批判，这正是胡塞尔现象学所强调的意识内在自由权能的变更与海德格尔存在论中此在通过内在的主观决断的混合，其关系主义的实践关系本体论，不免要陷入主观主义、相对主义和虚无主义混乱的理论误区之中。

二重还原的"还原论"逻辑，实质上是把实践作本体化、生存化处理的实践本体论，或实践超越论。实践本体论排除了自然界的客观先在性、制约性，就拔掉人的实践活动的客观物质根基，进而把实践的地位和作用作绝对化和本体化地理解和处理。实践超越论认为马克思主义的本质精神在于实践，而实践既不是唯心论的，也不是唯物论的。所以，与之相应地，马克思主义既不是唯心主义，也不是唯物主义，而是超越了唯心与唯物二者对立的理论形态。这同样排除了实践的客观物质性根据，消解了马克思主义实践观的唯物主义基础。

---

① [日]广松涉：《物象化论的构图》，彭曦、庄倩译，南京：南京大学出版社2002年版，第41页。

二、"还原论"逻辑消解了马克思实践观的唯物主义基础

与海德格尔存在论和西方马克思主义截然不同,马克思主义哲学首先坚持的就是自然界的客观先在性及其对人的制约性。如果否认了自然界的客观先在性,那就否认了哲学基本问题,从而也就从根本上否认了马克思主义是一种唯物主义,为唯心主义地理解马克思主义打开了一扇方便之门。马克思终身坚持唯物主义,坚持实践观与物质观的辩证统一。其物质观是通过实践观而实现的能动的物质观,其实践观是唯物论的实践观。马克思唯物论的实践观,既坚持客观自然通过人的实践不断人化的历史进程,也坚持自然界的客观先在性,坚持实践的根本特性在于它是人能动地改造世界的客观物质活动。

对于实践而言,一方面它是客观物质活动,另一方面它也是有人的精神因素参与的能动的精神活动。实践既包含物质的要素,又包含精神的要素,但在本质上,实践是人在自然界客观先在性、制约性的前提和基础上,借助一定的物质条件,把参与进来的能动的精神因素加以对象化、客观化的物质活动。因此,实践是客观的物质活动,不能被归结成精神的要素。如果对实践进行本体化、绝对化的操作,那就会消解实践的客观物质性根据,就会导致对实践中能动精神因素的单纯强调,进而树立其决定性的地位。也就是说,取消了自然界的客观先在性及其对人的制约作用,也就拔掉了实践的物质根基,让实践成为一种主体活动的自我外化而已,这便是对实践作了主观的理解,使之成为一种抽象的、思辨的实践观了,不再是唯物主义的实践观了。

实践超越论主张马克思实践哲学超越唯物主义的内在依据是,实践既是物质活动,又是精神活动,它融合了物质与精神、唯物主义与唯心主义,是二者结合起来的真理,因而不再是其中任何一种。

如何看待这种论据呢?这种反思,似乎要更全面周到些,然则却是一种外部反思,停留于表象,没有切中实践的本质特征。人的一切活动,包

括物质活动和精神活动自身，都既有物质因素的参与，又有精神因素的参与，二者根本不能割裂开来。人的实践活动的本质特征就在于物质活动与精神活动的对立统一，任何将物质活动和精神活动割裂开来的做法，都是对实践的误读。当然，那种将实践看作物质活动和精神活动直接相加而得出的"加和"，也根本不会消除这种误读，依然处于对实践的曲解之中。

正确地理解实践活动，弄清实践活动的本质，就在于对物质活动和精神活动对立统一的辩证把握，即物质活动与精神活动是如何对立、如何统一的。物质活动与精神活动二者之间的对立状况是指"精神活动是凭借参与活动的精神因素，使参与活动的对象性物质因素摆脱其外在的客观形式获得内化、主观化，而成为精神的一个环节的活动；相反，人的物质活动则是凭借参与活动的物质因素，使参与其中的对象性精神因素加外化、物化，而获得客观形式的活动"①。如实践超越论所认为的那样，实践活动的确实现了物质活动和精神活动的统一。但这种统一却不是"加和"，而是有机的统一。一方面，人的物质活动中如果没有精神因素的参与，那只能是动物式的本能的活动；另一方面，人的精神活动中如果没有物质因素的参与，那就成为神秘的、思辨的活动，成为"想象主体的想象活动"。物质活动和精神活动的统一，就是人的实践活动，就是人借助一定的物质手段、内涵精神等参与因素并使之获得外化、物化的物质活动。其实，这种统一的过程本身，就能充分地驳斥实践超越论所主张的实践既非唯心主义、也非唯物主义的超越性论断了。

实践超越论拘执于物质与精神融合的表面现象，把参与实践活动的物质因素和精神因素作了完全孤立的理解，将二者分割开来，把人的精神活动看成是一种脱离物质因素的"纯"精神活动，又把人的物质活动看成脱离精神因素的"纯"物质活动。如是，所谓融合了物质与精神的实践，既作为人的物质活动，又作为人的精神活动的实践，根本上就不是人特有的能动的改造客观世界的物质活动了。在此，它所谓的"纯洁"的精神活动与"纯洁"的物质活动，具有一样"纯洁"性，二者之间还有什么本质的

---

① 陶富源：《关于实践唯物主义讨论的反思》，《中共杭州市委党校学报》2012年第4期，第72页。

区别呢？不管将二者怎样"相加"，得出的东西不过都是主观虚幻的思辨实践活动罢了。

实践本体论、实践超越论，消解了实践的唯物主义基础，就无法正确认识和把握人的实践活动的本性，即实践是人所特有的能动改造世界的客观物质活动这一根本性质。

不可否认，实践是马克思主义首要且核心的观点。人与自然、人与社会、人与人在实践基础上达成统一，这也是马克思主义实践观的应有之义。但特别需要加以注意的是，这里有一个不言而喻的前提和基础，即建立在物质前提、客观规律基础上的物质生产实践才对人类社会发展起到决定作用。因此，不能把"实践第一""实践首要"等孤立地、片面地、绝对地超拔起来，进而把实践本体化、绝对化、超越化。实践本体论、实践超越论、批判客体向度理解的马克思主义对实践的忽视，凸显出实践的重要地位以及实践活动所具有的能动性、历史性等，是有其深刻之处的，但是它也陷入新的误区，那就是把实践本体化、绝对化、超越化，忽视了、消解了实践的客观物质性基础，忽视了实践的根本特性在于它的物质性，没有真正地把握马克思主义的实践观与物质观的辩证统一。

在笔者看来，马克思主义的物质观与实践观的辩证统一，需要从两个层面上加以把握：一是坚持自然界的客观先在性、制约性，二是坚持在自然界的客观先在性、制约性的基础上，通过实践达成的人与物、人与人的对立统一。这两个层面，不是两个原理，而是同一个原理的两个方面，是同一个原理的二重性构成。

就第一个层面而言，正是由于自然界的客观先在性、客观制约性，才给人类实践活动提供基础、创造前提。人与人类社会不可脱离，也无法超越自然。只是这种先在性、制约性如何可能呢？这才是被海德格尔存在论等现代西方哲学和西方马克思主义所忽视的，也是马克思主义的科学实践观的革命性意义所在，即客观自然的先在性、制约性是通过实践活动才得以呈现、展示和证明的，实践活动不仅没有消解自然界的客观先在性、制约性，反而是对它的一种退后证明。

所谓退后证明是指：没有人的实践活动，根本不会有人与自然的二分。自然在自己的辩证运动之中，产生出进行能动的实践活动的人，人在自然界的客观先在性、制约性的基础上，通过实践活动，进行持续不断的历史的创造，一方面复活了、"唤醒"了"死"的自然史，另一方面又开创了新的、"活的"人类史，并使二者转换为同一个历史进程。客观自然在积淀和转化为人的实践活动的环境、对象、关系方等过程中，自身通过实践活动得以能动地呈现和展示，这种呈现和展示就是对先在制约性的退后证明。自然界的客观先在性、制约性正是通过人的能动的实践活动作出的退后证明，在实践证明的意义上，它与实践同时成立，即没有人的实践就没有所谓先在性、制约性，但不可以把实践本体化、绝对化，以至把实践当成是对这种先在性、制约性的消解。如果消解了自然界的客观先在性，那其所谈的实践也就不是马克思主义的实践了。

自然界的客观先在性与实践的退后证明，此二者是同时成立的。当说到人的实践活动的时候，就已然包含了自然界的客观先在性这第一个层面的原理。就实践活动的第二个层面而言，它是指在自然界的客观先在性、制约性的基础上，通过实践活动达成的人与物、人与人对立统一的客观物质性关系形式。

人与物的对立统一，是以自然界对人的制约为基础的人与自然界的物质变换；人与人的对立统一，最终构建真正的"共同体"，又在人与自然界物质变换基础上达成人与人的关系。对此，马克思说："当物按人的方式同人发生关系时，我才能在实践上按人的方式同物发生关系。"①从人与自然界的分立，到走向高度和解（和解不是二者的消亡，而是指在严格自觉地遵循规律的基础上，达到的人和自然之间物质变换的合理调节、和谐状态），即是达成共产主义社会；从人与人的相关联立，到走向高度和解，

①《马克思恩格斯文集》第1卷，北京：人民出版社2009年版，第190页。

也是达成共产主义社会①。所以，世界的物质统一性是人类社会存在和发展的基石，而共产主义则是生产力和生产关系矛盾运动的必然逻辑结果。一方面，共产主义是在自然界制约基础上达成的人与物、人与人关系的高度和解；另一方面，通过实践所达成的人的发展的需要，本身就体现为自然界的需要。由此，马克思指出共产主义是"人和自然界之间、人和人之间的矛盾的真正解决，是存在和本质、对象化和自我确证、自由和必然、个体和类之间的斗争的真正解决。它是历史之谜的解答，而且知道自己就是这种解答"②。

其实，从《1844年经济学哲学手稿》到《资本论》及其手稿，马克思孜孜以求的就是要破解这个谜底。而破解这一谜底，就必须始终坚持唯物主义。在《资本论》中，马克思正是在坚持自然界的客观先在性基础上，通过实践达成了自然、社会、思维及其发展规律的辩证统一，即通过商品的二重性建构论证了人与物、人与人的对立统一，达成了人与自然的关系和人与人的客观社会关系之间的辩证统一，生产力与生产关系、生产逻辑与资本逻辑等的辩证统一。如果取消了自然界的客观先在性基础，取消了此基础上的人类社会历史发展的客观辩证进程，则无法获得对商品的正确把握。

《资本论》开篇指出，商品是资本主义社会的细胞，而商品作为资本主义这一特定历史阶段中的"物"，它是生产力和生产关系矛盾运动的必然结果，具有以下两种属性。

一是作为自然属性的使用价值，即人与自然界的物质变换，它是感性的、客观的对象性存在物。马克思曾在《哥达纲领批判》中批判过那种只把劳动看成使用价值源泉的唯心史观倾向，指出："劳动不是一切财富的源泉。自然界同劳动一样也是使用价值（而物质财富就是由使用价值构成

---

① 这里，共产主义作为持续不断的"消灭现存状况的现实运动"、实践变革，它体现出马克思主义哲学批判(形而上学批判)、政治经济学批判、意识形态批判，以及社会历史批判等的内在一致和有机贯通。因此，对共产主义的理解和把握，不能只从其中的一个维度来解读，而需要从整体上加以把握。

② 《马克思恩格斯文集》第1卷，北京：人民出版社2009年版，第185—186页。

的！）的源泉，劳动本身不过是一种自然力即人的劳动力的表现。"①从马克思这一论断来看，自然界不仅仅是被看作使用价值的源泉，而且还是"第一性源泉"。因此，使用价值这一客观的对象性存在物言说的是，以自然界的客观先在性、制约性为基础的人与自然界的现实的物质变换。

二是作为社会属性的价值，即人与人的社会交换关系，它是客观的社会形式存在物。客观的社会形式存在物言说的是，人与自然界物质变换基础上的人与人的具体的社会关系。商品价值所蕴含的社会关系的客观性，从其形成来说，来源于使用价值这一物质承担者。马克思说："没有一个物可以是价值而不是使用物品。如果物没有用，那么其中包含的劳动也就没有用，不能算做劳动，因此不形成价值。"②使用价值是价值的物质承担者，逻辑上它在价值之前，历史上使用价值的生产也先于商品的生产，商品生产是资本主义社会特有的产物。"要成为商品，产品必须通过交换，转到把它当做使用价值使用的人的手里。"③所以，这种客观性又是从人类特定阶段的物质生产实践中生产出来的，它也会随着物质生产方式的改变而发生相应的改变。对此，马克思深刻地指出：一定的社会关系"是人们生产出来的。社会关系和生产力密切相联，随着新生产力的获得，人们改变自己的生产方式，随着生产方式即谋生的方式的改变，人们也就会改变自己的一切社会关系"④。

旧唯物主义和唯心主义根本无法理解商品的这一辩证特性，更谈不上理解商品拜物教及其异化克服了。旧唯物主义，看到的只是"自然物质原子"，看不到现实的历史交换关系；唯心主义则把它当作思维行程中规定的思想客体，当作概念与概念、观念与观念的关系，而不是具有客观实在性的物质性联系。马克思指出，如果忽略了社会关系的客观实在性，忽略了社会关系的历史运动，那么"我们就只能到纯粹理性的运动中去找寻这

①《马克思恩格斯文集》第3卷，北京：人民出版社2009年版，第428页。

②《马克思恩格斯文集》第5卷，北京：人民出版社2009年版，第54页。

③《马克思恩格斯文集》第5卷，北京：人民出版社2009年版，第54页。

④《马克思恩格斯文集》第1卷，北京：人民出版社2009年版，第602页。

些思想的来历了"①。作为客观的社会形式存在物的社会关系，是以自然界的客观先在性、制约性为基础的，它并不脱离、独立于客观自然界之外，而是与其有机地统一于人类实践改造活动的历史进程。而如果把实践本体化，拔掉它的物质根基，那么，它所谓的"社会关系""实践关系"，则是漂浮无根的经验主义的人与人之间的主观约定，或者是独断抽象的思辨主义的主体间性的反思规定。

因此，如果脱离自然界的客观先在性基础与客观历史发展规律制约，不从自然与社会的辩证统一上去理解商品，那就是脱离了《资本论》的唯物主义基础，更谈不上把握它的真精神，即资本主义社会必然被共产主义所取代的客观历史规律，以及无产阶级在对这个客观历史规律整体把握的前提下，通过阶级斗争去自觉地、能动地实现这个规律，达到自身和全人类的解放，进入自然与社会高度和谐、人与物和人与人的关系高度和谐的共产主义社会，最终完成自己的历史使命。对此，马克思曾不厌其烦地、语重心长地告诫我们一定要把握《资本论》的唯物主义基础，把握社会关系及其历史运动的唯物主义基础。

在《资本论》第一卷出版后不久，马克思在写给路·库格曼的信中，斩钉截铁地指出："我的阐述方法不是黑格尔的阐述方法，因为我是唯物主义者，而黑格尔是唯心主义者。"②在《资本论》第二版跋中，马克思又深刻阐发了他的唯物主义与黑格尔唯心主义的这种"截然相反"。"在黑格尔看来，思维过程，即甚至被他在观念这一名称下转化为独立主体的思维过程，是现实事物的创造主，而现实事物只是思维过程的外部表现。我的看法则相反，观念的东西不外是移入人的头脑并在人的头脑中改造过的物质的东西而已。"③在写给卡菲埃罗的信中，马克思言辞恳切地说道："您完全可以在适当的时候再来谈这个题目，以便更多地强调《资本论》的唯

①《马克思恩格斯文集》第1卷，北京：人民出版社2009年版，第599页。
②《马克思恩格斯文集》第10卷，北京：人民出版社2009年版，第280页。
③《马克思恩格斯文集》第5卷，北京：人民出版社2009年版，第22页。

物主义基础。"①其实，不单是对资本主义社会的解剖需要坚持唯物主义，马克思还告诫说："当我们真正观察和思考的时候，我们永远也不能脱离唯物主义。"②正是在这个意义上，列宁指出："如果把马克思在《资本论》和其他著作中的一些哲学言论考察一下，那么你们就会看到一个始终不变的主旨：坚持唯物主义。"③

所以当实践本体论在取消自然界的客观先在性基础后，无论它如何定义人类社会，如何定义实践，都无法根本达到对共产主义必然取代资本主义客观规律的科学论证，无法达到无产阶级和人民群众作为社会历史发展的主体力量对客观规律的科学把握和自觉实践，无法坚持人民主体论。因此，我们必须坚持自然界的客观先在性这一唯物主义基础，坚持马克思在此基础上创立的实践观与物质观辩证统一的科学实践观。

"以海解马"论的"还原论"逻辑，高扬实践本体论、实践超越论，在它看来，似乎只要一提"实践"，哲学的基本问题就不存在了，唯物和唯心的斗争也就泯灭了，马克思主义哲学也就超越了二元对立的近代哲学，从而具有了合法性、当代性。其实，这是主观主义的，是一厢情愿的。

否定了世界的物质本质性，也就是否定了客观世界和客观规律对于人类实践的先在性、制约性，从而也就从根本上否定了被物质所决定的实践本身的客观普遍性。如是，马克思唯物论的科学实践观，也就被悄悄地改换成唯心主义形形色色的思辨实践观或经验主义、实用主义等的生存实践观了。只有坚持自然界的客观先在性，才能坚持实践的客观物质根基，"实践活动才不只是主体活动的外化，而是'自在之物向为我之物的转化'，才是真正对象性的'感性活动'；实践的过程才是认识世界与改造世界的历史统一，历史选择性和唯物主义的反映论才能一致起来；实践主体的能动性和受动性才具有现实基础，实践规律才能成为客观的历史规

---

① 《马克思恩格斯全集》第34卷，北京：人民出版社1972年版，第359页。

② 《马克思恩格斯全集》第32卷，北京：人民出版社1974年版，第213页。

③ 《列宁选集》第2卷，北京：人民出版社2012年版，第229页。

律"①。否认实践的客观物质根基，否认哲学的基本问题，否认唯物与唯心的原则对立，肯定要引发重大的理论失误。

第三节 "以海解马"论的"归结论"逻辑

以海德格尔存在论的此在能在为主导原则解读马克思主义，也展示出一种"三步归结"的"归结论"逻辑：首先，把马克思主义及其所要实现的无产阶级革命归结为思想居所的革命，即哲学上的颠覆和翻转；其次，哲学上的颠覆和翻转则被进一步归结为人的本质存在的发现；最后，人的本质存在又被归结为人的主体（际）的抽象能动性。

一、"归结论"逻辑的具体表现

在《历史唯物主义基础的新材料》这篇解读马克思《1844年经济学哲学手稿》的著作中，马尔库塞指出："马克思所有阶段的理论基础都包含了哲学的基础。这一点不因这样的事实而有所改变：马克思所有理论的意义和目的根本不是哲学上的，而是实践的和革命的，即通过无产阶级的经济斗争和政治斗争对资本主义制度进行颠覆。"②马尔库塞看到了马克思所频繁强调的经济斗争、政治斗争，及其对资本主义社会制度的批判。但问题是他并不是去找资本主义异化现实的经济根源，而是强调异化问题的实情根本不是简单的经济问题，而是一个人之为人的问题，这个人，也不只是人作为劳动者、经济主体，而是指人的本质存在遭到贬损、丧失和扭曲的问题，也就是说，是关于人性的问题。

---

① 侯惠勤：《危险的误导：卢卡奇的〈历史与阶级意识〉为何被捧为马克思主义创新的经典?》，《马克思主义研究》2017年第5期，第8页。

② Herbert Marcuse：*Heideggerian Marxism*，Lincoln and London：University of Nebraska Press，2005，p.87.

那么，如何根本解决人性问题呢？马尔库塞认为，这需要对人的本质存在进行最深刻的洞察，而要达到这一点，就需要哲学上的翻转和颠覆。哲学上的翻转和颠覆，就是实现生存转向。只有如此，才能对人的本质进行彻底的洞察，才能找到发动彻底革命的不可抗拒的原动力。在他看来，资本主义社会不仅表现为经济危机和政治危机，最本质的状况是表现为人的本质存在遭受着巨大灾难。因此，任何一种批判，如果它只是注意到阶级斗争和无产阶级专政的理论，而没有进一步把握这种理论的真正基础的话，即没有对人的本质存在进行透彻的洞察，那就是根本没抓住问题的要害[①]。只有从哲学上的翻转和批判出发，从人的本质和历史性出发，才能考察无产阶级的具体的历史境况和革命实践，使实践的性质更加鲜明和尖锐[②]。马尔库塞强调，这并不能理解为一种纯理论的抽象，而正是本真的革命。他说马克思的"政治经济学的革命的批判本身就有一个哲学的基础，正如，反而言之，作为批判根基的哲学蕴含着革命的实践"[③]。

我们看到，马尔库塞在将海德格尔与马克思互补时，虽然想用马克思主义的物质性、现实历史性来填补海德格尔存在的空洞性以及此在的抽象的历史性，但是他却把海德格尔存在论始终作为他理论出发的前提，这导致他解读马克思主义的根本局限性。正如研究马尔库塞的权威专家道格拉斯·凯尔纳指出的那样，马尔库塞"被他思想中过度的本体论和个体性思维禁锢住了"[④]。也如阿多诺对马尔库塞所作的批评那样："假如马尔库塞不是仅仅满足于揭示实际存在的可能性，而是从本体论结构自身出发，演绎出真实存在展示的可能性，那么他将引发下面的问题：既然马尔库塞自己意欲沟通本体论和真实性之间的隔阂，那么为什么要把'本体论'问题

① 参见 Herbert Marcuse: *Heideggerian Marxism*, Lincoln and London: University of Nebraska Press, 2005, p.49.

② 参见 Herbert Marcuse: *Heideggerian Marxism*, Lincoln and London: University of Nebraska Press, 2005, p.91.

③ Herbert Marcuse: *Heideggerian Marxism*, Lincoln and London: University of Nebraska Press, 2005, p.87.

④ Douglas Kellner: *Herbert Marcuse and The Crisis of Marxism*, London: Macmillan Education LTD, 1984, p.90.

置于对真实历史事实的解释之前呢？"①马尔库塞的互补论，正是禁锢于海德格尔的生存本体论，把马克思主义的现实革命归结到思想意识的变革上，归结为哲学上的翻转和颠覆，继而再归结为生存本体论中人的内在能动性，即感性的本体自由与内在能动。

"融入论"正确地指出，马克思不是一个实证主义者，绝没有抛弃哲学问题②。恰恰相反，如果抛弃马克思哲学上的异化劳动、异化批判等重要概念，而去侧重马克思在经济学上的商品拜物教概念，那就十分容易把马克思实证化、教条化了。马克思主义的本质就在于它是一种哲学，而且这种哲学并不能只停留于对资本主义社会经济关系的分析批判，而是要深入到人的本质存在的层面。因为资本主义社会经济关系不过是人的本质存在的外在化表现，所以经济革命、经济斗争并不能本真地实现人的自由解放，而需要哲学上的颠覆和转向，以揭示人的本质存在的实情并实现它。于是，科西克就借用海德格尔存在论的操心、烦来进行解释如何实现人的本质存在。

他认为，"烦"是经济的最原始最基本的存在方式，正如海德格尔所强调的那样，人一生都无法摆脱烦，而且也没有必要去摆脱烦，因为烦作为人的本质存在的因素，组建着、构建着人的生活世界。烦，这种主观的生存情绪，被科西克本体化、普遍化后，不再被看作是一种积极、消极，抑或心平气和之类的心理状态，而是一种"经过主观转化的作为客观主体的人的实在"③。科西克说，人的生存总是已经被抛入作为实践功利的世界而在人面前展现的恢恢之网，烦就是这张网对人的重重牵挂，它无处不在，无法取消。在烦之中，既有体现异化的一方面，科西克称为"凡俗的维度"；也有体现出异化自我克服的一方面，即体现人的内在生存力量的

---

① 转引自[美]理查德·沃林:《海德格尔的弟子:阿伦特、勒维特、约纳斯和马尔库塞》,张国清、王大林译,南京:江苏教育出版社2005年版,第159页。

② Karel Kosik: *Dialectics of The Concrete: A Study on Problems of Man and World*, Dordrecht and Boston: D. Reidel Publishing Company, 1976, p.130.

③ Karel Kosik: *Dialectics of The Concrete: A Study on Problems of Man and World*, Dordrecht and Boston: D. Reidel Publishing Company, 1976, p.37.

"神圣维度"。正是通过向生存上的转向，借助烦的神圣维度对凡俗维度的能动性的超越，才实现人的本质存在。

"深化论"深化的结果是把马克思主义归结为一种物象化哲学理论。广松涉认为通过物象化论的批判，就能超越形而上学，真正涉及人的本质存在。他指出："唯物史观构想，超越了异化论传说的地平，其范围涉及人的历史存在性这种根本的变革，这种根本革命的科学曳光。"①在他看来，马克思主义的共产主义革命就是对人的本质存在的实现。"这个共产主义革命，不用说社会制度这种物象化了的形象的改革，不是本来性回归等这种层次的东西，而是完全新'人—社会'总体的创出。"②

需要指出的是，广松涉曾对包括马尔库塞在内的西方马克思主义人本主义异化逻辑作过批判，所以在关于人的本质存在的内涵上，广松涉与马尔库塞的理解是有所不同的。对马尔库塞而言，他把人的本质存在理解为向人的本来性的复归；而广松涉则将人的本来性理解为人的未来性、历史性存在。不过，尽管二人在人的本质存在上的理解不同，但在本质上又是一致的，因为他们对人的理解都陷入抽象的、内在性的境域。因为广松涉所指谓的人的历史性存在，也是被他归结为主体际的精神能动。

现代西方哲学曾试图用主体际性克服主体性，但这种做法不过是用一种抽象代替另一种抽象而已，如广松涉所借用的胡塞尔现象学的主体际性与海德格尔存在论的生存关系，即是如此。

胡塞尔现象学用主体际性建构起整个生活世界的视域，但主体际性自身则依然是被奠基在意向性基础之上的。这就使得胡塞尔现象学，从总体上看，仍然停留在意识本体论之中。胡塞尔的主体际性本质上是通过意向性内在统一起来的主观间共同性之总体，是通过意向性生活使个人人格理性与共同体人格理性共同实现和完善的意向性生活系统，它并不是指向生物学和社会学意义上人的存在，而是指向人的人格存在。胡塞尔说："个人的人格的理性必然只能作为共同体的人格的理性而达到越来越完满的实

---

① [日]广松涉:《唯物史观的原象》,邓习议译,南京:南京大学出版社2009年版,第151页。

② [日]广松涉:《唯物史观的原象》,邓习议译,南京:南京大学出版社2009年版,第151页。

现，反过来，共同体的人格的理性也必然只能作为个人的人格的理性而达到越来越完满的实现。"①故而，在胡塞尔现象学的生活世界之中，真正的人乃是一种过着意向性生活的人，人只有在进行反思活动中才能体现人之为人的本质存在。意向性的反思生活，就是指那种打破和转变了朴素平淡的日常生活意识后而实现的清醒生活。

海德格尔存在论正是用此在上手去存在的生存关系来克服胡塞尔的意识本体论，只不过它不是去强调意向性，而是为主体安顿一个广泛的世界基础——生存。海德格尔存在论从此在的展开、去生存及其周遭意蕴关联展开存在意义的考察，这是把胡塞尔现象学用于反对经验主义的先验性彻底化，也使自己的生存论陷入彻底的先验主义之中。因为在此在的生存论结构分析中：此在生存即是存在领会，它存在的意义必然要由存在自身给出，即此在生存的一切意义必须要由存在来开启才可能；存在开启又表现为此在在存在方式上的先验生存结构，只有把此在的生存还原到这些结构中，此在生存才能达到本真状态。由此，此在生存需要首先还原到生存的结构上，而此在生存结构的普遍有效性意义就在于它与存在的同构性。于是，在这种分析中，此在的有效性被还原到先验的有效性之中了。换句话说，此在仍是先验的"自我"之点，只不过它弥散于世界之中并与之合为一体了。正如有学者指出的那样，海德格尔存在论的此在分析，"把形而上学的唯我论的'我'从一个孤独的点扩大为弥散在世界之中的'此在'，仍难以摆脱形而上学"②。

广松涉吸收了现代西方哲学的做法，将胡塞尔现象学和海德格尔存在论综合起来。他对孤独的主体感到不满意，尝试用主体际性来克服主体性，把主体安置到主体际性所营造的实践关系场中，以此达到对物质与精神、存在与思维、客观与主观、客体与主体等二元对立形而上学的彻底颠

---

① [德]胡塞尔：《欧洲科学的危机与超越论的现象学》，王炳文译，北京：商务印书馆2001年版，第321页。

② 孙周兴：《说不可说之神秘——海德格尔后期思想研究》，上海：上海三联书店1994年版，第31页。

覆，但这并不成功。

广松涉强调，要通过物象化论的批判，实现人的本质存在，就是要从凡俗的常识向学理意识、清醒意识转变。如此，广松涉又回到主体自觉能动的精神性要素之上。而且，他强调，一般的政治经济革命无法同从凡俗的常识向学理意识、清醒意识的转变相比拟，因为它触及的乃是人的本质存在。"在事的本质上，与单纯政治革命和单纯社会革命不同，的确是不断的以及在语言本义上的'文化'总体的自在自为革命，而这只有通过人的存在根本的相互的自我变革，才能够实现。"①

物象化论脱离商品经济的历史规定性、条件性，没有把握社会关系是一种客观的、物质性存在形式，以致把马克思关于资本主义商品经济中人与人之间的关系颠倒地反映为物与物之间的关系，并将其扩展到一般事物之间的反思性规定上面。这里，广松涉把社会关系自身的客观性等同于反映社会关系的客观的思维形式，进而把社会关系理解为反思规定，实则是混淆了思维与事物，把社会关系这种客观的物质性存在形式主观化了，由此，陷入了抽象关系论，无法找到现实的革命途径，最后只能寄希望于主体的反思规定、清醒意识来破除资本主义社会的物象化关系。

广松涉突出强调了要进入到正确而清醒的意识中才能批判物化并认识和理解资本主义社会的本质，这无疑是认识世界和改造世界必不可少的一步。但对物化的清醒认识，也并不就等于对物化的现实的、直接的克服了。对物化现实地、直接地克服，对资本主义社会的颠覆，还需要经过曲折的、持续不断的无产阶级革命实践。广松涉的物象化论，仍然立足于理论抽象，要求进行哲学上翻转和颠覆，以进入清醒意识的境界，迷恋于思想居所的革命，这与西方马克思主义的抽象能动性异曲同工。对此，有学者中肯地指出："在根本上说，也是被已有的存在论世界观和文本学研究束缚了自己的手脚，没有真正像马克思那样从人类历史发展的实际和现实生活的实际出发，而是陷入逻辑地叙述人和人的世界的现实存在。这决定了他没有从根本上跳出西方旧哲学从观念到观念，从抽象思维到抽象思维

① ［日］广松涉：《唯物史观的原象》，邓习议译，南京：南京大学出版社2009年版，第150—151页。

的思辨哲学怪圈"。①

"以海解马"论者，纷纷禁锢于海德格尔此在能在的生存本体论之中，认为最为根本的事情不是实践基础上的主体与客体之间对立统一的现实革命运动，而是海德格尔存在论所发动的存在领悟、天命沉思——"思想居所的革命"。

二、"归结论"逻辑推崇海德格尔"思想居所的革命"

海德格尔存在论认为，"如果行动意味着去协助存在之本质，那么，思想就是真正的行动"②。

什么是非本真的行动？什么是真正的行动？海德格尔认为，行动的本质要从存在的立场上来理解，才能看得清楚。所以真正的行动，就是参与、协助"存在之本质"。

那思想缘何会成为真正的行动呢？海德格尔指出，因为思想的本质正是参与、协助"存在之本质"。所以，思想就是真正的行动。海德格尔强调，在这种行动中，思想对于世界的任何一种解释，都可以看作是已经对世界取得的改变③。海德格尔存在论要实现人从异化状态向本真状态的转变，靠的是存在领会、天命沉思，即"思想居所的革命"。

海德格尔存在论强调"思想居所的革命"才是真正的变革行动，这对那种不以思想、理论为指导的"盲目行动主义"或"唯实践主义"等，会起到一种警醒、纠偏的作用。因为脱离理论指导的实践，必定要陷于盲目与被动之中。但问题在于，海德格尔却将思想看作是行动、革命、实践本身，用"思想居所的革命"取代现实的革命实践，认为其是唯一真正有意义的行动，实际上，他是从"盲目行动主义"或"唯实践主义"等的极

---

① 杨思基：《拨开"物象化"的迷雾——广松涉的马克思主义观研究》，北京：人民出版社2008年版，第142页。

② [德]海德格尔：《同一与差异》，孙周兴译，北京：商务印书馆2011年版，第112页。

③ 参见《海德格尔文集·讨论班》，王志宏、石磊译，孙周兴、杨光校译，北京：商务印书馆2018年版，第425页。

端，跳入"彻底沉思主义"或"唯沉思主义"的另一极端。

与海德格尔不同，马克思认为，"哲学家们只是用不同的方式解释世界，问题在于改变世界"①。这成为一切真正马克思主义者的座右铭。

马克思主义的根本宗旨是要现实地改变世界，通过推翻资本主义制度，实现共产主义社会，为达成人自由而全面的发展持续不断地创造具体的历史条件。要实现这一步，就必须有"那种消灭现存状况的现实的运动"②，即"物质的力量""武器的批判""实践的变革"。当然，马克思主义的实践的变革，既不是"唯沉思主义"，更不是"盲目行动主义"或"唯实践主义"，而是改造世界的科学理论与改造世界的现实的有机统一。马克思主义是认识世界与改造世界相统一的理论，强调理论与实践相统一，而不是只强调其中的一方面。"理论一旦脱离了实践，就会成为僵化的教条，失去活力和生命力。实践如果没有正确理论的指导，也容易'盲人骑瞎马，夜半临深池'。理论对规律的揭示越深刻，对社会发展和变革的引领作用就越显著。"③

一方面，理论来源于实践，又要回到实践中去，以获得实践的检验、证明，并被人民群众所掌握。如此，理论才能参与到改造世界的现实物质力量之中，从"批判的武器"转变为"武器的批判"。另一方面，人民群众要改造世界，需要有关于客观事物及其发展规律的科学理论的指导。只有正确的关于客观世界辩证进程、人类社会发展的规律，以及实践自身规律等科学的真理，才能成为"批判的武器"，错误的理论、不符合实际的理论根本无法成为"批判的武器"。而且，即使是已经经过实践检验的科学理论，也还是要不断地回到实践中获得新的检验证明，才能不断地实现创新，正确地指导实践。因为人类社会总是处在不断的变化和发展之中，"新情况新问题总是层出不穷的，其中有一些可以凭老经验、用老办法来应对和解决，同时也有不少是老经验、老办法不能应对和解决的。如果不

---

① 《马克思恩格斯文集》第1卷，北京：人民出版社2009年版，第502页。

② 《马克思恩格斯文集》第1卷，北京：人民出版社2009年版，第539页。

③ 《习近平关于社会主义文化建设论述摘编》，北京：中央文献出版社2017年版，第65页。

能及时研究、提出、运用新思想、新理念、新办法，理论就会苍白无力"①。

在正确地认识世界和改造世界的过程中，在不断地提升自己的实践能力的过程中，人才能更好地改造自己的主观世界，提升自己的科学素质、思想修养和精神境界，促成人的思想的自我革命。人的思想的自我革命，也就是主观世界的自我革命，它反过来又指导着人对客观世界的改造。虽然思想的变革有自己的发展特点，但切不可脱离实践的变革来理解和把握它，乃至用它替代现实的实践、现实的革命。本质上，它与实践的变革是一致的。对此，马克思指出："环境的改变和人的活动或自我改变的一致，只能被看做是并合理地理解为革命的实践。"②所以，马克思的科学实践变革与海德格尔靠存在领会的生存转变、生存行动，是截然不同的。

此外，不能把人的生存等同于实践，当然也不能把个人生存以及个人生存中的精神性活动等同于实践活动。实践与人的生存的不同之处，可以从以下三个方面来理解③。

首先，就人与实践的始源关系而言，人的存在不是内在本质的外化式展开，而是实践活动的结果。对此，马克思曾指出："人的存在是有机生命所经历的前一个过程的结果。只是在这个过程的一定发展阶段上，人才成为人。但是一旦人已经存在，人，作为人类历史的经常前提，也是人类历史的经常的产物和结果，而人只有作为自己本身的产物和结果才成为前提。"④人是在自然界中经过千百万年的进化的结果，是长期历史发展的结果。正因为人首先是人类历史的结果，它才能成为人类历史发展的前提。也即是说，现实的人首先是实践活动的产物，与此同时，它又成为历史发展的前提，这是一个辩证统一的现实过程。由此，需要从人的实践活动产物和结果的意义上，来说明人是一个什么人，而不是反过来，通过他是什

---

① 《习近平关于社会主义文化建设论述摘编》，北京：中央文献出版社2017年版，第86页。

② 《马克思恩格斯文集》第1卷，北京：人民出版社2009年版，第500页。

③ 参见陶富源：《关于马克思生存论的几个问题》，《马克思主义研究》2008年第5期，第48—54页。

④ 《马克思恩格斯全集》第35卷，北京：人民出版社2013年版，第350—351页。

么人来说明他进行的一切活动。在这里，不能把人与实践的这种始源关系颠倒过来，从人生存中展示的操心、焦虑、畏惧、良知等来说明人。

其次，就人与实践的统属关系而言，实践并不是一个抽象的概念，而是人与自然、主体与客体之间通过一定的中介进而相互作用的一个活动系统。人作为实践主体，正是这个活动系统之中一个不可或缺的重要因素。如果实践活动缺少了人，那么根本就不会存在这种活动。但是，在实践活动这个系统中，还有其他一系列的重要因素，如客体的、对象性的存在及其制约作用，主客体之间相互作用的中介、手段和条件等，都是不能被忽略和排除的。如果忽略、排除了这些要素，那么也就根本不会存在实践这种活动了。故而，不能把作为系统的实践，单纯归结为该系统中的一个要素：既不能把实践归结为作为实践主体的人，也不能把实践归结为作为客体、对象的要素，或者中介、条件、手段、工具、方式等。系统对处于其中的要素具有统摄性和主导性，由此，其中的要素也就具有了系统质和系统功能，获得了与系统的一致性。系统是前项，要素是后项，二者不能对等起来，也不能相互调换，相互归结。所以，不能把人的实践单纯等同于人或人的生存。而且，作为实践主体的人，是现实的人，而不是抽象的个人。

最后，就人与实践的关系而言，人的生存是目的，而实践活动是手段。就二者的关系来说，作为手段的实践，服务于人的生存这个目的，但是手段同时也制约着目的。手段之所以成为手段，是由它所服务的目的规定的，然而却不能因此就把手段等同于目的，即把人的实践归结为人的生存。目的之确立，只是提出一个主导的任务，它的实现必须依赖手段，如果手段无效的话，那么目的也就会无从托付而落空。手段的实现，除了要为目的这个主导任务服务以外，它自身则要严格依据和遵循客观规律和客观历史条件，不能随心所欲，听凭自己的想象、冲动、激情去活动。在这里，作为手段的实践，不仅要体现为了人的生存的目的性原则，还要体现规律性原则。如果，把人的实践等同于人的生存，就会消解实践的合规律性原则。一旦实践的合规律性原则被消解，那么其目的性原则也就会落空，所谓目的之实现也就不可能了。

"以海解马"论，继承了海德格尔存在论"思想居所的革命"倾向，突出理论功能，特别强调哲学根基上的批判颠覆，把实践变革的发生还原为生存超越，归结为此在的能在主体（际）性及其无矛盾关系建构。这样解读马克思主义，曲解和误读也就在所难免了。

第四节 "以海解马"论的逻辑结果

"以海解马"论的理论倾向，容易产生下述三个方面的逻辑结果：一是模糊马克思主义具有的科学性、革命性、实践性等鲜明特征；二是造成马克思与马克思主义、马克思与恩格斯等多种形式的对立；三是忽视政治经济批判对马克思主义哲学革命的重大意义，从而遮蔽了马克思主义哲学革命的本真精神。

一、模糊马克思主义的鲜明特征

马克思主义具有自己鲜明的个性特征，这表现在它具有科学性、革命性、人民性、实践性等。

马克思主义的科学性是指，马克思主义是对以自然界的客观先在性为基础的整个客观世界和客观规律，尤其是人类社会的本质及其发展规律的正确反映。马克思主义是在批判地继承和创造性地吸收人类一切文明成果，包括自然科学和哲学社会科学发展的最新成果的基础上产生的。马克思主义坚持世界的物质性和真理的客观性，以实践为基础和主导原则，力求按照客观世界本来的面目去认识世界，揭示事物的本质和发展规律，自觉接受实践的检验，并在实践中不断地丰富和发展自身。

首先，辩证唯物主义和历史唯物主义既是马克思主义科学的世界观，又是马克思主义科学的方法论基础。正是辩证唯物主义和历史唯物主义，引领着科学社会主义不断走向胜利，中国特色社会主义的成功实践就是辩证唯物主义和历史唯物主义的胜利。其次，马克思主义理论是科学的。马克思主义理论是包括马克思主义哲学、马克思主义政治经济学和科学社会主义理论在内的有机统一整体，它不仅逻辑严密，而且体系完整，是对自然、社会、人类思维及其发展规律的正确反映，是通过长期人类的实践检验证明了的科学理论。最后，马克思主义是一个不断认识和掌握客观世界和客观规律的过程，而不是一个封闭的、凝固的理论体系。这就使得它的发展具有科学探索性，具有开放性和未来指向性。马克思主义最宝贵的理论品质就是与时俱进，它是时代的产物，并且随着时代、实践和科学的发展而不断发展：一方面，它要在指导人们认识世界和改造世界的过程中，不断吸取人类最新的文明成果来充实和发展自己；另一方面，它也要在指导人们正确地认识世界和改造世界的过程中，不断地汲取自然科学理论的最新发展，不断地吸收社会主义实践的最新理论成果，丰富和发展自己。

如果撇开马克思主义的科学性，撇开真理原则不谈，那么马克思主义就难以成为真正改变世界的理论，难以成为无产阶级推翻资本主义，建设社会主义、共产主义的指导思想。因此，马克思主义的科学性不能被消解。

马克思主义具有革命性，这集中表现为它具有推翻旧世界、建设新世界的彻底的革命精神。马克思主义反对把资本主义社会看成是历史发展的最高阶段，或凝固不变的理想的社会形态，力求从经济、政治、文化、社会、生态等各方面多层次地对资本主义进行彻底地揭露和无情地批判。马克思主义"辩证法在对现存事物的肯定的理解中同时包含对现存事物的否定的理解，即对现存事物的必然灭亡的理解；辩证法对每一种既成的形式都是从不断的运动中，因而也是从它的暂时性方面去理解；辩证法不崇拜任何东西，按其本质来说，它是批判的和革命的"①。

马克思主义的革命性本质所在，就是它具有鲜明的阶级立场和人民立场。马克思主义从来不隐藏自己的阶级立场，它为无产阶级代言，是指导

①《马克思恩格斯文集》第5卷，北京：人民出版社2009年版，第22页。

工人阶级革命运动的世界观和方法论，是指导无产阶级政党进行社会革命和自我革命以实现共产主义事业的行动指南。马克思主义也从不讳言自己的人民立场，奉行人民至上。人民群众是实践变革的主体力量、历史发展的推动力量、共产主义事业的依靠力量，也是自己解放自己的现实力量。马克思主义的阶级性与人民性是一致的，阶级性是人民性的深刻基础，人民性是无产阶级先进性的本质体现。只有在无产阶级及其先锋队的领导下，才能实现全人类的解放；只有实现全人类的彻底解放，无产阶级才能最后解放自己。如果不紧紧抓住阶级性和人民性，就会偏离马克思主义的革命性。

马克思主义的科学性、革命性和人民性统一于实践性中。"马克思主义具有鲜明的实践品格，不仅致力于科学'解释世界'，而且致力于积极'改变世界'。"[①]

首先，马克思主义是在实践中产生的，它还要到实践中去，在实践中接受检验，并随实践而不断发展。因此，一方面，我们要以实践为基础来理解马克思主义。"如果离开资本主义社会的现实矛盾和时代问题，离开马克思和恩格斯理论产生的思想土壤，离开他们毕生为之奋斗的事业，离开他们全部政治和学术实践活动，就不可能正确理解马克思主义的本质。"[②]另一方面，我们必须以实践为基础来把握马克思主义的发展，将马克思主义基本原理与各国社会主义的具体实践相结合，解决新时代以来出现的各种问题来推动马克思主义的丰富和发展。这既是各国进行社会主义实践的客观需求，也是马克思主义自身发展的内在要求。其次，就其使命和作用来说，马克思主义从来不是书斋里的幽想，也不是依靠生存领会进行"思想居所的革命"，它直接服务于无产阶级和人民群众推翻资本主义、建设社会主义，改造旧世界、建设新世界的物质实践活动。关于这一点，英国学者特里·伊格尔顿深刻地指出："与政治家、科学家、军人和宗教人士不同，很少有思想家能真正改变历史进程，而《共产党宣言》的作者

---

① 习近平：《在哲学社会科学工作座谈会上的讲话》，北京：人民出版社2016年版，第9页。
② 陈先达：《陈先达讲马克思主义：图文版》，北京：东方出版社2022年版，第65页。

恰恰在人类历史的发展进程中发挥了决定性的作用。历史上从未出现过建立在笛卡尔思想之上的政府，用柏拉图思想武装起来的游击队，或者以黑格尔的理论为指导的工会组织。马克思彻底改变了我们对人类历史的理解，这是连马克思主义最激烈的批评者也无法否认的事实。"①最后，从其内容来看，科学的实践观体现在马克思主义形而上学批判、政治经济学批判、意识形态批判、社会历史批判等全部思想内容之中，体现在马克思主义的世界观、历史观、社会观等全部理论视域之中。从其形态来看，马克思主义表现为理论与实践相统一、基本原理与社会主义实际运动紧密结合。马克思主义的本质鲜明地体现在马克思、恩格斯的全部实践活动上，体现在指导世界无产阶级和广大人民群众的革命行动上。

马克思主义的科学性、革命性、人民性和实践性是内在关联和高度统一的。科学性是马克思主义的基础和前提，有了这个基础和前提，才能实现真正的革命性、人民性、实践性；而马克思主义的革命性、人民性、实践性，又是科学性的本质要求和内在体现。马克思主义立足于无产阶级和全人类的集体利益之上，而不是为着个别人或者少数人的特殊利益服务，这就使得马克思主义具有大公无私的、彻底批判的科学精神，成为先进生产力和先进文化的代表，并在不断的自我革新、与时俱进中获得丰富和发展。

关于这一点，列宁认为，马克思主义之所以"对世界各国社会主义者所具有的不可遏止的吸引力，就在于它把严格的和高度的科学性（它是科学的最新成就）同革命性结合起来，并且不仅仅是因为学说的创始人兼有学者和革命家的品质而偶然地结合起来，而是把二者内在地和不可分割地结合在这个理论本身中"②。无疑，马克思主义创始人马克思和恩格斯实现了理论家与革命家的完美结合，给后来的每一位马克思主义者都树立了光辉的榜样。但马克思主义之所以具有"不可遏止的生命力"，并不仅仅

①［英］特里·伊格尔顿：《马克思为什么是对的》，李杨、任文科、郑义译，北京：新星出版社2011年版，第2页。

②《列宁选集》第1卷，北京：人民出版社2012年版，第83页。

是因为马克思、恩格斯个人展示出的伟大的人性的光辉，根本在于马克思主义本身就是科学性与革命性内在一致和不可分割的有机统一。因为一种科学，无论是自然科学，还是哲学社会科学，其客观内容愈是含有真理性，则愈是客观地反映出解放和发展生产力的客观规律和本质要求，就会愈符合最先进的无产阶级和最广大人民群众的根本利益。对此，恩格斯恰如其分地指出："科学越是毫无顾忌和大公无私，它就越符合工人的利益和愿望"。①这深刻地指出了马克思主义科学性、革命性、人民性、实践性等鲜明特征的内在一致和高度统一。

而现代西方哲学中，则没有哪一种学说、哪一个流派、哪一种思潮，在根本上实现了科学性与革命性的紧密结合。它们或是处于强调科学性、实证性的科学主义思潮之中，或是立足于抽象能动、异化复归的人本主义范式之上。而借用这两种思潮、两种范式来解读马克思主义的理论倾向，往往各执一端，相互对峙。以科学主义来解读马克思主义的理论倾向，片面强调马克思主义的实质是科学主义的，轻视和反对人本主义；与之相反，以人本主义解读马克思主义的理论倾向，则认为马克思主义的实质并不是科学主义的，而是强调个人的存在与价值的人本主义。借用这两大思潮、两大范式来理解马克思主义，都没有看到马克思主义已经从根本超越了人本主义和科学主义两大思潮、两大范式的对立，完全实现了这两大思潮、两大范式的综合创新②。

海德格尔存在论是以个体此在为描摹对象，其此在能在的无矛盾建构是脱离客观实际和现实历史条件的制约来谈的，本质上仍归属于现代西方哲学的人本主义的地基之上。若是借用海德格尔存在论框架来解读马克思主义，马克思主义的鲜明特征就被模糊了。包括马克思主义哲学、政治经济学、科学社会主义等在内的马克思主义全部理论，如果仅仅被归结为哲学基础上的生存论变革，那么马克思主义的科学世界观和方法论基础就会

---

①《马克思恩格斯文集》第4卷，北京：人民出版社2009年版，第313页。

② 参见王东：《马克思学新奠基——马克思哲学新解读的方法论导言》，北京：北京大学出版社2006年版，第165页。

被消解，政治经济学的严密论证和科学社会主义实践目标也会被搁置一边，无人问津。马克思主义的研究内容、对象、依据、检验标准等，都将沦为依靠个体此在的存在领会、生存情绪的先验反思等所达成的人的本质存在的发现。人与自然、人与社会、人与人等关系之间的矛盾运动，生产力与生产关系、经济基础和上层建筑的矛盾运动，马克思主义基本原理与各国实际状况的现实结合，无产阶级和人类解放的依据、过程、目标等，也都变为个体此在能在的无矛盾的生存关系建构，即从异化状态向本真能在的复归。由此，马克思主义将不再是一种严格的实事求是的科学理论，无法再为无产阶级和人类解放的革命实践提供行动的指南。现实的实践变革就只能变成"思想居所里的革命"，变成书斋里的哲学，变成哲学家们的私语和独白。

二、造成在马克思主义解读上的多种对立

以海德格尔存在论为主导原则来解读马克思主义，不仅模糊了马克思主义的鲜明特征，还会制造出青年马克思与成熟马克思的对立、马克思与恩格斯的对立、马克思与马克思主义的对立等多种形式的对立，因为它未能立足于马克思主义整体风貌和本真精神来理解马克思不同时期著作的基本思想及其发展，以至这种解读彼此之间都存在着自相矛盾的方面。由此，主张"互补论"的马尔库塞与主张"深化论"的广松涉对马克思主义的两种解读才会截然相反。

马尔库塞是西方马克思主义中第一批用人本主义解读《1844年经济学哲学手稿》的代表性人物。马尔库塞认为：《1844年经济学哲学手稿》是马克思主义发展史和研究史上的一个代表性著作，是马克思思想大厦的主要支柱之一。后来的所有马克思主义研究者必须立足于马克思在该手稿中的思想高度，才能达到马克思哲学的高度，才能有力地去批判对马克思主义的机械化、实证化与教条化等的片面理解。对此，他阐述道："这些手稿能够将历史唯物主义的起源和原初意义，以及全部'科学社会主义'理

论，奠立于新的根基之上。"①所以，当《1844年经济学哲学手稿》于1932年第一次公开出版时，马尔库塞便写了《历史唯物主义基础的新材料》一文来解读马克思。他认为写作《1844年经济学哲学手稿》的青年马克思，由于把异化的根源追溯到人的存在所本有的矛盾上，从而达到了对人的本质存在的本真揭示。正因为如此，马克思才成为真正的马克思主义。如是，马尔库塞就把青年马克思解读为一种人本主义，并以人本主义原则为主导，去统摄、贯穿马克思主义的全部著作。表面上看，马尔库塞一以贯之的解读原则虽然没有带来"两个马克思"的问题，但用人本主义原则来解读青年马克思以及全部马克思主义，则是对马克思主义客观内容和科学本质的明显误读，客观上会把青年马克思从整个马克思主义形成和发展的进程中超拔出来，将其置于一种孤立的境地，隔断其向马克思主义的走近和发展。

与马尔库塞这种解读截然相反，广松涉并不是将海德格尔与青年马克思联系起来，而是与马克思后来的《德意志意识形态》《资本论》等著作结合起来。广松涉主张马克思主义革命变革的实质是从人本主义异化论向物象化论的转变，而且认为这种转变是在《德意志意识形态》中开始树立的。广松涉认为，《德意志意识形态》是马克思、恩格斯超越黑格尔学派的宣告，他们通过历史性、具体性实现了对人本主义异化复归逻辑的超越。相反，广松涉对《1844年经济学哲学手稿》评价过低，认为马克思青年时期的这部著作试图将人类史作为人的自我异化和自我复归的大循环过程来把握，这不过是"实体—主体—实体"式的逻辑戏法，仍处于黑格尔的框架之内②，并没有开辟出所谓超越形而上学的哲学新地平线。所以，在广松涉看来，青年马克思《1844年经济学哲学手稿》还处在人本主义的异化论逻辑之中，还处于黑格尔主义的地基之上，因而并不足以引起重视。他强调，进展到物象化论阶段的成熟时期的马克思，才是人们应该关

---

① Herbert Marcuse: *Heideggerian Marxism*, Lincoln and London: University of Nebraska Press, 2005, p.86.

② 参见[日]广松涉：《物象化论的构图》，彭曦、庄倩译，南京：南京大学出版社2002年版，第27页。

注的重点。

这里，广松涉把《1844年经济学哲学手稿》看作是人本主义的，是黑格尔主义的，同样造成了对青年马克思哲学思想及其发展的贬低、误读。就此而论，广松涉与马尔库塞如出一辙，他们的解读遵循着同样的原则，都是从人本主义异化论逻辑来看待青年马克思。

马尔库塞与广松涉不仅在各自的解读中导致青年马克思与成熟马克思的截然对立，而且同是"以海解马"论，竟能解读出"一个重青年马克思，一个重成熟马克思"两种完全相反的逻辑结果，这无疑是把马克思从马克思思想整体及其发展历程中拽出来了，把马克思的经典文本同马克思主义的基本原理割裂开来了。

以《1844年经济学哲学手稿》为例，在解读它的时候，千万不能把它过于简单地划归于"黑格尔框架"，也不能想当然地将其归属为"费尔巴哈地基"，我们要把它放置于马克思思想发展的整体历程中来考察研究。

立足于马克思思想发展的整体历程，我们可以发现《1844年经济学哲学手稿》是青年马克思走近马克思主义的起点。《1844年经济学哲学手稿》批判地借鉴吸收了黑格尔与费尔巴哈的思想，甚至还包括他们的术语：一方面，通过费尔巴哈人本学的唯物主义重新确立的唯物主义原则，青年马克思看到了黑格尔唯心主义的原则缺陷——在自我意识的思辨进程中"打转转"；另一方面，通过对政治经济学初步的批判研究和对黑格尔辩证法的批判借鉴，他已经开始意识到费尔巴哈人本学的唯物主义存在着缺陷——并没有真正树立对象性活动原理，没有意识到人的对象性的活动展示的是对象性的本质力量的主体性。但无论是黑格尔的影响，还是费尔巴哈的震撼，显然这些都只能从一种新思想创生中的"因素"的视角来看待，而不能从其主导原则来看待。也就是说，青年马克思的《1844年经济学哲学手稿》，虽然具有人本主义的因素，但人本主义并非是其主导原则。如果说这其间有主导原则的话，那应该是青年马克思日益走进马克思主义，走进彻底的唯物主义。

《1844年经济学哲学手稿》是马克思创建自己新思想的实验场。在其基础上，马克思很快写就了《神圣家族》《关于费尔巴哈的提纲》《德意志意识形态》等著作。但此时马克思还无法对其正在创建过程中的新思想进行原则性的命名，只能暂用"费尔巴哈式的"用语，比如"彻底的自然主义""彻底的人道主义"等。这些暂时命名，是在批判意义上使用的，即通过批判旧的唯物主义与唯心主义，通过说"不"的解构方式，来映射出马克思唯物主义的内涵意蕴：它既不是过去的唯物主义（包括费尔巴哈的人本学的唯物主义），也不是唯心主义（黑格尔唯心主义），而是马克思自己的东西，是唯物原则与辩证原则"结合起来的真理"①。

而且，青年马克思在该著作中建立了形而上学批判的思维方式——对象性思维方式，即实践思维方式、辩证思维方式。这逐渐成为马克思主义的根本思维方式。

形而上学思维方式的根本特征恰恰是内在的、非对象性的。它要么是从我思主体出发去"征服"客体，从内在意识、内在精神能动出发去"贯通"外在的客观实在；要么是通过客体来"赢获"主体，通过外在的"他者"来压制、统摄自我。而青年马克思在该著作中找到了对一切形而上学的革命性突破，就是通过感性活动、对象性活动、实践原理来实现的对象性思维方式、实践思维方式。对象性思维方式是对非对象性，包括意向性、存在领会、自我服从他者等一切形式的内在性基本建制的克服。对象性思维方式是对形而上学思维方式的根本克服，是与黑格尔唯心主义、费尔巴哈人本主义的唯物主义截然不同的。

所以，对青年马克思《1844年经济学哲学手稿》的解读，必须看到这是专属于马克思自己的思想创造，是马克思正在走进马克思主义。

马克思一生都在根据新的革命实践经验和自己的研究成果不断地丰富和完善自己的理论。所以，我们也必须要立足于马克思思想的整体和全过程，把马克思主义的经典文本、基本原理与其全部实践三者紧密结合起来，来看待马克思思想发展的每个环节及其阶段性特点。

马克思主义文本是一个整体性的概念，它是指马克思、恩格斯所留下

---

① 参见《马克思恩格斯文集》第1卷，北京：人民出版社2009年版，第209页。

的全部著作，包括那些尚未出版的各种笔记、读书摘录、思考片段等。每种文本对我们来说，都是极其宝贵的财富。但也必须注意到，不同的文本在整个马克思主义理论体系中的地位和成熟程度是各不相同的。而马克思主义理论体系的形成是一个内在相关的，连续性的、不断探索、不断创造、不断深化、不断精确的过程，其中出现了不同的术语表达、不同的观点提法，这对于一位人类千年思想家来说，是再正常不过的。

马克思主义的基本原理体现在马克思主义的一切文本之中，但却不能把它与文本之中的某个词语、某句话、某个论断等直接等同起来。马克思主义基本原理是在马克思主义文本中不断重复出现的具有规律性总结概括的基本观点，并且是经过了长期的革命和实践检验确立起来的，具有普遍真理性的理论。

马克思、恩格斯留下的任何文本，都是他们以实践为基础，在面向具体时代的问题时的真切思考。他们曾经指出："一切划时代的体系的真正的内容都是由于产生这些体系的那个时期的需要而形成起来的。所有这些体系都是以本国过去的整个发展为基础的，是以阶级关系的历史形式及其政治的、道德的、哲学的以及其他的后果为基础的。"①那么，作为站在人类思想最高峰的马克思主义，就更是如此。它绝不会回避时代问题，更不会从实践基础中抽身而出。

马克思主义的经典文本、基本原理和全部实践是不可分割的。如果硬将其割裂开来，不仅不利于理解其原理的正确性，而且不利于理解其文本内涵的丰富性、多样性、开放性，更会误导具体的、现实的实践。因此，对马克思主义文本不能随意解读，而是要遵循以下几个方面：首先，要把这种解读放置于马克思主义的全部发展史中来进行；其次，要遵循马克思主义的基本原理；最后，要与马克思主义的全部实践紧密结合起来。千万不可因标新立异，或因立足于某种视角、框架，寻章摘句，抓住在特定的历史阶段上、特定的情形下的一点或几处有差异的表述或论断，作为新发现，大做文章，甚至不惜将其上升为原则性的对立，这势必会孤立化、碎

①《马克思恩格斯全集》第3卷,北京:人民出版社1960年版,第544页。

片化马克思主义，进而导致对其严重的误读，以至误导实践。

马尔库塞和广松涉对马克思主义经典文本的误读，除了会造成相互对立的"两个马克思"之外，还可能会造成马克思与恩格斯之间的对立，以及马克思与后来的马克思主义者之间的对立等诸如此类的逻辑结果。当把马克思主义解读为实践本体论或生存本体论的时候，当把带有一定的人本主义色彩的青年马克思解读为人本主义，进而当作真正马克思主义的时候，也必然就会把恩格斯以及后来的马克思主义者解读为自然辩证的马克思主义、科学主义的马克思主义等，进而与马克思对立起来。

上述"以海解马"论的逻辑结果产生的原因是：没有完整地、本质地把握马克思哲学革命的本真精神，窄化或遮蔽了其革命主题与哲学进路。

三、遮蔽政治经济学批判对马克思发动哲学革命的意义

"以海解马"论以海德格尔存在论境域、生存本体论为主导原则，来定位马克思的哲学革命，把马克思哲学革命的主题、发生、进路等定位为形而上学批判及其与人的本质存在的内在关联。这种解读逻辑，窄化了马克思哲学革命的主题，遮蔽了马克思发动哲学革命的实质进路。

马克思发动的哲学革命，的确是对形而上学的彻底批判，颠覆了以黑格尔为代表的唯心主义的精神主体论形而上学，超越了以费尔巴哈为代表的旧唯物主义的物质实体论形而上学，但却不能把形而上学批判与人的本质存在的内在关联当作马克思哲学革命的全部意义。除了要从形而上学的彻底革命上理解和把握马克思发动的哲学革命以外，还要从政治经济学批判等维度上来理解和把握它。看不到政治经济学批判对马克思发动哲学革命，创立马克思新唯物主义的重大意义，看不到政治经济学批判与形而上学批判的相互关联和内在一致性，就无法真正深入理解马克思主义哲学的本真精神。

马克思立足于人类社会，通过实践原理，创立了新唯物主义，拒斥了一切形而上学的"旧哲学"研究。然而，对形而上学这种"旧哲学"的彻

底批判，并不意味着就能走出形而上学。

那么，走出形而上学的路径是什么？马克思指出，是使哲学成为现实。因为"不使哲学成为现实，就不能够消灭哲学"①。在马克思这里，使哲学成为现实的进路，就是政治经济学批判。所以，探究马克思哲学革命的发生，必须研究政治经济学批判与形而上学批判的相互关联和内在一致性。没有马克思的政治经济学批判，其新唯物主义就无法通过形而上学批判而建立起来。

马克思的政治经济学批判，不是隶属于形而上学的那种"旧哲学"研究，不是它的翻版，而是具有全新性质的哲学，即马克思主义哲学；马克思的政治经济学批判也不是资产阶级国民经济学的再版，不是关于资产阶级发家致富的经济学，不是庸俗的经验主义和工具理性主义的运用，而是一种有着哲学高度的新唯物主义批判。

正是通过政治经济学批判与形而上学批判的内在关联基础上建立起来的新唯物主义，马克思才能够真正超越黑格尔与费尔巴哈等形而上学哲学家②。

黑格尔的思辨哲学与旧唯物主义的机械论、直观论、"既成论"的哲学形态不一样，它讲能动，讲过程性，极富历史感。这给马克思以深刻的影响。马克思曾指出，黑格尔绝对精神自我否定、自我异化，比旧唯物主义优越的地方就在于，"黑格尔把人的自我产生看做一个过程"，把"对象性的人、现实的因而是真正的人理解为人自己的劳动的结果"③。但黑格尔的劳动始终是一个抽象的哲学范畴，它服从绝对精神的思辨进程。黑格尔把自然和人的自我生成的过程当作绝对精神自我生成运动中的环节表现和绝对精神创造和派生的过程，而非在以自然界的客观先在性、制约性为基础的人与自然双向互动的实践改造中的客观生成；把实践活动理解为绝

①《马克思恩格斯文集》第1卷,北京:人民出版社2009年版,第10页。

②同样,也正是通过在形而上学批判与政治经济学批判的内在关联基础上建立起来的新唯物主义,马克思才能从根本上超越亚当·斯密与李嘉图等资产阶级国民经济学家。

③《马克思恩格斯文集》第1卷,北京:人民出版社2009年版,第205页。

对精神的活动，而非客观的物质活动。这种抽象能动的原则，必然会使对自然、人、社会历史等的理解陷入神秘主义之中去。马克思指出，黑格尔抽象思辨的世界观和历史观，是从"绝对的和不变的抽象出发"①，"是不知道现实的、感性的活动本身的"②，因此，它根本上是"关于凌驾于自然界和人之上的""某种异己的存在物"③。

无疑，黑格尔同样进行了政治经济学、法哲学原理的研究，而且取得了相当的成就。其基本成就是市民社会理论，最高成就是国家理论④。但他的研究并没有从现实、实践出发去深入解剖市民社会，其目的是构筑绝对精神异化进程中的思辨环节。为了彻底推到黑格尔"国家决定社民社会"的理论，马克思不能只停留于对抽象历史进程的直接颠倒，而必须深入解剖市民社会，需要进行政治经济学的批判研究。马克思指出："法的关系正像国家的形式一样，既不能从它们本身来理解，也不能从所谓人类精神的一般发展来理解，相反，它们根源于物质的生活关系，这种物质的生活关系的总和，黑格尔按照18世纪的英国人和法国人的先例，概括为'市民社会'，而对市民社会的解剖应该到政治经济学中去寻求。"⑤如果没有对市民社会的科学解剖，没有政治经济学批判，那么谈马克思的新唯物主义对黑格主义的根本扬弃，就会显得空洞且无力。

马克思指出："对思辨的法哲学的批判……只有一个解决办法：实践。"⑥费尔巴哈其实也谈到了感性、实践。比如，他指出人是感性存在的自然物，"我是一个实在的感觉的本质，肉体总体就是我的'自我'，我的实体本身"⑦；又指出，"理论所不能解决的那些疑难，实践会给你解

①《马克思恩格斯文集》第1卷,北京:人民出版社2009年版,第200页。
②《马克思恩格斯文集》第1卷,北京:人民出版社2009年版,第499页。
③《马克思恩格斯文集》第1卷,北京:人民出版社2009年版,第156页。
④参见程广云:《马克思的三大批判:法哲学、政治经济学和形而上学》,北京:中国人民大学出版社2018年版,第37页。
⑤《马克思恩格斯文集》第2卷,北京:人民出版社2009年版,第591页。
⑥《马克思恩格斯文集》第1卷,北京:人民出版社2009年版,第11页。
⑦《费尔巴哈哲学著作选集》上卷,荣震华、李金山等译,北京:商务印书馆1984年版,第169页。

决"①等。在此意义上，马克思新唯物主义要比之前的旧唯物主义更优越，显得不那么机械，不能那么冷酷无"人"。

不过费尔巴哈讲的人、感性、实践却是在消极直观、纯粹客体意义上来说的，是在"既成论"的自然存在物意义上谈及的，而并非是立足于感性活动、对象性活动、实践活动的原则高度上来把握的。费尔巴哈并没有实现能动与受动、主体与客体、物质与精神等的辩证统一。所以，在自然观上费尔巴哈还表现出相当的唯物主义精神，但是一当进入历史观领域，由于无法理解社会关系、生产关系以及实践活动自身的客观物质性，无法理解人类历史的客观辩证进程，他就变成一个十足的唯心主义者了。由此，马克思、恩格斯才说道："正是在共产主义的唯物主义者看到改造工业和社会结构的必要性和条件的地方，他却重新陷入唯心主义。"②

要想弄明白马克思科学实践观的创立，以及它是如何超越费尔巴哈的感性、实践理论的，也必须通过政治经济学批判，以深入到资本主义社会及其生产方式的本质之中。

马克思也曾明确地指出过，他的新唯物主义哲学革命，就是在形而上学批判与政治经济学批判相互关联和内在一致的基础上取得的。

在《〈政治经济学批判〉序言》中，马克思回顾了自己思想发展的过程：在批判了黑格尔法哲学之后，继续在巴黎和布鲁塞尔研究政治经济学，由此之后，才得到了一个"总的结果"，并且一得到这个"总的结果"，就把它运用于指导全部研究工作。这里，马克思所说的"总的结果"就是指，通过形而上学批判与政治经济学批判发现的唯物史观，其基本原理是：生产力决定生产关系，经济基础决定上层建筑，物质生活的生产方式制约着整个社会生活、政治生活和精神生活的过程，不是人们的意识决定人们的存在，相反，是人们的社会存在决定人们的意识，资本主义制度、生产方式、生产关系是历史的、暂时的、特定的，人类社会的真正历

① 《费尔巴哈哲学著作选集》上卷，荣震华、李金山等译，北京：商务印书馆1984年版，第248页。
② 《马克思恩格斯文集》第1卷，北京：人民出版社2009年版，第530页。

史在资本主义社会终结之后才真正开始，等等①。

不但马克思发动哲学革命、创立新唯物主义，都是在形而上学批判与政治经济学批判相互关联和内在一致的基础上进行的，恩格斯的思想发展也是如此。

早在马克思之前，恩格斯就已经进行了政治经济学批判研究。恩格斯在《国民经济学批判大纲》中指出：只要私有制存在一天，"国民财富"这个用语便没有意义。"国民经济学，政治经济学，公共经济学等用语也是一样"，在它们看来，"社会关系只是为了私有制而存在"②。马克思认为，恩格斯的这部天才大纲和《英国工人阶级状况》是从另一条道路得出同我一样的结果③。

马克思所言的"另一条道路"，就是指政治经济学批判。在恩格斯的影响下，马克思更加深刻地认识到必须要进行政治经济学研究，才能切中资本主义经济结构的本质，为共产主义学说奠立科学的、有力的理论基础。所以，当恩格斯的《国民经济学批判大纲》在马克思主编的《德法年鉴》上发表后，马克思开始勤奋地研读政治经济学文献，并写下详细的摘录和笔记。《1844年经济学哲学手稿》就是马克思将形而上学批判与政治经济学批判这"两条道路"内在关联起来的理论努力的结果。1845年开始，马克思、恩格斯共同撰写《德意志意识形态》，清算德国哲学信仰，阐明历史唯物主义的哲学立场和见解，表明他们都是在"两条道路"内在一致和相关联立的基础上进行批判研究的。这一原则也贯穿于他们之后所有的理论研究之中。

那种直接从哲学批判思想中导出的社会主义、共产主义，是抽象的、虚幻的；直接从资产阶级经济学中导出的社会主义、共产主义，是庸俗的、空想的。只有经过对哲学形而上学与政治经济学进行有原则高度的彻底批判，形成立足于人类社会的新唯物主义，才使社会主义、共产主义成

---

① 参见《马克思恩格斯文集》第2卷,北京:人民出版社2009年版,第591—592页。

② 《马克思恩格斯文集》第1卷,北京:人民出版社2009年版,第60页。

③ 参见《马克思恩格斯文集》第2卷,北京:人民出版社2009年版,第592—593页。

为真正的、现实的、科学的。

马克思实践活动原理内蕴双重批判，如果只从形而上学批判一个维度，而不从形而上学批判与政治经济学批判内在一致和关联上来定位马克思发动的哲学革命，就不易切近其哲学新境界了。

但在海德格尔存在论这里，政治经济学批判如同经济学、社会学等实证科学一样，是要遭到悬搁的。因为政治经济学批判关注现实的物质生产实践、生产方式、生产关系，研究人与人之间的客观存在的物质联系、交换关系等，所以它就与海德格尔的存在论存在着明显的矛盾。"以海解马"论只从哲学批判、生存论转向等来发掘马克思的实践蕴涵，定位马克思发动的哲学革命，就忽视马克思的政治经济学批判及其对马克思发动哲学革命所具有重大意义了，也就没有正确把握马克思的科学实践观。

综上所述，以海德格尔此在能在的生存本体论解读马克思主义哲学，以生存诠释马克思的实践，高扬了实践的主体性、能动性、历史性等，不再把人理解为既成性的自然存在物，而是过程性的、生存性的存在物，这是对马克思主义实践内涵和意义的丰富，是对把马克思主义机械化、教条化等理解存在片面性的纠偏。但它消解自然界的客观先在性，把实践本体化、生存化，进而超越化，把自然、人的自我生成活动理解为能在的"在世存在"生存论建构中的一个环节，这就没有把握住实践作为人的能动地改造世界的客观物质活动这一根本特性，没有把握住马克思主义实践观与物质观的辩证统一。它通过形而上学批判来发掘马克思哲学革命发动的实践原理及意义，以彰显马克思主义哲学革命与本真精神，这是很有意义的尝试，却忽视了马克思是在形而上学批判与政治经济学批判辩证统一的基础上发动哲学革命的，这就遮蔽了政治经济学批判对马克思哲学革命的重大意义，没有把握住马克思科学实践观的创立与原则高度。

第四章　"以海解马"论的内在困境

　　"以海解马"论认为，海德格尔存在论对西方形而上学进行了釜底抽薪式的批判，并且实现了对形而上学的彻底颠覆；从海德格尔存在论的根基和高度出发，可以凸显出马克思哲学革命及其本真意义所在，论证出马克思主义哲学的合法性、当代性，以建构能够面向和解决人的现实问题的哲学形态。然而，这一解读存在着内在的困境。越是充分地揭示这种困境，越能看到"以海解马"是对海德格尔与马克思的双重误读。

　　海德格尔本人明确拒绝"以海解马"论。在他看来，马克思主义仍是一种形而上学，"以海解马"论使海德格尔存在论倒退回形而上学中，这是对海德格尔存在论的"降格"，误读了海德格尔与马克思。马尔库塞后来也对自己的"以海解马"论进行了自我批评。马尔库塞认为，马克思主义根本异质于海德格尔存在论，他也明确拒绝任何将海德格尔与马克思关联起来的理论尝试。立足于马克思主义视域，海德格尔存在论仍然陷于形而上学之中，它虽然克服了传统形而上学理性的绝对主义，但却表现为一种存在的绝对主义；虽然不再使用"自我""主体"等，而使用此在，但却没有克服掉主体主义，表现为一种"没有主体的主体主义"。海德格尔存在论无法为马克思主义奠基。

第一节　从对"以海解马"论的两种反对谈起

这里，我们首先从海德格尔对"以海解马"论的反对和马尔库塞后来对自己"以海解马"的自我批评谈起，以尝试尽可能充分地、全面地来揭示"以海解马"的内在限度。

一、海德格尔反对"以海解马"

马尔库塞开创了"以海解马"论的先河。当他1928年至1932年在弗赖堡从事"以海解马"理论研究的时候，指导教师不是别人，正是海德格尔。按常理来说，作为导师，海德格尔本应该对学生的这一理论尝试有所指导，或者是给予支持，或者是给予否定。但遗憾的是，他没有给出任何的相关意见。

不过，这并不意味着他对马尔库塞的"以海解马"没有意见。海德格尔在1969年与友人共同主持的勒·托尔讨论班上，给出了他的明确意见：反对"以海解马"。

海德格尔指出："马克思用他的方式将黑格尔的观念论颠倒了过来，以此来要求赋予存在对意识的优先性。因为《存在与时间》里并没有讲到意识，人们就会说，在［马克思］这里读出了一些海德格尔的东西！至少马尔库塞是这样解读《存在与时间》的。"①

海德格尔的这段阐述，虽然比较简短，但是内涵却很丰富。在笔者看来，它包含以下两层意思。

---

① 《海德格尔文集·讨论班》，王志宏、石磊译，孙周兴、杨光校译，北京：商务印书馆2018年版，第426页。据马尔库塞的学生安德鲁·芬博格的考证，这是海德格尔在公开出版的著作中唯一一次提到马尔库塞的名字。参见［加］安德鲁·芬博格：《海德格尔和马尔库塞：历史的灾难与救赎》，文成伟译，上海：上海社会科学院出版社2010年版，第6页。

第一，海德格尔认为，马尔库塞的解读误读了马克思。

"马克思用他的方式将黑格尔的观念论颠倒了过来，以此来要求赋予存在对意识的优先性。"在这句话中，海德格尔指出马克思用他的方式——实践活动——颠倒了黑格尔的观念论形而上学，不再像黑格尔那样用意识来决定存在，而是主张存在决定意识。马尔库塞据此认为，马克思颠覆了形而上学。

然而，实际上海德格尔不这么看，他认为，马克思的颠倒，充其量是对黑格尔形而上学的颠倒，但并没有走出黑格尔主义，没有走出形而上学；马克思的实践、物质生产劳动仍是一种形而上学。海德格尔说道："对马克思而言，存在就是生产过程。这就是他以黑格尔将生命阐释为过程为出发点从形而上学中接受下来的观念。这个实践的生产概念只能够以一个源出自形而上学的存在概念为基础而成立。"[①]所以，在海德格尔看来，马尔库塞认为马克思主义颠覆了形而上学，是误读了马克思主义，是没有看到马克思主义仍是一种形而上学，并不能把它与海德格尔存在论并置而谈。

第二，海德格尔认为，马尔库塞的解读误读了海德格尔存在论。

"因为《存在与时间》里并没有讲到意识，人们就会说，在［马克思］这里读出了一些海德格尔的东西！"海德格尔的《存在与时间》中没有讲到意识，那是不是意味着它也是通过对意识的颠倒，来要求"赋予存在对意识的优先地位"？马尔库塞认为是这样的。

然而，海德格尔却不能同意。在他看来，《存在与时间》中虽然没讲意识，取消了意识优先性，但不能把这与马克思取得的"存在决定意识"式的颠倒相等同。他的存在与马克思的实践完全不同，不能将二者混为一谈。

海德格尔曾指出，萨特也进行过类似的颠倒。萨特的存在主义提出过"存在先于本质"的命题，以之来取得对形而上学的颠倒。但海德格尔却

---

① 《海德格尔文集·讨论班》，王志宏、石磊译，孙周兴、杨光校译，北京：商务印书馆2018年版，第426页。

指出，"存在先于本质"的确是对"本质先于存在"这一形而上学经典命题的颠倒，但"存在先于本质"并没有完全颠覆形而上学，其关于"存在"与"本质"的区分本身就是一种形而上学的"设定"①。

海德格尔存在论之所以没有涉及意识，是因为意识在其中已经不再是最原初的层面，对意识的颠倒会耽搁返回事情本身，要去探究比意识更本原的存在显示、存在领会和此在的去生存、操心这些事情，因为它们在生存论上具有先天的优先性，"先天地处于此在的任何实际'行为'与'状况'之前，也就是说，总已经处于它们之中了"②。不管是讲实践，还是讲理论，都还是从存在者层面上、形而上学层面上讲的东西，但存在具有先天优先性，它不能用技术性的生产模式来理解，此在之生存不再拘执于存在者层面，是一种超越理论与实践、物质与精神等之上的一个先验的生存论结构。

而马尔库塞的解读，即用海德格尔存在论革命解读马克思主义对形而上学的颠倒，又用马克思主义的具体物质条件"补充"海德格尔存在论，则是把存在论又"降格"到形而上学之中了。

综合以上两点分析，海德格尔认为，马尔库塞"以海解马"是一种双重误读：既误读了马克思，也误读了他自己。

何以海德格尔能作出"马尔库塞'以海解马'存在双重误读"的这一判定呢？这里就牵涉一个关键的问题——海德格尔对马克思主义本质特征的断定，即他认为马克思主义对黑格尔形而上学的颠倒，并没有使其走出形而上学。关于海德格尔对马克思主义本质特征的解读，将在下一节详细研究。

---

① 参见[德]海德格尔：《路标》，孙周兴译，北京：商务印书馆2000年版，第385—386页。

② [德]海德格尔：《存在与时间》（中文修订第2版），陈嘉映、王庆节译，北京：商务印书馆2015年版，第240页。

二、马尔库塞后来关于"以海解马"的自我批评

不仅海德格尔明确反对马尔库塞"以海解马"论，马尔库塞后来也对其"以海解马"论进行了严格的自我批评。

1963年3月初，"以海解马"论典型形态"融入论"的代表者科西克，给曾主张"互补论"的马尔库塞写了一封信。信的主要内容是向马尔库塞求教关于海德格尔和马克思关系的最新观点、最新看法。就此，马尔库塞在当月月底给科西克写了一封回信①。

在致科西克的信中，马尔库塞指出，他已经不再参与1928年在弗赖堡曾进行过的关于海德格尔与马克思关系的讨论，如今最好的代表他立场的著作乃是《爱欲与文明：对弗洛伊德的哲学研究》。他对科西克明确说道："如今我会拒绝任何声称在海德格尔和马克思之间有内在的（或外在的！）亲缘关系的尝试。"②

为什么马尔库塞对将海德格尔和马克思关联起来的种种尝试，会是如此明确的"拒绝"呢？这也是他对自己早期进行"以海解马"严格批评的反思。

如同上述对海德格尔论断的分析，这里也涉及此时马尔库塞对海德格尔存在论哲学与马克思主义二者本质特征的断定。

在信中，马尔库塞指出："海德格尔对纳粹主义的肯定态度，在我看来，不是别的，正是表达了其哲学中深刻的反人道的、反理智的、历史地反动的、否定生命的倾向。在最近几十年，这一哲学剔除了其政治维度，失去了实质内容因而不值得被严肃地讨论：无止境的重复无意义的、没有解答的问题——因为他们不是真问题。除此以外，在黑暗中摸索并且侵犯

---

① 关于马尔库塞给科西克回信的全文，参见[美]马尔库塞：《马克思主义、革命与乌托邦》，高海青、连杰、陶锋译，北京：人民出版社2019年版，第409—411页。

② [美]马尔库塞：《马克思主义、革命与乌托邦》，高海青、连杰、陶锋译，北京：人民出版社2019年版，第410页。

语言的文字游戏来源于日耳曼式的空想。"①

这里，马尔库塞对海德格尔存在论哲学的看法是十分明确的。他认为，海德格尔存在论哲学中有"深刻的反人道的、反理智的、历史地反动的、否定生命的倾向"，而且它提出的并不是真正的问题，也无法真正去解答问题，因此不值得被严肃讨论。

马尔库塞在进行"以海解马"研究的时候，也曾批评过海德格尔存在论哲学具有一定的空洞性，没有融入具体的历史条件和具体的物质条件，缺乏必要的清晰性和完整性。但那时他还是认为，必须在海德格尔存在论地基上，才能真正地谈论个体此在的生存、本质存在等问题。因此，马尔库塞把海德格尔存在论置于对现实的问题的解释之前，以此来解读马克思主义。不过，海德格尔存在论与现实性之间的深刻对峙，在他这里无法被有效地消除。这种矛盾对峙，随着马尔库塞理论本身的发展而日益凸显出来。此后，马尔库塞转向了"黑格尔式的马克思主义""弗洛伊德式的马克思主义"等理论尝试。

其实，在马尔库塞"以海解马"论的理论尝试中，就蕴涵着一种"黑格尔走向"。这一判断，倒不是从马尔库塞后来的理论努力往前"倒推"出来的结果，而是说，向"黑格尔式的马克思主义"的发展，不是横空出世，乃是有其内在逻辑理路的。

有种观点认为，马尔库塞对1932年出版的马克思《1844年经济学哲学手稿》的解读，是一种介乎海德格尔主义与黑格尔主义之间的理论成果②。这种论点，大体上说，并没有错，但它没有讲清楚马尔库塞此间的真实逻辑走向，即马尔库塞此时确实是介于海德格尔主义与黑格尔主义之间，但准确地说，是在走向黑格尔。

当马尔库塞通过把历史性直接规定为人的本质存在的根本范畴，进而

---

① [美]马尔库塞：《马克思主义、革命与乌托邦》，高海青、连杰、陶锋译，北京：人民出版社2019年版，第410页。

② 参见张秀琴：《马尔库塞对马克思"巴黎手稿"解读的贡献》，《北京大学学报》（哲学社会科学版）2016年第2期，第52—58页。

把真实的历史补充进海德格尔此在历史性之中的时候，一切最为根基性的事情，就是对人的本质存在及其本真历史性的深刻洞察，继而再通过异化的复归达成人的真正本质存在，这就必然会走进黑格尔"否定之否定"的思辨历史进程。异化的复归的可能性在于：异化的复归与异化遵循着同一个逻辑。按此逻辑，在异化开始时，异化的复归就已经被预先设定了。"对象化在人的本质中总是倾向于物化，劳动总是倾向于异化"，劳动者在异化的起源之时，而不是在解放之后，就已然掌握了自己未来的命运①。如此，用人的本质存在的财产来克服异化的私有财产的逻辑进程，乃是一种历史运动的内在必然性要求。"植根于历史性的特性之中，历史的内在必然性在实际性中找到了清晰的表达，即历史运动从现状到它的将来的原因，已经充分地在世界中展示，因为它存在于现在，并且仅从现在发展出来。但是只要这个发展，仅只是通过人的（历史的）行动来把握，那么将要到来的必然采取一种'现状之否定'的形式。在这里，我们遇上了海德格尔所清晰阐明的：对其命运有意识的通向本真存在的决断，以对过去的'否定'而出现，过去之统治总是以沉沦的形式被克服。当我们将这与马克思主义的实践具体之突破关联起来时，这就是革命理论。"②马尔库塞认为，这种要求，是海德格尔的此在的生存决断，也表现为马克思主义的实践革命。但其实这里表述的，也是黑格尔的"正题""反题""合题"的思辨进程。相较而言，黑格尔的历史性虽然也是抽象的，但其包罗万象的"否定之否定"的思辨进程比起悬搁一切历史要素的此在生存论的历史性建构，更具历史感，且显示出明显的优越性。

后来，马尔库塞在回忆自己师从海德格尔时，提起过自己对海德格尔存在论中历史性概念的这一误认③。他认为，尽管海德格尔大谈历史性，

① Herbert Marcuse: *Heideggerian Marxism*, Lincoln and London: University of Nebraska Press, 2005, p.112.

② Herbert Marcuse: *Heideggerian Marxism*, Lincoln and London: University of Nebraska Press, 2005, 2005, p.18.

③ 参见王金林:《"一个包裹三封信"：马尔库塞与海德格尔之间的一段公案》,《世界哲学》2007年第2期,第3—7页。

但其历史性却没有任何历史要素，排斥了任何具体的历史，实则是非历史的。他指出，海德格尔存在论所谈的具体性，不过是"一个宏伟的独撰，是一种虚假的具体性，而且实际上他的哲学正是脱离现实的抽象，甚至是逃离现实的，一如当时占据德国大学讲坛的新康德主义、新黑格尔主义、新观念论和实证主义等哲学那样枯燥贫乏"①。

也正是基于此，马尔库塞在给科西克的信中还提到，当得知科西克那边的学人在某种程度上注意到了他关于黑格尔的著作时，他非常肯定地指出：这是"一件非常让人高兴的事"②。

1932年以后，马尔库塞开始集中关注马克思与德国古典哲学，尤其是与黑格尔哲学的本质渊源，并以此猛烈抨击实证主义、技术理性等，逐渐走向、形成"黑格尔式的马克思主义"。1950年开始，马尔库塞主要从事对资本主义发达工业文明及其支配和控制体系等的分析和揭示，在这个过程中他力图把弗洛伊德主义和马克思主义融合起来，形成"弗洛伊德式的马克思主义"。这一理论形态的代表作就是马尔库塞在信中提到的如今最好的代表他立场的著作——《爱欲与文明：对弗洛伊德的哲学研究》。

这一时期，马尔库塞的基本立场和基本观点是：资本主义社会的现代工业技术进步给人提供的自由条件越多，带给人的种种支配和控制也就越多。资本主义社会凸显了人的物质生活，而压抑了人的精神生活，人成为没有创造性的、单向度的人。于是，他在弗洛伊德精神分析理论的启发下，尝试建立一种理性的文明与非理性的爱欲协调一致的新乌托邦，通过解放被压抑的爱欲，克服种种异化劳动的痛苦，实现"非压抑升华"，达到人的最终解放。马尔库塞坚持认为，爱欲本能是人的生命与创造力的根本原则，其爱欲理论是对人的生命、价值与创造性的充分肯定和高扬。此后，马尔库塞呼吁重建理性，重建与爱欲协调一致、与非理性综合统一的

---

① Herbert Marcuse: *Heideggerian Marxism*, Lincoln and London: University of Nebraska Press, 2005, p.166.

② [美]马尔库塞：《马克思主义、革命与乌托邦》，高海青、连杰、陶锋译，北京：人民出版社2019年版，第410页。

理性。这与海德格尔存在论的立场便不同了。

可以说，马尔库塞在弗洛伊德这里发现了可以抵制工具理性，并为革命性的新主体性奠定基础的新乌托邦精髓，而这是存在论、黑格尔唯心主义、实用主义等哲学思潮所缺乏的。所以，他要整合弗洛伊德精神分析与马克思主义社会理论，不再进行"以海解马"与融创一种历史唯物主义现象学。关于这一点，研究马尔库塞的权威专家道格拉斯·凯尔纳作了很好的揭示。他指出："正是在激进解读精神分析的过程中，马尔库塞最终发现了探究个体、心理与社会之间多重关系所必需的理论工具，因此克服了海德格尔的悲观主义、抽象性和抛弃公共行动的弱点。"[①]

可以说，马尔库塞一生都在努力去寻找解释和解决发达资本主义社会生存条件带给人的影响，其批判理论建构，则不断地尝试将马克思同海德格尔、黑格尔、弗洛伊德以及其他现代哲学流派、思潮等整合起来，尝试去丰富和发展马克思的革命理论与主体性理论，求解人的解放和发展问题，极力地去回应时代的变化，实为难能可贵。但遗憾的是，马尔库塞并没有能准确地、本质地把握住马克思主义。因此，有学者（波兰的克拉科夫斯基）指出："马尔库塞的著作，尽管经常祈灵于马克思主义的传统，但基本上没有马克思主义味道。他贡献的是这么一种马克思主义：不要无产阶级（已被'福利社会'所彻底腐蚀），不要历史（对未来的观察不是建立在对历史变化的研究的基础上，而是依靠对人类本性的直觉），不要科学（科学是奴役人的工具）。马尔库塞是个半浪漫主义的无政府主义先知。"[②]这一评价虽然显得有些绝对，但大体也是正确的。

综上所述，马尔库塞对马克思主义的判断是：马克思主义是一种要根据新的社会和历史条件不断加以修正、更新的理论，是建构关于当代运动的批判理论不可或缺的工具和方法。这就意味着，在马尔库塞看来，马克思主义是需要修正发展的，同时也是不可拒斥、无法超越的。

---

① 转引自[美]赫伯特·马尔库塞：《哲学、精神分析与解放》，黄晓伟、高海青译，北京：人民出版社2019年版，第63页。

② 转引自李永虎：《马尔库塞的乌托邦思想研究》，北京：光明日报出版社2015年版，第2页。

无论是海德格尔对"以海解马"的反对，还是马尔库塞后来拒绝"任何声称在海德格尔和马克思之间有内在的或外在的亲缘关系的尝试"，都揭示出"以海解马"的一种内在困境。这里的关键，就涉及对海德格尔存在论与马克思主义本质特征如何判定的问题。

第二节　海德格尔对马克思主义本质特征的判定

海德格尔是名副其实的哲学史大家，他解读过柏拉图、亚里士多德、奥古斯丁、笛卡尔、康德、黑格尔、尼采等西方哲学史上的代表性人物。他也对马克思主义进行过直接的解读，并作出马克思主义比胡塞尔现象学和萨特存在主义更优越的评价。

不过，海德格尔对马克思主义的解读，并不是集中于某一本著作，而是散见于《形而上学导论》《四个讨论班》《路标》《林中路》《同一与差异》《面向思的事情》等著作和一些访谈资料中。通过梳理，我们发现海德格尔对马克思主义的解读，立足于存在历史观视域，形成了三个核心判断和一个本质定位。他对马克思主义给出的最后断定是：马克思主义仍是一种形而上学。

一、海德格尔解读马克思主义的视域

美国哲学家大卫·库尔珀曾指出：海德格尔对待其他哲学家的方式与胡塞尔现象学对待"自然意识"一样，即一个人要想洞穿其他哲学家的本然思想，就必须将自己置身于使那些思想活动得以可能的境域之中。"在这一境域中，只有当其他哲学家也被允诺以最切近的距离审视自己思想的能力，他们才能看到自己的本然意识。海德格尔正是以自己的思想在这种本然意识背后进行考察：探究预设在那些本然意识中的视域，再追溯到这些预设视域中起统贯作用的意义，最终追至产生这些意义的那一事件

（event）。"①库尔珀这里所总结的海德格尔解读其他哲学家的特征，即其所指的海德格尔最终追至产生这些意义的"那一事件"，就是存在的历史。

海德格尔立足于存在的历史观来研究其他哲学家，来研究思想的沉沦与开启，的确独树一帜。海德格尔存在的历史观，大体是这样一幅图景：前苏格拉底的早期希腊时代是存在历史的第一开端，发生原初的存在之思与诗；从苏格拉底和柏拉图开始，第一开端隐蔽，进入形而上学时代，即一个存在被遗忘的哲学和科学的时代，这个时代至黑格尔达于完成；现今时代，应该从海德格尔算起，处于形而上学正在终结的时代，非形而上学的思与诗悄然兴起的时代，这也是存在的第二开端正在萌发的时代②。

在海德格尔看来，存在的历史与形而上学的历史是密切相关的，可以说，形而上学的历史包含于存在的历史中。对此，哈贝马斯也曾道出过这一点："借助于形而上学的历史，哲学家把握住了每个时代显耀出自身光芒的根源。"③这里的哲学家就指海德格尔。

海德格尔对马克思的解读，也是立足于存在历史的视域进行的。他指出，由于存在被遗忘与遮蔽，人无家可归。而且"无家可归状态变成一种世界命运。因此就有必要从存在历史上来思这种天命。马克思在某种根本的而且重要的意义上从黑格尔出发当作人的异化来认识的东西，与其根源一起又复归为现代人的无家可归状态了。这种无家可归状态尤其是从存在之天命而来在形而上学之形态中引起的，通过形而上学得到巩固，同时又被形而上学作为无家可归状态掩盖起来"④。

从存在历史观来看马克思，海德格尔对马克思主义的本质特征进行了断定。

---

① David Kolb: *The Critique of Pure Modernity: Hegal, Heidegger, and After*, Chicago: The University of Chicago Press, 1986, pp.222—223.

② 参见海德格尔:《林中路》(修订本)，孙周兴译，上海:上海译文出版社2004年版，第5页。

③ ［德］哈贝马斯:《现代性的哲学话语》，曹卫东译，南京:译林出版社2011年版，第153页。

④ ［德］海德格尔:《路标》，孙周兴译，北京:商务印书馆2000年版，第400—401页。

二、海德格尔对马克思主义的三个核心判定

海德格尔对马克思主义有三个核心判断,分别是:马克思在经验异化之际深入到历史的一个本质性维度中,唯物主义的本质根植于形而上学的规定,马克思达到了虚无主义的极致。这三个判断,环环相扣。

关于第一个判断,海德格尔阐述道:"马克思在经验异化之际深入到历史的一个本质性维度中,所以,马克思主义的历史观就比其他历史学优越。但由于无论胡塞尔还是萨特尔……都没有认识到在存在中的历史性因素的本质性,故无论是现象学还是实存主义,都没有达到有可能与马克思主义进行一种创造性对话的那个维度。"①

什么是海德格尔所谓的"马克思在经验异化之际深入到历史的一个本质性维度中"?为何胡塞尔和萨特却不能?

在海德格尔看来,无家可归是形而上学时代的典型标志,从存在历史的第一开端进展到形而上学时代是一种异化,而且这种异化是存在的天命使然,并不以人的意志为转移。所以,另一开端的到来也只能靠存在的天命,因为它已经在形而上学中得到巩固并被掩盖起来。而马克思从人的异化层面来认识形而上学的全面统治,并要求通过异化的克服实现人的本真状态,这在一定程度上触及存在的历史,因而深入到了历史的一个本质维度中,深入到由于形而上学的统治而造成存在本真状态的缺失这一状况。

相较而言,胡塞尔现象学和萨特存在主义却没有弄懂当前时代双重的异化现实,即经济发展及其所要求的军备②。所以,他们对当前时代的历史状况的本质归属,还根本谈不上具有任何经验。虽然胡塞尔和萨特的哲学也尝试致力于形而上学的克服,但由于其哲学本质上仍然从属于形而上学的自我维护之中,因此还无法经验到形而上学的历史发生。如是,也就

---

① [德]海德格尔:《路标》,孙周兴译,北京:商务印书馆2000年版,第401页。

② 参见《海德格尔文集·讨论班》,王志宏、石磊译,孙周兴、杨光校译,北京:商务印书馆2018年版,第425页。

无法经验形而上学的克服之可能。胡塞尔现象学要求克服物质与意识、唯物与唯心、主体与客体等一切形式的二元对立，进而回到事情本身，这是哲学史上的一次革命，但却不彻底，它在本质上还是一种意识本体论。萨特颠倒"本质先于存在"的形而上学经典命题，主张存在的优先地位。但这一命题中存在与本质的区分本身，仍是形而上学的设定。

由此，海德格尔才评价：马克思的历史观优于胡塞尔现象学和萨特存在主义。关于这一评价，这里需要注意和警惕的是，海德格尔并不是基于对马克思主义的客观的、正确的把握作出的真诚称赞。因为，他认为马克思的唯物主义仍然根植于形而上学的规定之上。这是海德格尔对马克思主义的第二个核心论断。

"唯物主义的本质并不在于它主张一切都是质料，而倒是在于一种形而上学的规定，按照这种规定，一切存在者都表现为劳动的材料。在黑格尔的《精神现象学》中，劳动的现代形而上学的本质已经得到先行思考，被思为无条件的制造（Herstellung）的自行设置起来的过程，这就是被经验为主体性的人对现实事物的对象化的过程。唯物主义的本质隐蔽于技术的本质中。"①

为什么海德格尔会断定唯物主义植根于形而上学的规定呢？因为"唯物主义的本质隐蔽于技术的本质中"。那么如何理解"唯物主义的本质隐蔽于技术的本质中"？

这里的"唯物主义的本质隐蔽于技术的本质中"，是指唯物主义的本质隐藏在现代技术的本质之中②。现代技术的本质就是一种订制生产，而这种生产逻辑恰恰又是现代形而上学的本质。

海德格尔认为，现代形而上学的本质特性集中体现为表象性、对象性、计算性和课题性。表象性，是指"从自身而来把某物摆置（stellen）

①［德］海德格尔：《路标》，孙周兴译，北京：商务印书馆2000年版，第401页。
②在《技术的追问》中，海德格尔区分了技术的本质和现代技术的本质。前者是一种自然而然的、诗意的解蔽；而后者乃是一种蛮横的促逼式的解蔽。海德格尔又把这种促逼式的解蔽称为座架、支架。

到面前来，并把被摆置者确证为某个被摆置者"①。那么，如何能把被摆置者"确证"为某个被摆置者呢？这就需要计算性来保证。他说道："只有可计算状态才能担保要表象的东西预先并且持续地是确定的……表象不再是'为……自行解蔽'，而是'对……的把捉和掌握'。"②而那个在计算性要担保的表象活动中，"被对立地摆置的东西"，就是对象。表象性，使表象着的人与被表象的对象处于共同被表象状态，即让自身都得到确证的计算。这样，一切存在者都变为可表象之物，成为设定为对象，存在者也就完全丧失了存在。这种表象性活动正是以订制生产为核心的现代技术的本质。订制生产只关涉存在者层面，它使人成为主体，世界成为图像，从而达到对存在的完全遮蔽。故而，"现代技术之本质是与现代形而上学之本质相同一的"③。

这里，海德格尔煞费周章地是要指出，马克思唯物主义的本质特征体现为生产，生产表现为由劳动这一要素自行设置起来的过程：所有的材料都是向着劳动而准备的，它们已经被预先设定，受到摆置。"所有的一切都凭借订制的计算活动而成为可持续动用的。严格说来，不再有对象，而只有供每一位消费者动用的'耗用品'；消费者本人则已经被摆着到生产与消费的工业运转中去了。"④在生产中，一切存在者都被统摄起来，存在随即达到最完全遮蔽状态。基于此，他认为："马克思达到了虚无主义的极致"。这是他对马克思主义的第三个核心断定。

"我的马克思解释不是政治的解释。[我的]这种解释向着存在而思想，向着存在发送自身的方式而思想。凭借这个观点、在这个视野中，我可以说：虚无主义借由马克思而达到了它的极致。这个命题无非意味着：在那个明确地说明了对人而言人是最高级的存在者的学说中，最终被论证

---

① ［德］海德格尔：《林中路》（修订本），孙周兴译，上海：上海译文出版社2004年版，第110页。

② ［德］海德格尔：《林中路》（修订本），孙周兴译，上海：上海译文出版社2004年版，第110页。

③ ［德］海德格尔：《林中路》（修订本），孙周兴译，上海：上海译文出版社2004年版，第77页。

④ 《海德格尔文集·讨论班》，王志宏、石磊译，孙周兴、杨光校译，北京：商务印书馆2018年版，第468页。

和证明的是：存在之为存在对人而言不（nihil［无］）再存在。"①海德格尔认为，形而上学造成了存在遮蔽、缺席的命运，在这个意义上形而上学的本质就是虚无主义，而马克思主义的生产植根于形而上学的本质规定，并且在生产中不仅物成为生产的材料，人自身也成为订制链条中的材料，被完全表象化、对象化。

海德格尔阐述道，马克思主义就是从生产来思想的，"社会的社会性生产（社会生产出其自身）以及人作为社会存在物的自身生产"②。马克思从社会性中发现了合乎人性的人，把人的本质规定在社会关系上，而且认为作为社会关系的人能够被不断地再生产出来。海德格尔强调："人类的自身制造带来了毁灭自身的危险。"③这种生产作为现代技术本质的促逼式订制，乃是一种进步强制，它支配着地球上的统治秩序。"进步强制引起了一种生产强制（Produktionzwang），后者与一种总是新颖的需求强制（Zwang）联系在一起。并且这种对总是新颖的需求的强制是这样一种强制：一切强制为新的东西，同样也直接地变得老旧而过时，被'更加新颖的东西'所排挤，然后如此继续下去。……曾在的东西不再能够现身在场。"④

在海德格尔看来，马克思主义的生产使得人和物时刻都被表象为劳动的对象，生产的过程就是主体性对象化的过程，这个过程不给存在显露留下任何尺度。存在对人不再存在，这就是最大的危险。这种危险不仅来自现代主体性形而上学，而且它也来自存在之天命。进步强制、生产强制与需求强制，三者共谋，是天命使然。从海德格尔存在的历史过程看，这也是存在的第二开端来临之准备。

①《海德格尔文集·讨论班》，王志宏、石磊译，孙周兴、杨光校译，北京：商务印书馆2018年版，第473—474页。

②《海德格尔文集·讨论班》，王志宏、石磊译，孙周兴、杨光校译，北京：商务印书馆2018年版，第467页。

③《海德格尔文集·讨论班》，王志宏、石磊译，孙周兴、杨光校译，北京：商务印书馆2018年版，第467页。

④《海德格尔文集·讨论班》，王志宏、石磊译，孙周兴、杨光校译，北京：商务印书馆2018年版，第467页。

但现在这个危险在马克思主义中被彻底表露出来了。故而，他说"马克思主义达到了虚无主义的极致"。"纵观整个哲学史，柏拉图的思想以有所变化的形态始终起着决定性作用。形而上学就是柏拉图主义。随着这一已经由卡尔·马克思完成了的对形而上学的颠倒，哲学达到了最极端的可能性。哲学进入其终结阶段了。"①

海德格尔认为，在马克思主义这里，在生产与劳动概念中，现代主体性形而上学达到最终的实现和最后的完成，这使得任何形而上学之"形而上学本质性"都不可能再超过它了。于是，形而上学进入终结阶段，这为存在历史的第二开端准备了条件。或许这就是海德格尔要发掘马克思主义优越性的原因所在。

三、海德格尔对马克思主义的本质定位

海德格尔根据他对马克思主义生产、劳动的理解，断定马克思主义处于形而上学的极端形态之中。为什么会如此呢？这源于他对马克思主义的本质定位，即他认为马克思主义仍是一种黑格尔主义。

海德格尔不无嘲讽地批评马尔库塞，原因之一就是马尔库塞没有理解马克思对黑格尔的存在颠倒，反而拔高了这种颠倒的哲学意义。

这里涉及海德格尔对所谓"颠倒""反"的一个指认。他曾在批评尼采对柏拉图主义的颠倒、反，指出："尼采的哲学必然如同所有的'反……'（Anti-）一样，还拘执于它所反对的东西的本质之中"②。也就是说，尼采用以反对柏拉图主义的"反对"，仍然带有柏拉图主义的色彩，拘执在柏拉图主义的地基上。

海德格尔对马克思也是这样看的：马克思的哲学必然如同所有的'反……'（Anti-）一样，还拘执于它所反对的东西的本质之中。虽然马克思的存在颠倒、反使马克思处于与黑格尔极端对立之中，但却并未走出黑格

---

① ［德］海德格尔:《面向思的事情》,陈小文、孙周兴译,北京:商务印书馆1999年版,第70页。

② ［德］海德格尔:《林中路》(修订版),孙周兴译,上海:上海译文出版社2004年版,第231页。

尔主义。

海德格尔指认马克思的核心词汇——劳动——就是在"黑格尔的劳动概念意义上讲的"。"在黑格尔那里,劳动被思考为辩证过程的基本特征,通过这个辩证过程,现实的变易展开和完成它的现实性。与黑格尔相对立,马克思并不认为现实的本质在于绝对的自我把握的精神中,而在于生产自身及其生活资料的人身上,这一点固然把马克思带入一种与黑格尔的极端对立中,但通过这种对立,马克思依然处于黑格尔的形而上学范围内;因为现实生活和作用处处都是作为辩证法的劳动过程,也就是作为思想的劳动过程,只要每一种生产的真正生产性因素依然是思想——不管这种思想被当作思辨形而上学的思想来实行,还是被当作科学技术的思想来实行,或者是被当作这两者的混合和粗糙化来实行。每一种生产在自身中就是反思,是思想。"①

海德格尔曾指出过,黑格尔辩证法是一种理性绝对主义,在其辩证法进程之中,主体、对象与反思三者完全被贯通起来,辩证法表现出对世界的绝对把握。他将这种集大成的辩证法,比喻为是"比千百个太阳还亮"的东西。一旦光落到了"'比千百个太阳还亮的'单纯光明中,那么,光就不再是澄明了"②。这种绝对把握、控制,遮蔽了存在。黑格尔辩证法的劳动过程的基本特征就是,通过劳动来规定和掌控现实的生活和作用,而劳动是思想的劳动过程,是精神性的劳动。马克思的存在颠倒,本质在于生产自身及生产生活资料的人身上,这种存在颠倒并没有胜利逃出黑格尔的辩证法,反而是对它的一种重新肯定。因为每一种"生产"之中的"真正的生产性因素"是反思,是思想,即生产、劳动的本质就是反思、思想。故而,马克思主义依然从属于主体性形而上学的范围,即便它取得了与黑格尔的极端对立,那也不过是黑格尔精神反思的延续而已。

海德格尔不仅把劳动、生产的真正本质看成是反思、思想,他也把一切实践的本质也都看成是反思、思想。他针对马克思的名言——哲学家们

① [德]海德格尔:《同一与差异》,孙周兴译,北京:商务印书馆2011年版,第134页。
② [德]海德格尔:《同一与差异》,孙周兴译,北京:商务印书馆2011年版,第132页。

只是用不同的方式解释世界，而问题在于改变世界，反问道："在对世界的解释和改变之间存在着一种真正的对立吗？难道不是每一种解释都已经是对世界的改变了吗……每一种对世界的改变不都预设了一种理论前见作为其工具吗？"①

将实践归结为思想，那么实践与思想的本质差别就微乎其微了。况且以存在之思透视之，实践与思想都是处于形而上学的藩篱中。所以，人们去谈实践与思想的对立，抑或统一，那都是狭隘的。只有超出实践与思想对立之前的存在之思，才是真正的思。存在之思就不是"实践的"。把思想称为理论与把认识规定为"理论"行为，这都已经是在对思想的"技术性的"解释的范围内发生的事情了②。

所以，无论是马克思的生产实践，还是黑格尔的反思生产，都与存在之思迥异，它们本质上归属于现代主体性形而上学，还停留于主—客关系中，但"只要人们在主—客关系中玩弄哲学把戏，就不可能理解技术之本质。这就是说，从马克思主义出发，技术之本质就不可能被理解"③。

马克思的确是黑格尔这位哲学大师出色的学生，这一点海德格尔断定的并没有错，甚至在德国的知识界把黑格尔当作"死狗"对待的时候，马克思都公开承认自己是这位大思想家的学生④。但马克思对黑格尔辩证法的批判，却是根本性地扬弃，而并非没有走出黑格尔。

如果按照海德格尔存在之思来"下视"的话，不管是黑格尔，还是马克思，包括更多的哲学家都会显露出一个同质性的缺陷：处于"主—客关系中玩弄哲学把戏"，拘执于形而上学之中。因此，当海德格尔按黑格尔解读马克思的时候，我们对他也按费尔巴哈来解读马克思，就不足为奇了。

---

①《海德格尔文集·讨论班》，王志宏、石磊译，孙周兴、杨光校译，北京：商务印书馆2018年版，第425页。

② 参见［德］海德格尔：《路标》，孙周兴译，北京：商务印书馆2000年版，第368页。

③［德］奈斯克等编：《回答：马丁·海德格尔说话了》，陈春文译，南京：江苏教育出版社2005年版，第8—9页。

④ 参见《马克思恩格斯文集》第5卷，北京：人民出版社2009年版，第22页。

在《〈黑格尔法哲学批判〉导言》中,马克思曾指出:"所谓彻底,就是抓住事物的根本。而人的根本就是人本身。"①海德格尔认为这个命题不是政治批判的命题,而是一种形而上学的命题。这一形而上学的命题,"在费尔巴哈颠倒了黑格尔形而上学的这个视域中就变得十分清楚了……对黑格尔而言,知识的事情(die Sache des Wissens)是在其辩证变化中的绝对者。现在,费尔巴哈颠倒了黑格尔,使人(而非绝对者)成为知识的事情"②。

仅仅就海德格尔上述关于对黑格尔、费尔巴哈与马克思三者的定位而言,显然存在着模糊和混乱。

第一,按海德格尔所论,费尔巴哈颠倒了黑格尔,使人而非绝对者成为知识的事情,那么费尔巴哈是不是也达到了与黑格尔的极端对立,也达到了虚无主义的极致?费尔巴哈的这种极致与马克思达到的那个极致,有没有区别?有何区别?

第二,如果费尔巴哈的"人",以及马克思的生产、劳动,其本质也是一种反思、思想的话,那么,费尔巴哈、马克思不就是黑格尔吗?那就根本不存在对黑格尔的所谓颠倒了,也不存在取得与黑格尔的极端对立地位了。因为"现实生活和作用处处都是作为辩证法的劳动过程",费尔巴哈的"人",马克思的生产、劳动就仍是辩证法的规定,那么费尔巴哈、马克思又何谈"达到了虚无主义的极致"?黑格尔辩证法不已经就是这样的"极致"了吗?

海德格尔这里囿于存在之思,把马克思所发动的哲学革命及其意义一笔抹杀了。这里他完全忽视了以下两点:一是,费尔巴哈唯物主义的意义。费尔巴哈的唯物主义已经取得了对黑格尔思辨唯心主义的一种拒绝,即感性的直接确定性对超感性的思维确定性的扬弃。尽管费尔巴哈对感性的理解存在着直观性、非历史的等缺陷,或曰拘执于形而上学的片面性之

①《马克思恩格斯文集》第1卷,北京:人民出版社2009年版,第11页。
②《海德格尔文集·讨论班》,王志宏、石磊译,孙周兴、杨光校译,北京:商务印书馆2018年版,第473页。

中，但他的这一功绩不可抹杀。二是，虽然马克思在借助费尔巴哈的同时还带有一些人本主义色彩，但马克思的感性活动、实践已经取得了对黑格尔的精神活动、费尔巴哈的感性直观的根本突破，也超越了海德格尔给其指认的主体性形而上学本身，并开启了彻底的唯物主义的新哲学境域。

海德格尔把马克思主义当作黑格尔主义来看待，这显然没有读懂马克思的科学实践观，以及马克思的唯物主义对包括黑格尔主义在内的一切形而上学所进行的彻底革命及其本真意义。

"以海解马"论充分地强调海德格尔存在论对形而上学的批判，这是值得肯定的，但它对海德格尔存在论缺陷的反思则严重不足，没有抓住其本质特征，造成了对海德格尔存在论与马克思主义的双重误读。

第三节　海德格尔存在论的本质特征

海德格尔存在论的确指出了形而上学的本质缺陷，但批判形而上学与自身有没有走出形而上学是两回事情，海德格尔存在论对形而上学所作的批判，并不代表着它已经走出了形而上学。只不过，它表现出了与传统形而上学不一样的形态。海德格尔存在论表现为一种存在的绝对主义，一种"没有主体的主体主义"。

一、海德格尔存在论是一种存在的绝对主义

在海德格尔存在论视域中，存在是最高的普遍概念。他指出："存在的'普遍性'超乎一切属上的普遍性。"[1]存在不是存在者，因此，不能用对待存在者时所使用的定义法——即按照属加种差的定义法——来规定存在。所以，存在就不是指"抽象一般"这样的东西或事物之"共相"。存

---

[1]［德］海德格尔：《存在与时间》（中文修订第2版），陈嘉映、王庆节译，北京：商务印书馆2015年版，第6页。

在不是实体概念，它作为超乎族类之上的最高普遍性，乃是指使存在者得以如是存在着的这样一种过程的普遍性。从词性上说，存在作为普遍性概念，不是指标示存在物名词形式的"being"，而是指去存在之动词形式"to be"。作为现成存在的"being"，只是实在的谓词而已，但是存在却不是一个实在的谓词。

应当看到，海德格尔用作为过程的存在来批判传统形而上学家，批判他们用预先设定的作为实体的存在者解释世界，这的确与众不同。世界本身不能被理解为某种预定实体、或实体之间那种孤立的关系。恩格斯指出："世界不是既成事物的集合体，而是过程的集合体。"①如果不从过程的"存在着"的角度来说明世界的运动和发展，那么最终就必然会联系到某种神秘的、能动的实体上去，比如，莱布尼茨的单子论中神秘的单子和用以解释单子的前定和谐关系。不过，海德格尔在用过程的"存在着"来批判既成性的实体存在者的时候，则是走上了另一种片面性：脱离存在者，孤立地讲存在。由此，存在就成了没有存在者的抽象事情，一个纯思想客体。

我们看到，在关于存在与存在者关系的理解上，虽然海德格尔指出，"存在总是某种存在者的存在"②，此在具有的向来我属性，也说明存在总是被存在者占有。但是，却不能因此而认为海德格尔所讲的存在就是被存在者所包裹着的，与存在者不可分割。恰恰相反，存在者总是消融在存在之中。此在作为被抛之存在这一处境，正是说明存在者永远不能成为存在的主人。存在独立于存在者，并且具有绝对的优先权。在海德格尔的存在与存在者的本体论区分中，就存在着一种预先设定，即预设了存在的显示、敞开这样一种过程性的普遍性。对存在的预设，也就是预设了一种事实性的处境，使存在者的存在归根到存在的敞开过程这一特性上③。这样，

---

① 《马克思恩格斯文集》第4卷，北京：人民出版社2009年版，第298页。

② [德]海德格尔：《存在与时间》（中文修订第2版），陈嘉映、王庆节译，北京：商务印书馆2015年版，第13页。

③ Emmanuel Levinas：*Time and The Other and Additional Essys*，Pittsburgh：Duquesne University Press，1987，p.45.

海德格尔在脱离了存在者来单纯地说明世界运动和发展的时候，就会和传统形而上学家一样，终将向神秘的"天命"中，寻觅天赐良方。

存在作为过程的普遍性，虽然不会像作为既成性的实体论思维那样，去追问存在者是什么，但是它要追问"在何以在"，或"是何以是"。海德格尔认为，只要形而上学对存在作"是什么"的追问，它就必定会追到存在者层面之上的第一根据，或所谓"终极因"。故而，要想破除形而上学，必须告别对存在作"是什么"的追问方式，转向那种没有具体对象物发生的追问方式，即"是"的追问方式，才能打破存在者的层面，直面存在问题。在他看来，存在是不能沾染任何存在物的，是不具有任何对象化的一种本体化"纯存在"。海德格尔认为，存在不是实在的谓词，存在需要被主词化。这样，海德格尔就从"系动词的逻辑性中得到了本体论的纯洁性，这种纯洁性迎合了他对一切实际事物反感；从存在判断中却得到了对本体之物的记忆，这种记忆允许绝对的综合成就实体化为现实"①。

存在本身被主词化，就意味着"存在""是"，既不是纯粹主观的功能，也不是一个客观的存在物，而是一个超越主观与客观之外的所谓"原初之物"。如何理解海德格尔的这种方式的追问呢？笔者认为，系动词"是"的意义，不能脱离开主词与谓词而取得独立的地位，它必须在主词与谓词的关系之中才能得到实现，否则它就无以着落。也即是说，"'存在'或'是'是一个绝对的谓词，它是说明主词，从属于主词的，不是自为的，而是为他的。我们可以追问'存在者何以是'或'是者何以是'，而不能去追问'存在何以是'或'是何以是'。正如同可以追问'花何以开'，'门何以开'，而不能一般地追问'开何以开'"②。

进一步说，存在一旦被主词化，就等于在用提问来回答提问。于是，不仅提出的问题得不到回答，而且还会脱离提问与回答之间的矛盾运动关系，以至于把提问以及提问方式看成比回答本身更高级的东西，这显然是不可取的。不过，海德格尔恰恰就通过将谓词、系词的功能本体化，以提

---

① [德]阿多诺:《否定的辩证法》，张峰译，重庆:重庆出版社1993年版，第98页。

② 陶富源、金承志:《海德格尔生存论批判》，《高校理论战线》2010年第4期，第27页。

升、抬高提问和提问方式的地位，来避免形而上学的追问方式所遭遇到的缺陷，从而取得对传统形而上学的一种突破，这的确比形而上学要高明很多，但它也只不过是用语言虚构出来的一个伪问题，并没有更多的积极意义。因为拒斥了理性、拒斥了知识论，那么关于存在的运动机制到底该如何理解，他自己也根本没办法说清了，必然要转向神秘的非理性中去找寻答案。这种非理性把人类理智在解决困难问题体现出的局限，当作全部认识的终点，宣称问题的不可解决性就是真正的答案，并通过夸大、抬高各种非理性因素来截断理性认识的辩证进展，把问题交给非理性的东西，从而使问题本身变得不可解决。因此，它给出的方案就是后退到人类理性的限度之前，将避开、逃离和改变答案的做法看成是一种真正的"认识"。

所以，后来马尔库塞批评海德格尔存在论哲学"失去了实质内容"，"无止境的重复无意义的、没有解答的问题——因为他们不是真问题"，"在黑暗中摸索并且侵犯语言的文字游戏来源于日耳曼式的空想"①，是很有道理的。

海德格尔存在论的这种脱离了一切存在者之外的抽象过程之存在，不过是形而上学"改装"了的过程罢了。就事物和过程、存在与存在者而言，二者不可分割。事物总是过程的事物，不能脱离过程来理解事物；同样，过程总是事物展开自己的过程，也不能脱离事物来谈过程。因此，脱离存在的存在者不过是僵死的、石化的"实体"，而脱离存在者的存在，也不过是一个单词而已。存在并不存在，而是存在者存在；存在者总是存在的存在者，存在只是存在者的存在。

传统形而上学把事物与过程割裂开来，从既成的角度，而不是从过程的角度来理解存在者，无疑进入了一种片面性之中。海德格尔存在论虽然讲过程，但却是一种没有存在者的过程，把存在从一切存在者之中超拔出来，并看成决定一切存在者的抽象的过程，这种对传统形而上学的"反"，使海德格尔拘执于他所反对的东西的本质之中。诚如阿尔多诺指出的那

①〔美〕马尔库塞：《马克思主义、革命与乌托邦》，高海青、连杰、陶锋译，北京：人民出版社2019年版，第410页。

样，海德格尔存在的态度"像古老的绝对的理念的态度一样类似于传统的神性的态度。不过，存在哲学也提防着神性的实存。整体，不管它怎样的好古，它都不会承认自己是非现代的；相反，它以存在物为借口而享有现代性——存在超越了存在物，但存在物又原封不动地被掩盖在存在中"①。海德格尔离开事物讲过程，离开存在者讲存在，"因袭了西方形而上学所追求的'先验性'、'绝对性'与'永恒性'的哲学传统"②。正是在这个意义上，海德格尔存在论并未走出形而上学。

海德格尔存在论奉行存在的先在性、优先性，形成了一种存在的绝对主义、霸权主义。

法国哲学家勒维纳斯曾有力地批判过海德格尔的存在绝对主义、霸权主义。他也主张，存在者和存在二者并不能被分割开来，人们总是通过其中的一个对另一个加以考量。存在和存在者之间已经订立了天然的"盟约"，不能将二者孤立开来。存在总是存在者的存在，存在者就像主体对属性那样，对存在行使着支配权，而不是像海德格尔那样反过来，认为存在支配存在者③。当存在施行绝对主义、霸权主义，对存在者"非法取缔"后，就会造成一种存在自身的无人称、匿名性、同一性和总体性。存在的无人称意味着，"使与……某人的关系（伦理关系）从属于与存在者之存在的关系——这种无人称的存在允许对存在者进行掌握和统治（一种知的关系）"④。存在的匿名性意味着，"这种存在论仍然处于对匿名者的臣服中，并且不可避免地导致另外一种强力，导致帝国主义式的统治，导致专制"⑤。无人称性、匿名性，都指向存在的同一性和总体性对存在者的无情吞噬，对他者的完全排斥。由存在同一性和总体性而展示出来的存在的

---

① [德]阿多诺：《否定的辩证法》，张峰译，重庆：重庆出版社1993年版，第73—74页。

② 陶富源、金承志：《海德格尔生存论批判》，《高校理论战线》2010年第4期，第27页。

③ 参见[法]勒维纳斯：《从存在到存在者》，吴惠仪译，王恒校，南京：江苏教育出版社2006年版，第2页。

④ Emmanuel Levinas：*Totality and Infinity：An Essay on Exteriority*，The Hague：Martinus Nijhoff Publishers，1979，pp.15-16.

⑤ Emmanuel Levinas：*Totality and Infinity：An Essay on Exteriority*，The Hague：Martinus Nijhoff Publishers，1979，p.17.

运作方式，必然要求不能有其他之物来代替存在，去决定一切存在者的生死命运。

应该说，勒维纳斯的这一见解与阿多诺对海德格尔的批评，是比较一致的，都切中了海德格尔存在论形而上学的本质，即海德格尔对存在意义的追问，演变成一种存在"绝对主义""霸权主义"。存在脱离存在者而造成的无形性、不确定性，不但没有被怀疑，反而成为不可辩驳的、无可置疑的。于是，在这种新形式的存在的绝对主义的形而上学中，谁抗拒存在的这种权力和要求，"谁就会被怀疑为没有精神祖国、没有存在家园的家伙，谁就是卑鄙的"①。

海德格尔存在论强调存在对于存在者的绝对优先权，使存在者被存在所吞噬、淹没，这造成了存在的绝对主义、霸权主义。那么，海德格尔是怎样论证存在优先于存在者的呢？海德格尔在这里运用了一个"公式"，即他把存在问题看成是存在的意义问题，存在的意义又是在存在追问中显示出来的存在领会。这样，存在者之为存在者的规定，被托付给对存在的领会，而领会乃是向存在的一种追问。在这种存在论中，"领悟重新融入西方哲学的伟大传统：领会具体的存在，已经是置身于具体的存在之外。领悟指的是关联着仅通过认识而存在的具体的存在，而且领悟总是关于一般存在的认识"②。

海德格尔阐发道：关于存在的意义这个有待回答的问题中，"问之所问是存在——使存在者之被规定为存在者的就是这个存在；无论我们怎样讨论存在者，存在者总已经是在存在已先被领会的基础上才得到领会的"③。虽然他强调领会是存在领会，但这个领会则无法不是人的领会，并且人的领会是存在本身的意义的根据。海德格尔又自问自答道："是不是存在一些允许我们从存在问题本身出发而重获存在问题之根据的条件

---

① [德]阿多诺：《否定的辩证法》，张峰译，重庆：重庆出版社1993年版，第57页。

② [法]E.莱维纳：《基本本体论基础吗？》，朱进东译，《世界哲学》2003年第5期，第55页。

③ [德]海德格尔：《存在与时间》（中文修订第2版），陈嘉映、王庆节译，北京：商务印书馆2015年版，第10页。

呢？在根本上，存在问题之可能性的唯一根据就是作为可能存在的此在本身，是此在的可能性所蕴含的开觉状态（Entdecktheit）。"①实质上，此在领会无法不是一种心理体验，无法不是凭借思想体悟去把握对象。

海德格尔关于人的领会，是一种存在意义的追问。他指出，追问具有三个方面的层次：首先是领会的何所向，即存在；其次是领会之领会，得到明白领会的东西，指存在者的存在；然后是领会之所涉，即存在者。故而，在这个领会的过程中，对存在的领会是更加原初的东西，而后才是得到领会所涉及的存在者，存在领会在本体论上具有绝对的优先地位。这样，就可以把存在与存在者区分，并且产生出存在优先于存在者的状况。

就领会的过程来看，人有可能先领会到存在，继而再领会什么东西存在。比如，人在海边行走，忽然看到前方闪闪发光，"发光"是存在者向这个行人的一种存在显示，到底"什么"在发光，他却不知悉，当走近一看，竟是一颗珍珠。但也有可能先领会存在者，然后再领会存在者如何来存在。又比如，面对凡·高的油画《农鞋》，海德格尔本人也领会到，"从鞋具磨损的内部那黑洞洞的敞口中，凝聚着劳动步履的艰辛"②。因此，人到底是先领会存在，还是先领会存在者，是就领会过程具体特定的情境而言的。然而，在本体论上，存在和存在者是一体的，并无时间上的先后之分，也无逻辑上的先在后在之别。因此，并不能把这个领会过程绝对化，更不能用领会过程上的先后，来论证存在绝对优先于存在者，对存在的领会并不比对存在者的领会更加原初。海德格尔的谬识即在于：首先，把存在与存在者在人的领会过程中区分出个先后次序，并把存在领会看成先在的、最原初的东西；其次，把人的领会过程中，先领会存在的现象泛化为存在对存在者的绝对优先。当存在意义领会的优先变成存在的绝对优先的时候，就隐藏着进行存在领会的人的优先性问题。更确切地说，存在的绝对主义、霸权主义，对应着少数人的霸权。处于存在领会路途上的人，不会是普通大众，只可能是少数的人。这便是前文所提到的此在的

---

① [德]海德格尔：《时间概念史导论》，欧东明译，北京：商务印书馆2009年版，第184页。

② [德]海德格尔：《林中路》（修订本），孙周兴译，上海：上海译文出版社2004年版，第18页。

"第四重优先"所言说的内容。

存在和存在者共属一体意味着，任何存在者总是动态地存在着，否则它就是非存在；任何存在也必是存在者存在着，否则它就是痴心妄想。实体论形而上学从既成性来看存在者，从"终极因""第一推动"而不从存在者自身以及存在者之间相互作用的过程性的角度出发来解释存在者，因此成了海德格尔所说的无根的本体论。海德格尔的存在论以存在为根，从过程性的角度出发来解释世界，对实体论形而上学进行了克服。然而，必须要指出的是：海德格尔自以为"根"的那个存在，竟又是无根的，它脱离了一切存在者来妄谈动态性的纯存在，就成为另一种"无根"的本体论。

海德格尔为了证明自己可以脱离存在者来谈存在着，谈"在何以在""是何以是"，找出了一个可以直接诞生于存在的存在者——此在，来充当主词。此在，即是生存着的人。海德格尔这一手，其实也非特立独行。我们在黑格尔的思辨辩证法中也曾经见识过这种高明的手段，黑格尔提出实体即主体的思想，以赋予实体以能动的功能来实现绝对精神与现实的统一，存在与存在者的统一。与黑格尔一样，海德格尔也必须得找到这样一种"主体"，但显然，在他看来，这个"主体"绝对不能从实体性的存在者中来，而只能从动态性的存在功能中幻化出来。由此，海德格尔存在论必然提出：此在就是对存在的显示，而且此在还必须是那个存在唯一的显示者。

也就是说，海德格尔存在的绝对主义的形而上学，又进一步体现为一种此在主体论形而上学。海德格尔把存在落实到此在生存领会上，表面上看，是想要去避免形而上学中的"自我""主体""精神"等的根本缺陷，然而，其关于此在的分析，不仅不能被当成是对整个西方形而上学彻底性的革命，而且其并没有摆脱主体论形而上学的困境。或者说，在海德格尔这里，"我们碰到了一种非自我主义的主体主义，一种没有主体的主体主义"①。

二、海德格尔存在论是一种"没有主体的主体主义"

在海德格尔存在论看来，传统形而上学的主体主义和客体主义，虽然各自祭拜不同的"神"，但是却奉行着同样的主导原则，即以主体或客体为基础，来建构世界。由是，世界的基础要么在于绝对精神，要么就在于客观实体。而无论是绝对精神，还是客观实体，抑或是将两者同时并置、混合，都逃脱不了现代主体性形而上学的牢笼。他认为，现代主体性形而上学中暗藏着一个巨大的哲学丑闻，即它没有解决"进行认识的主体怎么从他的内在'范围'出来并进入'一个不同的外在的'范围？认识究竟怎么能有一个对象？"②

只要解决了这个问题，也就能克服现代主体性形而上学和一切形而上学。海德格尔提出的解决策略是什么呢？他的解决方案就是：将这个进行认识的主体转换成此在。他主张，此在不再是一个认识的主体，它本身就是"绽出"来的，"在外"的，是一个生存过程。"无论怎样来解释这个'内在范围'，事情总已经摆明了：人们只是发现认识成了问题，而并没有首先去澄清这个出此谜团的认识究竟是什么以及它究竟如何存在。"③故而，他认为问题的关键在于必须要从认识主体的存在方式着手。于是，海德格尔必然就要把此在这个范畴规定为不是内在主体，而是一上来就已经在外，即已经在世界之中存在着了。这样，整个认识问题就可以被奠基在此在在世生存的过程之中了。海德格尔说："此在本身就是作为认识着的'在世界之中'。反过来说，对被认识的东西的知觉不是先有出征把捉，然

---

① [美]劳伦斯·E.卡洪：《现代性的困境——哲学、文化和反文化》，王志宏译，北京：商务印书馆2008年版，第223页。

② [德]海德格尔：《存在与时间》（中文修订第2版），陈嘉映、王庆节译，北京：商务印书馆2015年版，第80页。

③ [德]海德格尔：《存在与时间》（中文修订第2版），陈嘉映、王庆节译，北京：商务印书馆2015年版，第81页。

后会带着赢获的猎物转回意识的'密室';而是:即使在知觉的收藏和保存中,进行认识的此在依然是作为此在而在外。"[1]

海德格尔不再把认识设想为主体与客体的关系样式,而将其当作是此在植根于在世的一种样式。虽然认识也是一种存在样式,但它却并不是基础层面的东西,或者用胡塞尔现象学的话来说,它是处于被奠基的层面上的。此在对存在的揭示,以及由此而来的此在在世存在的生存本体论建构机制,才是基础的层面。此在的在世生存,不是主体对客体的认识,而是此在的本质规定。在主体与客体的关系中,世界是相对于主体的那个客观现实对象的有机统一体。但在海德格尔此在的在世生存中,由于此在已经被提升到比主体更为基础的层面,所以,与之相对应的,世界便不能再是外在于此在的,而是内在于此在的一种性质。海德格尔指出:"世界之为世界本身是一个生存论环节。如果我们对'世界'作存在论的追问,那么我们绝没有离开此在分析的专题园地。'世界'在存在论上绝非那种在本质上并不是此在的存在者的规定,而是此在本身的一种性质。"[2]

这里,海德格尔存在论对现代主体性形而上学进行克服的方法,并不是将这种基础主义彻底毁坏,反而是掉转头来,一头扎到最"基础"的地方去。他认为,传统形而上学中所谓的"基础",与真正的那个基础根本没有沾上边。基础须是在最原初的先验境域,是现代主体性形而上学之前的那个东西。于是,海德格尔便去找寻更深的基础,尝试在更基础的层面上,通过根本上否定掉主体与客体的提法,从而回避这个问题。海德格尔通过此在在世存在的生存本体论建构,来解决形而上学在主体与客体关系的问题上所遭遇的唯我论困境。这种策略从表面上看,要比形而上学割裂主体与客体关系的做法,显示出一些优势。然而,本质上,它与形而上学犯了同样的错误:第一,世界不再具有客观独立性,而被内化为此在的一

---

[1] [德]海德格尔:《存在与时间》(中文修订第2版),陈嘉映、王庆节译,北京:商务印书馆2015年版,第82—83页。

[2] [德]海德格尔:《存在与时间》(中文修订第2版),陈嘉映、王庆节译,北京:商务印书馆2015年版,第86页。

个本质规定。这样，此在的规定本身就是在世存在。此在也就取得了同世界的一种神秘的"特殊关系"，它直接来自此在在生存论上的先在的、先验的优先权。这与主体对客体的单向度的认识模式一样，把人与世界之间无限的、复杂的关系给简单化了、片面化了。第二，此在虽然与世界保持着一种特殊的内在关系，而不必遭遇主体哲学的唯我论，但海德格尔又把此在在世存在的本质规定为"它去存在"①，这表明此在根本无法脱离筹划世界的功能，无法跨越、也不得不面对主体问题。最终，它不过是主体在德语之中的一个害羞的变种罢了②。

由于海德格尔存在的无人称性和匿名性，决定了它需要一个主体一般来担承。海德格尔强调，这个主体一般不是单个的我、你、他，不是这一群人，也不是那一群人，而是作为存在领会并能独立筹划自己将来的此在。海德格尔说，此在"这个存在者在其存在中对之有所作为的那个存在，总是我的存在……而按照此在这种向来我属〔Jemeinigkeit〕的性质，言语涉及此在的时候总必须连带说出人称代名词来：'我是〔ich bin，我存在〕'，'你是〔du bist，你存在〕'"③。此在不是现实的、具体的人，而是观念性的、个体性存在的人。此在的向来我属性就已说明，存在总是我的存在，所以标明此在对于其他存在者的优先地位的正是"我在""你在"这种主观个体性存在。但个体性显然已经遭到人们的批评，于是海德格尔便把单个的我、你、他转换成了"我在""你在""他在"式的表达，进而再抽象为一般意义上的"此在"。由此看来，海德格尔此在对形而上学意识内在性基本建制的洞穿是不彻底的，对唯心主义的抽象主观能动的克服是不成功的，"所谓的对主观主义的征服是骗取的"④。

在笛卡尔的我思主体、康德的先验主体、黑格尔的精神主体之中，知

①参见〔德〕海德格尔：《存在与时间》（中文修订第2版），陈嘉映、王庆节译，北京：商务印书馆2015年版，第57页。

②参见〔德〕阿多诺：《否定的辩证法》，张峰译，重庆出版社1993年版，第105页。

③〔德〕海德格尔：《存在与时间》（中文修订第2版），陈嘉映、王庆节译，北京：商务印书馆2015年版，第58页。

④〔德〕阿多诺：《否定的辩证法》，张峰译，重庆出版社1993年版，第113页。

识的合法性都是来源于意识主体。笛卡尔从怀疑出发，通过还原推导出我思主体对于我在实体的优先性；康德"哥白尼式的革命"清楚地说明，他的先验主体为自然界立法；在黑格尔那里，客观现实则全部被纳入绝对精神运动逻辑之中。这些都造成一种主体对客体的霸权主义，成为唯我论困境的又一表现。海德格尔的"此在对于其它（他）存在者的优先性"也同样地造成一种此在的绝对主义、霸权主义，即对其他存在事物客观地位的取消，对其他人的存在的同一化。

海德格尔宣称，此在是一种共同存在，并把共同存在标明为"此在在世存在的一个本质属性"。他指出："我实际上不是独自现成的存在，而是还有我这样的他人摆在那里。"①此在"这个存在者'首先'是在与他人无涉的情形中存在着，然后它也还能'共'他人同在"②。然而，此在共他人共同存在，实质是此在对他人存在的同一化。这种"共同"不是现实的、包含差异、矛盾的存在，乃是"此在式的共同"③。"共在是每一自己的此在的一种规定性；只要他人的此在通过其世界而为一种共在开放，共同此在就标识着他人此在的特点。"④这个此在式的共同，说的并不是人与人之间的关系，而是孤立的此在性质，是此在自身构造出的与他人的抽象关系。关于这一点，主张"深化论"论的广松涉也认识到，海德格尔存在论的共同存在，不过是立足于此在的"同晶型的原子的他人"⑤，因此它还是一个没有差异的伪共同体。勒维纳斯也指出，此在"这个自我独居的世界中没有作为他人的他者，对于自我来说，他人只是另一个自我，一个

①［德］海德格尔：《存在与时间》（中文修订第2版），陈嘉映、王庆节译，北京：商务印书馆2015年版，第153页。

②［德］海德格尔：《存在与时间》（中文修订第2版），陈嘉映、王庆节译，北京：商务印书馆2015年版，第153页。

③［德］海德格尔：《存在与时间》（中文修订第2版），陈嘉映、王庆节译，北京：商务印书馆2015年版，第151页。

④［德］海德格尔：《存在与时间》（中文修订第2版），陈嘉映、王庆节译，北京：商务印书馆2015年版，第154页。

⑤参见［日］广松涉：《物象化论的构图》，彭曦、庄倩译，南京：南京大学出版社2002年版，第167页。

他我，认识它的唯一途径是同情，也就是向自身的回归"①。海德格尔自己的论述，也印证了此在式的共同存在的虚假性："'他人'并不等于说在我之外的全体余数，而这个我则从这全部余数中兀然特立；他人倒是我们本身多半与之无别。我们也在其中的那些人。"②"他人就是自我的一个复本"。③因此，海德格尔此在所宣称的具体性、历史性完全存在于孤独主体之中。

在这里，海德格尔的存在论只是宣称要把主体哲学的思维模式颠倒过来，其实不过是用另一种哲学机制代替了主体，即此在通过揭示存在的意义来发挥自己的积极作用。此在的生存论建构创制了一种生存本体论的等级秩序：存在是最基础的、最本源的意义；此在是存在的显示，因此其处在次优的基础位置；而现实的生活世界则需要托付给此在，故而它必是处在无根的层面上。于是，我们看到，海德格尔关于存在之谜的求解，全部维系于此在的自我论证上，此在不过是对主体主义困境的一种抽象的克服。此在连同他找到的更基础的存在天命一起，都拘执在它们所反对的东西之中。亦如哈贝马斯所言，因为"海德格尔并不反对建立在自我论证基础上的哲学的等级秩序，所以，他只能通过挖掘更深的基础——因而也就不稳定了——来反对基础主义。在这个意义上，存在的天命观念仍然和它通过抽象而否定的对立面联系在一起"④。

的确，此在指示出海德格尔对形而上学意识内在性基本建制根本缺陷的深刻体会。对一切关注存在者层面的形而上学而言，此在是对它的所有缺点的排斥，或者是在原初生存层面的奠基。基于此，毋宁说，此在"是"一个"不"之"集合"，是一个"欠缺"之"集合"，即此在是针对

---

① [法]勒维纳斯：《从存在到存在者》，吴惠仪译，王恒校，南京：江苏教育出版社2006年版，第104页。

② [德]海德格尔：《存在与时间》（中文修订第2版），陈嘉映、王庆节译，北京：商务印书馆2015年版，第151页。

③ [德]海德格尔：《存在与时间》（中文修订第2版），陈嘉映、王庆节译，北京：商务印书馆2015年版，第158页。

④ [德]哈贝马斯：《现代性的哲学话语》，曹卫东译，南京：译林出版社2011年版，第161页。

以往形而上学的"欠缺"而被创生的，故而在它身上就映射出所有以往形而上学"欠缺"。海德格尔存在论没有成功走出形而上学。它关于存在、此在的一系列生存本体论的建构，是通过"本真性的行话"①，把响亮的、时髦的话语伪装成深刻的洞察，从而成就一种新的哲学进路。

这样，海德格尔对尼采哲学的批判："尼采的哲学必然如同所有的'反……'（Anti-）一样，还拘执于它所反对的东西的本质之中"②，是同样适用于他的存在论哲学的。海德格尔要用此在这个"中心""基础"，来反对形而上学的主体这个"中心""基础"，这种反拨，也必然"如同所有的'反……'（Anti-）一样，还拘执于它所反对的东西的本质之中"，表现为一种存在的绝对主义，是一种没有主体的主体主义。

三、此在无主客矛盾关系的建构是一种虚构

马克思在批判费尔巴哈的抽象人本主义时指出："费尔巴哈设定的是'人'，而不是'现实的历史的人'。'人'实际上是'德国人'。"③这一批评，也同样适用于海德格尔存在论所理解的此在。

在第一章我们指出，海德格尔存在论的此在具有四重优先性，它标明了此在是一切的中心，是生存的基础，是一个"别写"的主体。此在的第四重优先性正是特殊此在优先。而这个特殊此在，也是"德国人"。此在这种特殊的存在，根本不是现实的历史的人，而是对现实的、历史的人的抽象摹写。海德格尔存在论的此在去生存的无矛盾建构，并不是现实的建构。

此在的本质在于它去存在，即生存。此在要想实现自己对存在意义的追寻，需要从非本真状态转换到本真的存在状态，使这种转换得以可能的

---

① "本真性的行话"是阿多诺在其《本真性行话》一书中提出的概念。阿多诺用此概念来批判海德格尔，说海德格尔总是自创一些哲学行话，并赋予这些行话貌似神圣而普遍的意义迷惑读者。

② ［德］海德格尔：《林中路》（修订版），孙周兴译，上海：上海译文出版社2004年版，第231页。

③ 《马克思恩格斯选集》第1卷，北京：人民出版社2012年版，第155页。

关键，又在于此在生存的基础结构。这个基础结构就是"在——世界之中——存在"，即在世存在。此在的在世存在，在海德格尔存在论中是通过操心来论证的。

操心结构具有三个环节：首要环节是先行于自身，即将来；第二环节是已经在世界之中，即过去；第三环节是寓于世界之内来照面的存在者，即现在。操心的整体结构是表示着将来已经在过去中寓于现在而存在[①]。在此，海德格尔是将操心本体化了，即在操心中，通过回顾过去和面向将来所产生的当下情绪，把对人的分析还原为此在生存上的原始的时间结构；又通过把此在的生存与时间关联起来，来论证此在在世存在这个先验形式结构。人的生存问题由此就转变为本真时间的展开，即通过操心的展开，"奠定了此的整个展开状态"[②]。于是此在便成为一种能够向本真生存时间而绽出的存在。这样，人就通过操心，成为从非本真的日常在世方式向本真的此在原始在世方式转变的能在。操心又表现为操劳。操劳使此在把存在者意义上的在手之物，转换为生存意义上的上手之物。此在通过生存意义上的上手之物的操劳，才能领会到与世界浑然一体的生存论状态。也即是，领会到它对在手之物的操劳，乃是沉沦在世的非本真的存在方式，这种方式使人异化到所操劳的对象上去，被对象役使，因而生存也就变得无根无据。由此，此在便产生了罪责，产生了畏。畏的产生与良知的呼唤，相互应和；良知的呼唤，使人产生要面向本真生活的决断，从而使此在得以内在地、自由地展开本真的能在。

人在世界中生存，为诸多事而操劳，由此而产生出操心、负罪感、畏等的情绪，这也是人之常情。所以，操心等这些心理情绪不过是在人在生存过程中的一种心理表现。也就是说，它不是第一位的，而是随着人生存过程中展现出来的具体情境而变化的，因而，不能把它们的地位和作用夸

---

① 参见[德]海德格尔：《存在与时间》(中文修订第2版)，陈嘉映、王庆节译，北京：商务印书馆2015年版，第239页。

② 参见[德]海德格尔：《存在与时间》(中文修订第2版)，陈嘉映、王庆节译，北京：商务印书馆2015年版，第425页。

大，更不能装扮成客观存在的模样，来先验地论证人的生存问题。海德格尔把作为第二位的人的心理情态的操心加以本体化，这使得操心成为他用来解释人的在世存在与历史发展问题的一个"上帝之手"：先是把此在的本质规定为动态的存在着、历史的发展着，以反对既成性的实体论形而上学；然后再反过来，将其扭结为静态的在世存在的生存本体论上的前结构，以论证人的本真能在。

然而，海德格尔所谓的操心结构的原初性、客观性，实际上是由胡塞尔先验自我和纯粹意识的一元性改换而成的，是从意向性那里拓展出来的范畴。在胡塞尔意识本体论中，意识被赋予四种先验的存在特性：内在的存在、在绝对的被给予性意义上的绝对的存在、在构成性的先天意义上的绝对的存在以及纯粹的存在①。海德格尔则认为，这四种存在的特性并不是意识的规定，因为意识本身根本无法赢获它。所以，还需要一种新的生存论的分析来获得。这就说明，操心处理的事情也是对超出经验意识领域之物的绝对地把握，只不过不是胡塞尔的先验意向式的逻辑建构。海德格尔对胡塞尔意向性的拓展、突破，并不意味着他反对意向性，而是把胡塞尔的意向性看成是第二位的，而把操心看成是第一位的。操心作为源始的结构整体性，在存在论上已经先天地处于此在的任何实际行为与状况之前，因此就总是已经提前处于它们之中了。这样，海德格尔存在论的操心经过意向性的洗礼，已然不再是一个实践行为，而只能是一个理论行为。尽管海德格尔反复强调它不能等同于作为理论行为的胡塞尔意向性，但操心不是一个纯粹生存本体论意义上的元结构。

此外，对于人的日常生活的操劳、辛劳，并不能只从否定的意义上来看。人过分操劳，固然不足取；但是，如若不事操劳，饱食终日，无所作为，反而会使人失去与现实生活世界的关联，失去人的存在的意义和价值。

海德格尔存在论把人的在世存在，看作此在能在的无矛盾建构，但是此在的这种无矛盾建构是虚妄的。

①参见［德］海德格尔：《时间概念史导论》，欧东明译，北京：商务印书馆2009年版，第142页。

海德格尔所理解的世界是内在于此在的一个性质，这个世界不是数学的、物理的世界，或逻辑的世界，而是前理论意义上的世界。基于这种认识，他批评了主客二分的思维模式。

海德格尔认为，主客二分式的思维模式，首先设立一个孤立的主体和实在的客体；然后主体或是依靠抽象的绝对精神，或是通过自身先验的认识能力，对实在的客体世界进行认识和揭示。于是，传统形而上学中的认识论哲学，不可避免地要去面对这样一个认识论上难题，即哲学上的丑闻：内在的主体如何超越自身的界限而去切中外在于它的客体存在。在海德格尔看来，主客二分思维模式的本质特性，又集中体现为表象性、计算性、对象性和课题性思维。在这种思维模式中，人也就丧失了原初的生存意义，完全变成表象着的主体。笛卡尔的主体性哲学，就是这种表象性思维的典型代表；而黑格尔的实体即主体的思辨辩证法，则是这种表象性思维的集大成者。海德格尔认为，在黑格尔辩证法中，存在被完全遮蔽起来。存在被完全遮蔽，造成千篇一律的状况。无论是资本主义还是社会主义，它们在本质层面上，即思维模式层面上没有什么两样。存在被遮蔽而造成的一切事物都千篇一律状况，在他看来，就是虚无主义。

海德格尔认为，不能再拘执于主客二分的思维方式之中打转转，而应该向主体与客体、人与世界等一切二元对立之前的那个原初生存境域上还原去。他指出，不能再像以往的形而上学哲学家那样，把客观世界看成是外在于人的，而只有把世界看成人的生存过程一个生存论环节，看成是此在内在的属性，才能真正解决这一主体与客体的二元分立问题。海德格尔存在论正是把人对自身存在，以及世界的认识与揭示，归结为主体与客体对立之前的原初生存境域的追问和领会。

海德格尔存在论强调，此在自从"诞生"，就是带着世界而来的，此在存在的方式是依寓于世界而存在。"在世界之中"这种存在方式，不是像一种存在者在另一种存在者之中那样，不是像人在屋子里，水在杯子中，或衣服在柜子中等那样①。此在在世界之中依寓于世界而存在，是指人与世界是浑然一体、融合无间的，根本不存在主客二分的那种矛盾对立。并且，此在始终都是从世界来理解自己与其他事物，以及与世界自身的关系的。世界、在之中和此在为谁，成为生存论上的三个要素和环节，共同组建起此在在世存在这一基础结构，这就是此在去生存的本体论上前结构。使此在在世存在的三个要素和环节，作为一个统一的整体结构而呈现出来的此在生存论范畴，正是操心。操心则是将日常的操心情态本体化、能在化的一个先验范畴。如是，海德格尔的此在在世存在就与现实的人的在世界中生存、发展具有原则性的不同了。

海德格尔的这种批判分析涉及了形而上学的要害部分，但是在解决的方案上却没有成功。也就是说，海德格尔通过所谓的此在在世存在的分析，并没有真正解决问题，实质上是把问题回避掉了。

关于主体与客体关系的认识和揭示，很多哲学家都在这个问题上殚精竭思，试图为人类的认识作出贡献，然而都没有取得成功。其根本原因不在于海德格尔所批评的主客二分的思维方式，而在于他们没有去关注和揭示人与自然、人与人、主体与客体、主观与客观、思维与存在、物质与精神等之间"相分又相合"的物质的实践活动基础。

康德的批判哲学对此的解决方式是，把世界划分为自在之物和感性世界，也即是自在之物与先验观念论的二元对立。感性世界是认识论的世界，是科学知识的世界，这个世界的最终来源是先天主体能力。这样，主体与先验知识论体系中的客体之间就不存在"相分"。然而，康德承认了自在之物的独立性，认为它是先验主体的界限，于是在他的批判哲学中，先验主体与自在之物"相分"。康德批判哲学的不可思议之处，或曰富有启发意义之处则在于，在这种"相分"中完成了纯粹理性、实践理性和判断力之间的相互区划与相互转承，这可以看作是自在之物所取得的"相合"的功能，但是康德批判哲学却止步于自在之物的设定，并没有在此基

———————
① 参见［德］海德格尔：《存在与时间》（中文修订第2版），陈嘉映、王庆节译，北京：商务印书馆2015年版，第72页。

础上进一步揭示出自在之物向为我之物的转化何以可能的机制或原理，因而没有真正解决这一问题。

黑格尔批评了康德批判哲学的这一缺陷，并用其绝对精神替代了康德的自在之物，认为人与自然、主体与客体、思维和存在之间等的"相分与相合"，都可以还原到绝对精神的同一性之上，因而作为思维主体的人，能够认识作为思维对象的外在事物。这样，无论是相分，还是相合，在黑格尔绝对精神自身抽象的矛盾运动中都被解决掉了。

当然，费尔巴哈批评黑格尔的这种思维确定性，代之以感性直接确定性，从而试图解决相分与相合的问题。费尔巴哈认为，感性的人归根到底是一种感性的自然存在物。他虽然批评了抽象的意识主体能动，却把主体何以能认识和揭示客体的问题交给感官、感觉，这陷入直观性、受动性之中，并未走出意识内在性。

胡塞尔现象学的意向性理论，本质上还是一种意识本体论，它通过对意识自身的本质结构的分析，来解决主体与客体的分立与统一问题。这样就把主体与客体、人与世界的分立与关联问题，还原到对意识内在的本质结构分析上而得以抽象解决。这种意识本体论，实际上是在康德先验主体止步的地方继续往前推进了，从而把自在之物的问题回避掉了。

不难看出，上述哲学理论都在一定程度上作出了自己的解决：康德批判哲学，将"相分"保留下来，没有处理；黑格尔思辨哲学，把它归结为绝对精神来解决；在费尔巴哈人本学唯物主义，把它归结为自然来解决；胡塞尔现象学，将它还原到意识自身的本质结构上来解决。但是，在他们那里，人与世界的现实矛盾或因片面归结被否定，或因抽象还原被取消，都没有能得到正确的揭示。

为了避免出现以往哲学家们的缺陷和麻烦，为了不再与主客二分的思维方式谋面，海德格尔便在胡塞尔意向性理论的基础上，通过将意识拓展为此在，而把人与自然、主体与客体、思维与存在、物质与精神等的二元划分都回避掉、排除掉了。海德格尔存在论认为，此在的本质在于绽出生存，在于去存在。这样，此在与世界源初一体了，世界就被规定是此在的内在性质，此在则被规定为在世存在。在此基础上，把此在的在世存在解读为一个先验的形式结构，最后通过将操心这个人的心理情态本体化，来统摄这个在世存在的形式结构。

无疑，人必须在世界中才能生存。但是，却不能把世界看成是人的一个内在性质，把人的在世看成是人与世界的浑然一体、融合不分。这种浑然一体、融合不分的状态，在历史上曾经存在过，即人类历史早期那种蒙昧、混沌的古代世界。在古代世界中，人的现实的主体性还没有从自然中提升出来。海德格尔强调人与世界的浑然一体，与一般的回到古代世界的复古意识不一样。他认为，人类的原始时代是非本真时间上的原始，因而还不是真正的原始；而他所谓人与世界的浑然一体，是指人的生存本真时间上的先验的、前理性的源始境域。无疑，这两种要求人与世界的混同不分，都是有问题的。此在与世界的浑然一体的这种存在方式，同样排除了现实的对象，也排除了现实的人，是一种抽象的、虚幻的人与世界的无矛盾安顿。在本质上，这来源于存在和此在的绝对主义、霸权主义。

海德格尔存在论的解决方案，在反拨一个极端的过程中，走向了另外一个极端。海德格尔既想要克服唯心主义，克服我思、意识、主体，又想要超越唯物主义，消解自然界的客观先在性以及客观世界的制约性。那么，他就只能去强调一个主客二元分立前的领域了，通过回到这种原初生存境域来把主客二元分立及主客关系取消掉或转换掉。这种解决方式，虽然在具体内容上，与以往哲学家的解决方式有所不同，但本质上是一致的，即都是回避了问题，回避了人与世界、人与自然、主体与客体等的实际矛盾，而根本不是对这个矛盾的正视和解决。正是这种所谓的人与世界、主体与客体分立之前的那个先验的、前理性的原始境域，给海德格尔带来一种抽象能动的主体性。实际上，这种抽象能动的主体性本身，正是以人与世界、主体与客体的分立为前提的。只不过，它不是客观现实世界的正确表达，而是一种歪曲的反映。主客分立及主客关系"不是人们选择赞同或反对的观念或立场，它概括的恰是人类生存和发展的条件，是一种必然存在的客观事实"①，它标志着社会历史的进步与发展。海德格尔存在论只是试图从理论上解决理论的问题，没有理解到主客分立的现实意义，因而，其存在论根本无法将主客统一起来，不过是在主客之间"飞快地左右摇摆而已"②，它仍然停留在形而上学之中。要想克服形而上学思维模式的缺陷，并不是不讲主客分立及主客关系，主客分立与主客关系必须要讲，不可拒斥，它是人生存发展实践活动的基础，主客对立统一是在坚持自然界的客观先在性、制约性的基础上，通过人的能动的物质性实践活动达成的对立统一。

海德格存在论对资本主义社会中人的存在状况的分析，尤其是对世界大战、经济萧条、人的价值贬损、技术异化等资本主义社会现象的反思，的确具有积极的意义和价值。但是，不能因此而对海德格尔存在论的内容和方法、作用和意义，作片面地夸大，无限地拔高。因为，其存在论乃是与人的非理性的情绪相联系的抽象能动论，即将人的非理性因素本体化为人生存过程中的先验结构，以之来论证人的生存。海德格尔存在论把主体与客体、人与世界、人与自然、人与人等现实矛盾关系的解决，归结为通过良知呼唤的决断达到所谓本真的存在。这种把人的在世存在看成一种无矛盾的能在在世，无疑会对人的生存问题的认识和解决产生不可避免的遮蔽和误导。

正如海德格尔自己指出的那样："我全然不知道任何直接改变现今世界状况的道路，即使说这种改变根本就是人可能做到的我也不知道。"③海德格尔存在论虽然在一定程度上描述了人的异化状况，但并未看到产生这种异化状况的根本原因，也就谈不上找到关于其真正的破解之道。当海德格尔把现实的历史世界归结为主客二分的思维方式支配的时候，资本主义"背后"的最大本质，就被理解为是形而上学的思维方式了。一旦作如此

---

① 陶富源、张涛：《关于"超越论"的反思》，《马克思主义研究》2010年第11期，第93页。

② David Kolb：*The Critique of Pure Modernity：Hegel，Heidegger，and After*，Chicago：The University of Chicago Press，1986，p.348.

③ ［德］海德格尔：《海德格尔选集》（下），孙周兴选编，上海：上海三联书店1996年版，第1310页。

的理解和归结，那么就必然会把对现实社会状况的历史变革定位在思维方式的转变上。海德格尔也正是以一种所谓的有别于形而上学的存在领会、存在之思，来求得新的转变，开启所谓存在历史的新端点，以达到对资本主义的"超越"。当然，这有助于我们认识和反思资本自我增值逻辑与形而上学意识内在性本质的一致性。但这种关于现今世界状况，关于资本主义社会的变革，是抽象的，而不是现实的。

海德格尔存在论关于"人之谜"的求解，没有切中人的现实存在，找不到人的自由解放的现实革命道路。我们不能说海德格尔存在论不讲人的能动，只是他讲的此在的能动，与意识主体的能动性一样，仍是一种抽象的人的主体能动，是通过此在追问和领会而进行的此在能在的无矛盾式的生存本体论建构，而不是现实的人的实践变革。生存本体论建构要求还原到主体与客体、人与世界的对立之前的所谓前理性领域，从而进入与物混同、相互应和、自由来去、泰然任之的主客不分境地。如是，它便无实践品格可言了，陷于浪漫主义、神秘主义之中而不能自拔。人哪能只停留于想象中来安顿、解决主观与客观、主体与客体、人与自然、人与人等之间的客观现实矛盾，人需要通过现实的实践变革，才能实现人的自由全面的发展，以及人与自然、人与人关系的高度和谐。正如马克思指出的那样："人应该在实践中证明自己思维的真理性，即自己思维的现实性和力量，自己思维的此岸性。关于思维——离开实践的思维——的现实性或非现实性的争论，是一个纯粹经院哲学的问题。"[①]

思维自身只有通过人的能动的客观物质实践活动，才能体现出它的现实性和力量。离开实践来讨论思维的现实性或非现实性，那便是纯粹经院哲学的问题，是超感性世界的形而上学问题。马克思主义具有鲜明的实践品格，它通过科学实践观的创立，不仅超越一切形而上学，而且树立起彻底的唯物主义的原则高度。

---

① 《马克思恩格斯文集》第1卷，北京：人民出版社2009年版，第500页。

第四节　马克思主义的哲学革命与原则高度

从哲学革命维度看，虽然海德格尔存在论与马克思主义都对形而上学进行了激烈批判，但二者却有原则性的不同。海德格尔存在论没有真正走出形而上学，表现为一种存在的绝对主义、"没有主体的主体主义"，而马克思主义与之不同，它实现了对一切形而上学的彻底革命。从人学维度看，马克思主义是关于现实的人及其历史发展的科学，而不是此在无历史性、无矛盾性的生存论建构。其现实的人是人民主体，而不是个人主体；现实的人的历史发展是人与自然、人与人、生产力与生产关系等的矛盾运动，而不是无矛盾的生存论建构。因此，不能以海德格尔存在论为根基，来理解马克思主义关于人的本质存在及其自由全面发展。从现代技术困境与虚无主义本质之思来看，海德格尔存在论流于神秘主义而无法真正切中技术困境与虚无主义之本质，而马克思主义深入到现代技术困境与虚无主义的本质之中，进行了现实的、具有原则高度的批判，并澄清了其真正的破解之道。

一、马克思主义对形而上学进行了彻底革命

马克思对西方形而上学的哲学革命之所能够实现，是因为马克思在唯物主义的基础上，通过形而上学批判与政治经济学批判，创立起科学的实践观，从而实现了物质观与实践观的辩证统一，创立了彻底的唯物主义。马克思彻底的唯物主义超越了旧唯物主义的"物质实体"原则与唯心主义"精神主体"原则。

（一）科学实践观的革命意义

马克思强调，不仅是人们的物质生活，包括人们的精神生活、思维方

式等都要从客观的物质实践活动中才能求得科学的说明。他指出："全部社会生活在本质上是实践的。"①意识不过是由与他人交往的迫切需要才产生的，"意识一开始就是社会的产物"②。因此，根本"不是意识决定生活，而是生活决定意识"③。

马克思在坚持唯物主义的基础上，把实践活动引入哲学之中，这实现了哲学思维方式、哲学活动的根本变革，从而发动了对一切形而上学的革命，彻底根除了形而上学产生的根源。

实践是感性的、对象性的物质活动。首先要区分的是，这里的"感性活动""对象性活动"，与海德格尔所批判的"对象性思维""表象性思维"等现代形而上学思维活动，是根本不同的。海德格尔所言的"对象性思维"等，是主体内在地去"贯通"外在的对象，从而陷入主体性形而上学的思维方式。而马克思的实践作为感性的、对象性的物质活动，它是客体制约与主体能动辩证统一的物质活动，是物质因素与精神因素辩证统一的现实的人的活动。

客体制约是指作为主体的能动性，必须要在客体的制约下才是可能的、现实的。如果没有这种制约性，就根本谈不上主体能动性。因为主体能动性，必须要以客观存在物作为自己的对象，没有这些对象，连主体自身的存在都会成问题。马克思阐述道："一个存在物如果在自身之外没有自己的自然界，就不是自然存在物，就不能参加自然界的生活。一个存在物如果在自身之外没有对象，就不是对象性的存在物。一个存在物如果本身不是第三存在物的对象，就没有任何存在物作为自己的对象，就是说，它没有对象性的关系，它的存在就不是对象性的存在。"④非对象性的存在物是非存在物。

非对象性的存在物是不存在的。一个存在物之所以存在，它必须是对

①《马克思恩格斯文集》第1卷，北京：人民出版社2009年版，第501页。
②《马克思恩格斯文集》第1卷，北京：人民出版社2009年版，第533页。
③《马克思恩格斯文集》第1卷，北京：人民出版社2009年版，第525页。
④《马克思恩格斯文集》第1卷，北京：人民出版社2009年版，第210页。

象性的存在物，在它自身之外有自己的自然界，有自己的对象性存在者，而且它必须作为第三存在物的对象性的存在物。感性的、现实的人，就是对象性的存在物，而不是非存在物；感性的、现实的人，本身就是自然界，是被对象设定的存在物。由此，人才能进行对象性的活动，也才能存在。"人通过自己的外化把自己现实的、对象性的本质力量设定为异己的对象时，设定并不是主体；它是对象性的本质力量的主体性，因此这些本质力量的活动也必须是对象性的活动。对象性的存在物进行对象性活动，如果它的本质规定中不包含对象性的东西，它就不能进行对象性活动。它所以创造或设定对象，只是因为它是被对象设定的，因为他本来就是自然界。因此，并不是它在设定这一行动中从自己的'纯粹的活动'转而创造对象，而是它的对象性的产物仅仅证实了它的对象性活动，证实了它的活动是对象性的自然存在物的活动。"①人是自然存在物，人的活动是对象性的自然存在物的活动，它受其他任何第三存在物的设定、制约，同时也设定、创造对象，把自己的对象性的本质力量设定为异己的对象。

实践活动首先包含的是体现自然界的客观先在性、规律制约的所有感性客体、现实客体。感性客体、现实客体不同于唯心主义式的思想客体，它不能被思维"贯通"，不能被内在意识"征服"。一旦用思维、内在意识去消解、否定感性客体、现实客体，那么感性客体、现实客体也就不再是感性的、现实的、客观的，而是要沦为主体能动的、外化活动的思想客体了，这就无法走出形而上学了。

在这一点上，费尔巴哈唯物主义对马克思唯物主义的形成和创立，有着原则性贡献。马克思在《关于费尔巴哈的提纲》中谈到，以黑格尔为代表的形而上学思维方式，把握的是意识主体的抽象能动达到的状态，即思想客体，而费尔巴哈"想要研究跟思想客体确实不同的感性客体"②。感性在费尔巴哈这里意味着受动性、直观性，感性客体与思想客体不同，它无法被思想所贯通，反而是思想要受到感性客体的制约。

---

① 《马克思恩格斯文集》第 1 卷，北京：人民出版社 2009 年版，第 209 页。

② 《马克思恩格斯文集》第 1 卷，北京：人民出版社 2009 年版，第 499 页。

费尔巴哈用感性客体驱逐了包括思想客体在内的一切非感性客体，使哲学的目光从超感性领域转移到感性领域，从超感性客体转移到感性客体。马克思正是基于此，才高度赞赏费尔巴哈的，认为只有费尔巴哈"在这个领域内做出了真正的发现……真正克服了旧哲学"[①]，"证明了哲学不过是变成思想的并且通过思维加以阐明的宗教，不过是人的本质的异化的另一种形式和存在方式；因此哲学同样应当受到谴责"[②]。

与费尔巴哈一样，马克思主义要研究的就是思想客体完全不同的感性客体。费尔巴哈在面对感性客体的时候显得力不从心，他不知道如何才能有效地切中感性客体，以找到从他自己所批判的黑格尔思维王国通向现实世界的道路，而只是取得了感性客体与超感性客体的简单对立，只是从客体的、受动的或直观的方面讲"自然""人""对象"等，而没有讲人的现实主体性，以及能动性和创造性，没有立足于人的实践活动来讲客体制约与人的能动的辩证统一，这就致使他的"感性客体""感觉"等，处于与"思想客体"一样的抽象性之中，无法真正摆脱意识的内在性建构，也就无法走出形而上学。

马克思主义恰恰是在实践活动中理解和研究感性客体。实践活动中感性的、现实的人，对对象性存在物的设定、创造，并不是"自我意识""精神""思想"的主体异化进程，这里的设定、创造是现实的、对象性的"本质力量的主体性"。在形而上学那里，"主体"与"对象"是矛盾对立的，要么是"主体外化去征服对象"，要么是"客体对象压制主体"。而在马克思这里，实践活动的"主体性"是"现实的、对象性的本质力量的主体性"，它不再等同于"自我意识"外化的一维的、单向的"主体"，当然其"对象性"也不是单纯受动的客体。因此，不能再从形而上学维度来理解这种"主体性"。

这种现实的、对象性的本质力量的主体性，不再是从意识主体出发去设定客体、征服客体，不再是从内在精神能动出发去贯通外在客观实在，

①《马克思恩格斯文集》第1卷，北京：人民出版社2009年版，第199页。

②《马克思恩格斯文集》第1卷，北京：人民出版社2009年版，第200页。

也不再是旧唯物主义式的客体俘获主体、他者降服自我。它既不是意识主体一元的"自我之光",也不是客体一元的"他者之光",而是主观与客观、自我与他者、内在与外在等二重建构、辩证统一的现实的人的主体性。

马克思实践活动所蕴含的基本原理是理解和把握马克思发动的哲学革命的核心。马克思阐述道:"主观主义和客观主义,唯灵主义和唯物主义,活动和受动,只是在社会状态中才失去它们彼此间的对立","理论的对立本身的解决,只有通过实践方式,只有借助于人的实践力量,才是可能的;因此,这种对立的解决绝对不只是认识的任务,而是现实生活的任务,而哲学未能解决这个任务,正是因为哲学把这仅仅看做理论的任务。"①对形而上学的根本性颠覆,不仅仅是认识的问题、理论问题,而是需要通过实践的方式,借助于人的实践力量,对现实生活、感性世界进行革命性转变。感性世界、感性社会的运动、变化和发展只能靠人的实践活动来实现,而不是通过感性直观或理论抽象实现。感性世界经由人的实践而发生了革命性变革,由此主观主义与客观主义等一切理论产生的根基就发生了变革,一切理论的对立本身便获得了解决。

需要强调指出的是,对马克思哲学革命的发生进路,科学实践观的形成进路,也不能只从形而上学批判的维度来理解,而要从形而上学批判与政治经济学批判内在关联的基础上来加以把握,既不能把马克思的科学实践观解读成抽象的哲学范畴,也不能将其解读为资产阶级经济学的从个人利益出发的行动。

马克思创立科学实践观的目的,是要批判整个资本主义生产、生产方式和资本主义社会结构,实现共产主义。这就需要对整个工业和社会的有机结构进行现实的实践变革,把现存的历史条件变成每个人自由联合所需要的物质条件。因此,共产主义作为现实的实践改造运动,就不单单是马克思发动形而上学批判而得出的一个概念,它必须具有经济的性质。

马克思、恩格斯指出,共产主义和所有过去的运动有着根本的不同,

①《马克思恩格斯文集》第1卷,北京:人民出版社2009年版,第192页。

这种不同就在于：共产主义"推翻一切旧的生产关系和交往关系的基础，并且第一次自觉地把一切自发形成的前提看做是前人的创造，消除这些前提的自发性，使这些前提受联合起来的个人的支配。因此，建立共产主义实质上具有经济的性质，这就是为这种联合创造各种物质条件，把现存的条件变成联合的条件"①。对"共产主义的唯物主义者"来说，要做的就是"改造工业和社会结构的必要性和条件"②，推翻一切旧的生产关系和交往关系的基础，变革整个资本主义制度，而这只有通过实践才能实现。因此，"共产主义的唯物主义者"也就是"实践的唯物主义者"。"对实践的唯物主义者即共产主义者来说，全部问题都在于使现存世界革命化，实际地反对并改变现存的事物"③。所以，共产主义不是从哲学那里设定出、抽象出来的理想，也不是从资产阶级经济学那里直接导引出来的状况，它是在马克思通过唯物史观的创建和政治经济学的研究基础上而得出的科学概念，是通过实践体现出来的那种"消灭现存状况的现实的运动"④。

马克思主义科学的实践观，与海德格尔存在论无矛盾的此在能在生存不同，它肯定物质生产劳动是人类最基本的活动形式，揭示了生产实践的内在矛盾是生产力和生产关系的矛盾运动，指明了实践是人与自然、人与人、人与社会等相互关联的中介，实践活动是作为历史主体的人与客观自然环境、主体与客体、思维与存在之间相互作用的、能动的物质活动。科学实践观的创立，将唯物主义原则彻底贯穿于包括自然界、人类社会和思维等在内的世界全部领域，从而超越了机械直观的旧唯物主义，形成了能动辩证的唯物论，因而也是彻底的唯物论。

旧唯物主义之所以是不彻底的、半截子的，根本的原因就在于它并没有将唯物主义的原则在人类社会历史领域贯彻到底，没有把自然界的客观先在性坚持到底，没有坚持在此前提下通过物质实践活动达成的自然界与

①《马克思恩格斯文集》第1卷,北京:人民出版社2009年版,第574页。
②《马克思恩格斯文集》第1卷,北京:人民出版社2009年版,第530页。
③《马克思恩格斯文集》第1卷,北京:人民出版社2009年版,第527页。
④《马克思恩格斯文集》第1卷,北京:人民出版社2009年版,第539页。

人类社会的辩证统一的历史进程。也就是说，它没有达到科学实践观的高度，导致它不理解人类社会是从自然界分化出来的物质世界的有机组成部分，不理解实践活动本身及其造就的社会关系等，都是一种客观的物质性联系、物质性存在。由此，马克思、恩格斯指出："当费尔巴哈是一个唯物主义者的时候，历史在他的视野之外；当他去探讨历史的时候，他不是一个唯物主义者。在他那里，唯物主义和历史是彼此完全脱离的。"①

马克思主义的科学实践观，实现了物质观与实践观的辩证统一：其物质观不再是旧唯物主义机械的物质观，而是能动的、历史发展的物质观。其实践观之所以科学，也就是因为它是以唯物论为根基的辩证的物质实践观。马克思把实践看作是人能动地改造客观世界的物质活动。这种活动及其历史的展开，并不是对自然界客观先在性的拒斥或消解，而是对它的一种退后证明。

前文曾指出，人在自然界客观先在性、制约性的基础上，通过实践活动，进行持续不断的历史的创造，复活了、唤醒了"死寂"的自然史，同时又开创了新的、"活的"人类社会史，并使二者有机地转换为同一个历史进程。客观自然界在人的实践活动过程中，自身也得以能动地呈现和展示出来，这种呈现和展示就是对自然界客观先在性的退后证明。

一方面，没有人的实践活动，没有这种能动的呈现和展示，人们就无法认识"自在之物"，也实现不了从"自在之物"向"为我之物"的转化，即根本不会存在这种相对于人而言的所谓"先在性"。自然界的客观先在性就是相对于实践活动而言的，是通过实践活动能动地呈现、展示和证明出来的，而不是在头脑中想象出来的。另一方面，也正是自然界的客观先在性、制约性，给人类实践活动提供了基础、创造前提，而且这种客观先在性、制约性并非是只作"第一推动"完事，它处处在场。人类社会，甚至包括思维及其发展规律，都无法摆脱它，也不可能脱离它。不管何时何地，人类实践活动愈是向前发展、愈是深入，我们就愈加能强烈地、鲜明地感受到自然界的这种客观先在性、制约性。换句话说，人类实践越是体

---

① 《马克思恩格斯文集》第1卷，北京：人民出版社2009年版，第530页。

现出其鲜明的开放性品格和未来性指向，自然界的客观先在性、制约性就会越发地凸显出来，永远不会消失褪去。

将能动的物质观与唯物论的实践观辩证统一起来的彻底的唯物主义，不仅扬弃了旧唯物主义的物质实体论形而上学，也根除了唯心主义的精神主体论形而上学，指明了只有通过实践变革，才能彻底铲除了一切形而上学及其所由产生的现实的社会关系，才能实现根本的、彻底的革命。但这里并不能把马克思主义的科学实践观，理解为是以实践为本体的实践本体论主张。因为，实践本体论并没有摆脱形而上学。

（二）马克思主义不是实践本体论

实践本体论拔掉实践的客观物质根基，把实践绝对化和本体化，认为客观先在的自然界对人而言无意义，于是便把它当作与人无涉的"自在之物"加以悬搁、拒斥。这一操作的实质是要否认哲学基本问题，否认唯物主义与唯心主义的原则对立，消解马克思主义的唯物主义基础，会滑向唯心主义。

毋庸置疑，马克思主义哲学革命的实质是科学实践观的创立，正是如此，马克思主义超越了旧唯物主义。但是，不能因为强调彻底的唯物主义与旧唯物主义的不同，把实践绝对化、本体化，从而把马克思主义与唯物主义割裂开来。马克思主义的哲学革命、科学实践观本真精神体现为彻底的唯物主义。

马克思通过创立科学实践观，将自然界的客观先在性与实践的退后证明辩证统一起来，将物质的辩证性与实践的唯物性辩证统一起来。因此，马克思主义哲学既不是唯心主义精神主体论，也不是旧唯物主义的物质实体论，更不是实践本体论。

马克思主义是以物质统一性为基石的，如果以实践为本体，就会拔掉实践的物质根基，无法推出世界的物质统一性，从而使实践本体论丢失世界观依据，也无法科学解释通过实践造就的人类社会及其客观发展规律，以及无产阶级的历史使命和人民群众的主体地位等唯物史观的一系列基本命题。于是它理解的实践，也就不再是唯物主义的科学实践观了。坚持马克思主义的科学实践观，就要坚持实践是作为人所特有的能动的改造世界的对象性的物质活动，坚持实践的客观普遍性源于它的客观物质根基。

实践本体论通常引用马克思、恩格斯的两个论断来证明马克思主义是排斥自然界的客观先在性，是不讲自在自然的。然而，这却是对马克思、恩格斯的误读。

实践本体论的第一个引证，是马克思在《1844年经济学哲学手稿》中的论断："但是，被抽象地理解的、自为的、被确定为与人隔开来的自然界，对人来说也是无。"①

实践本体论的第二个引证，是恩格斯在《路德维希·费尔巴哈和德国古典哲学的终结》中的论断："还有其他一些哲学家否认认识世界的可能性，或者至少是否认彻底认识世界的可能性。在近代哲学家中，休谟和康德就属于这一类……对这些以及其他一切哲学上的怪论的最令人信服的驳斥是实践，即实验和工业。既然我们自己能够制造出某一自然过程，按照它的条件把它生产出来，并使它为我们的目的服务，从而证明我们对这一过程的理解是正确的，那么康德的不可捉摸的'自在之物'就完结了。……一旦把它们制造出来，'自在之物'就变成为我之物了"。②

如何看待这两个引证呢？笔者认为，实践本体论的引证，是断章取义的，不仅没有起到证明自己的作用，反而显露出这一主张的缺陷。

如何理解马克思的这句话？这里，马克思根本不是要对客观先在的自然界加以排斥，他认为与人无关的，并不是客观先在的自然界，而是"被抽象地理解的"那个"自然界"，是处于想象中的"自然界"。

谁在"抽象地理解"自然界？如果紧密地联系上下文——而不是断章取义的话——就能发现在这段论述中，指的正是黑格尔唯心主义在抽象地理解自然界。黑格尔唯心主义哲学的逻辑起点是绝对观念，绝对观念在其自在自为的否定性进程之中，外化为自然界，即"达到自然界"，然后又

---

①《马克思恩格斯文集》第1卷,北京:人民出版社2009年版,第220页。
②《马克思恩格斯文集》第4卷,北京:人民出版社2009年版,第279页。

扬弃外化，即把自然界"从自身释放出去"，最后通过绝对的否定获得绝对的抽象，回到绝对观念自身。

显然，黑格尔这里的无论是"达到的自然界"，还是"释放的自然界"，都是抽象理解的自然界。马克思指出："正像自然界曾经被思维者禁锢于他的这种对他本身来说也是隐秘的和不可思议的形式即绝对观念、思想物中一样，现在，当他把自然界从自身释放出去时，他实际上从自身释放出去的只是这个抽象的自然界……只是自然界的思想物。……因此，对他来说整个自然界不过是在感性的、外在的形式下重复逻辑的抽象概念而已。他重新把自然界分解为这些抽象概念。因此，他对自然界的直观不过是他把对自然界的直观加以抽象化的确证行动，不过是他有意识地重复的他的抽象概念的产生过程。"①也就是说，被抽象理解的自然界，不过是黑格尔重复逻辑的抽象概念，不过是自我产生、自我外化的绝对观念及其"制作"加工过程。这种自然界是想象中的自然界，不是通过实践所呈现、展示和证明的客观先在的自然界。与那个绝对观念一样，它"对人来说也是无"，毫无意义。

那么，如何理解恩格斯在这里对康德自在之物的批判呢？

自在之物是康德哲学的核心。康德承认自在之物，但却认为它是知识不能到达而信仰却能发现的彼岸世界，即不承认自在之物是可以加以证明、认识和改造的。

恩格斯这段话中的自在之物是用引号的，它等同于以自然界为基础的客观世界。在这个意义上，恩格斯不仅不反对自在之物，反而是坚持它的，即坚持自然界的客观先在性。然而，恩格斯不反对自在之物，不等于说恩格斯就认同康德关于自在之物不可知的观点，恰恰相反，恩格斯驳斥了康德的不可捉摸的"自在之物"。

关于这一点，列宁曾在《唯物主义和经验批判主义》中明确指出："当康德承认在我们之外有某种东西、某种自在之物同我们表象相符合的时候，他是唯物主义者；当康德宣称这个自在之物是不可认识的、超验

---

① 《马克思恩格斯文集》第1卷，北京：人民出版社2009年版，第220—221页。

的、彼岸的时候，他是唯心主义者。"①所以，恩格斯并不是拒斥"自在之物"，而是"驳斥康德的不可捉摸的（或不可认识的）自在之物"，反对康德把现象和显现者、感觉和被感觉者、为我之物和"自在之物"根本分开②。

那么，又如何理解恩格斯所说的从自在之物向为我之物的转化呢？恩格斯所说的自在之物向为我之物的转化，是指通过人的物质性的实践活动证明了自在之物，即通过实践，在认识自在之物及其规律的基础上，把它改造成为我之物。故而，实践活动不仅不是对自然界客观先在性的取消，反而是对自然界客观先在性的一种退后证明。

科学实践观认为，实践不可能脱离客观先在的自然而单独创造整个人类社会，人类社会的产生及发展是自然基础和实践基础二者的辩证统一。此外，马克思、恩格斯在《德意志意识形态》中关于实践是"现存的感性世界的基础"的论述，即"这种活动、这种连续不断的感性劳动和创造、这种生产，正是整个现存的感性世界的基础，它哪怕只中断一年，费尔巴哈就会看到，不仅在自然界将发生巨大的变化，而且整个人类世界以及他自己的直观能力，甚至他本身的存在也会很快就没有了"③。这里的论述，也不可像实践本体论主张的那样，把实践理解为感性世界的唯一基础，以取消它的另一基础——自然基础。其实，不单是"现存的感性世界"如此，整个宇宙更是如此。实践在整个宇宙中的作用，还是非常有限的，随着人类实践活动愈是往前展开，就愈能鲜明地感受到这一点。

实践本体论取消自然界的客观先在性，把实践与物质对立起来，不仅在世界观上会丢掉正确的依据，还会在认识论上因为无法说明实践是以能动的反映论为基础认识世界和改造世界的过程，而不能坚持辩证思维，继而在社会历史观上，因无法正确理解实践是以人民为主体自觉利用客观历史规律改造自然与社会的辩证进程，而不能坚持唯物史观，陷入个人本体

---

① 《列宁选集》第2卷，北京：人民出版社2012年版，第161页。

② 参见《列宁选集》第2卷，北京：人民出版社2012年版，第76页。

③ 《马克思恩格斯文集》第1卷，北京：人民出版社2009年版，第529页。

论的唯心史观。

马克思在唯物主义的基础上创立了科学的实践观，实现了能动的、辩证的物质观，从而超越了唯心主义与旧唯物主义，以及形形色色的实践本体论、实践超越论等抽象实践观，彻底铲除了形而上学。由此，马克思主义对"人之谜"才能进行科学的解答，对人类的生存、发展与解放才能给出正确的方法论指导。

二、马克思主义对"人之谜"进行了科学解答

马克思主义有丰富而科学的人学思想，它是关于现实的人及其历史发展的科学。马克思主义学说的出发点和落脚点是现实的人。现实的人，不能从孤立的、原子式的个体主义来理解，而要从以人民主体为核心原则的集体主义来理解。个人只有在社会中，在人民群众中才能获得正确的理解，从孤立的个体性存在出发，无法推扩、延展为集体性存在。

（一）马克思主义是对人的科学解答，不存在"人学空场"

萨特在《辩证理性批判》一书中，批评马克思主义存在着"人学空场"。他认为，马克思主义患了"对人的排斥"[①]的"普遍的贫血"[②]，以致造成了"具体的人类学的空缺"[③]。于是，萨特便要从存在主义人学来补充马克思主义，这在理论和实践上，都陷于失败。因为诸如此类的"人学空场"论，犯了一个前提性的错误，它是在没有正确理解马克思主义的前提下，来给马克思主义定性的。马克思主义不仅不存在"人学空场"，恰恰相反，它对人的"存在之谜"进行了科学解答。

---

① [法]萨特：《辩证理性批判》（上），林骧华、徐和瑾、陈伟丰译，合肥：安徽文艺出版社1998年版，第141页。

② [法]萨特：《辩证理性批判》（上），林骧华、徐和瑾、陈伟丰译，合肥：安徽文艺出版社1998年版，第140页。

③ [法]萨特：《辩证理性批判》（上），林骧华、徐和瑾、陈伟丰译，合肥：安徽文艺出版社1998年版，第71页。

马克思主义在正确世界观的指导下，在科学实践观的基础上来研究人，对人自身的本质存在及其发展的一般规律进行了科学阐发，从而形成了马克思主义人学理论。

马克思主义人学理论科学地回答了人的本质。它认为，人的本质不是对神的"分有"，神恰恰是人"造"的；人的本质也不在于自我的内在良心、自由抉择等先天力量，在内在、先天的设定和推演中是没有任何历史要素的；必须从人的物质实践活动出发，从一定历史阶段上的社会关系角度来把握人的本质。

从社会关系角度说，人的本质是一切社会关系的总和。马克思说道："人的本质不是单个人所固有的抽象物，在其现实性上，它是一切社会关系的总和。"①而社会关系又是生产关系的总和，因此它也会随着生产关系的变化发展而变化发展，生产关系则又会随着物质生产资料、生产力的变化发展而变化发展。

如果立足于实践观的角度说，人的本质就是人在社会关系中所从事的一切实践活动。而其中的物质生产活动是人的本质得以生成的根据。马克思、恩格斯指出："可以根据意识、宗教或随便别的什么来区别人和动物。一当人开始生产自己的生活资料，即迈出由他们的肉体组织所决定的，人本身就开始把自己和动物区别开来。"②物质生产活动的变化和发展，又引起人的本质的历史变化和发展。人是怎么样的，"这同他们的生产是一致的——既和他们生产什么一致，又和他们怎样生产一致。因而，个人是什么样的，这取决于他们进行生产的物质条件"③。

马克思主义人学理论是从社会关系和人的实践活动的历史变化和发展来说明人的本质，而不是像海德格尔存在论、萨特存在主义那样，先赋予人某种特殊的、能在的本质，然后将其推扩到人的感性生活世界中，去解释人的生存、发展和自由解放等。

---

① 《马克思恩格斯文集》第1卷,北京:人民出版社2009年版,第505页。

② 《马克思恩格斯文集》第1卷,北京:人民出版社2009年版,第519页。

③ 《马克思恩格斯文集》第1卷,北京:人民出版社2009年版,第520页。

马克思主义人学何以正确回答人的本质呢？因为它坚持了以下四个方面的原则要求。

一是，马克思主义人学理论在坚持自然界的客观先在性、客观物质（规律）制约性的基础上，通过实践活动实现了客观物质制约与人的主观能动性的辩证统一。人无法脱离自然界，更不能随心所欲地去创造历史。恩格斯指出："在社会历史领域内进行活动的，是具有意识的、经过思虑或凭激情行动的、追求某种目的的人；任何事情的发生都不是没有自觉的意图，没有预期的目的的。但是，不管这个差别对历史研究，尤其是对各个时代和各个事变的历史研究如何重要，它丝毫不能改变这样一个事实：历史进程是受内在的一般规律支配的。"①人从必然王国向自由王国的迈进，根本离不开对必然王国的本质和发展规律的认识及利用。且不说在生产力发展水平低下的阶段上，人明显要受到自然界与社会发展规律的制约，就是到了未来发达的社会主义和共产主义阶段，人也根本不可能摆脱掉这种制约。那时，人们不仅会承认这种制约，而且还会高度自觉地去遵守各种规律制约，以及必然性的纪律要求。

二是，马克思主义人学理论坚持在人的社会存在第一性的基础上，通过人的实践活动实现了社会存在与个体存在的有机统一。这不同于"以海解马"论所持的，从人的个体性存在去推扩人的社会性存在。人之所以为人，是因为人通过物质生产劳动去生产自己的生活资料，动物则不是这样。人的劳动是以社会形式为基本形式的。劳动从一开始就存在着各种形式之间的相互依存性，随着历史的发展，人们结成一定的关系，并按照不同的方式来进行劳动之间的分工和交换。动物只能按照它那个种类来进行生产，是无法为其他种类进行生产的。马克思指出："不可能发生大象为老虎生产，或者一些动物为另一些动物生产的情况。例如，一窝蜜蜂实质上只是一只蜜蜂，它们都生产同一种东西。"②在社会存在第一性的基础上，个体才是一个有其对象性存在的存在物，才谈得上有其历史的丰富

①《马克思恩格斯文集》第4卷，北京：人民出版社2009年版，第302页。
②《马克思恩格斯全集》第46卷（上册），北京：人民出版社1979年版，第195页。

性，否则只能沦为一个依靠其本能存活的生物。

三是，马克思主义人学理论在坚持生活资料的生产和再生产第一的基础上，坚持生产和再生产与消费和享受的对立统一。生活资料的生产和再生产是人类生活的现实物质基础，没有生产和再生产，就没有人的存续和发展，也没有人类社会的存续和发展，也就根本谈不上人的消费和享受。对此，马克思也说道："任何一个民族，如果停止劳动，不用说一年，就是几个星期，也要灭亡"。①这里就指出了生活资料生产和再生产，相对于人类存续和发展的前提性、基础性意义。

四是，马克思主义人学理论在坚持集体、阶级、人民第一的基础上，坚持集体、阶级、人民与个人的辩证统一。马克思主义的群众史观的根本要义在于：坚持人民群众自己解放自己。无产阶级是推动人类社会历史向前发展的最先进的动力，只能由它自己通过不断的发展和不断的自我革命，去实现解放自己的目的和任务；无产阶级还是社会先进生产力和先进文化的代表者，是纪律最严明、最大公无私的阶级，因此它必然又是领导全人类去自己解放自己的阶级。只有在无产阶级及其先锋队——共产党领导人民夺取政权，建立人民民主专政，真正实现人民当家做主的基础上，每一个人才能真正地克服掉自身存在着的局限性和片面性，从而实现自由全面的发展，才能通过劳动感性地、现实地去展示自己充满鲜明个性特征的生命姿态②。

马克思主义人学理论之所以是科学的、正确的，归结为一点，即它的出发点和落脚点都是现实的人，而不是抽象的人。

（二）马克思主义学说的出发点和落脚点是现实的人，而不是抽象的人

海德格尔存在论拒斥客观物质（规律）制约，悬搁社会性、集体性与

①《马克思恩格斯文集》第10卷，北京：人民出版社2009年版，第289页。
②参见侯惠勤：《马克思的哲学变革与我们的哲学坚守》，《思想理论教育导刊》2016年第1期：第4—18页。

人民性，因此，此在所表达的人，乃是没有现实矛盾的人，没有现实历史与社会关系的人。

此在通过能在的无矛盾建构，使世界内在于此在，如是此在便与世界源始一体。但是，这导致此在根本无法容纳任何现实的历史要素。在此在的生存论结构中：此在生存即是存在领会，它存在的意义必然要由存在自身给出，即此在生存的一切意义必须要由存在来开启才可能。存在开启又表现为此在在存在方式上的先验存在结构，只有把此在的生存还原到这些结构中，此在生存才能达到本真状态。此在生存论结构的普遍有效性意义就在于它被存在同构，与存在同一。于是，在这种分析中的此在是对现实的人的一种抽象，摆脱掉了一切历史要素，以先验的目的取代了自己真实的历史起源，从而表现出来一种先验的目的论。如是，此在去存在的一番"演历"而获得的此在之历史性，乃是虚假的具体性，是抽象的，是用来维系此在先验存在结构的逻辑关联之物，也正是此在这种虚假的历史性，导引向神秘的存在天命。海德格尔的此在意味着它只能生存到死为止，所以它也只能通过反观自身并把自身体验上升为整体。这就决定着此在在本质上就是非历史的和超历史的。海德格尔存在论"把人从一切真实的历史中抽象出来，让人自己独立，把人置于人的孤立状态之中，从这全部的故事之中他创造出一个抽象的概念，即历史性概念，或者说，'具有历史的能力'的概念。这一概念是人成为人。但是这一观念恰好否定了与历史的一切具体联系"①。

虽然海德格尔存在论试图去直面生命个体在现代社会中的具体的生活处境、遭遇等，以哲学的话语回应生命个体在现实境遇中表达出来的各种情绪，并将这些情绪本体化，建构出生存本体论的内在环节，以期找到治疗个体焦虑、超越物化、通向"诗意的栖居"的路向。不过，此在并没有真正进入现代生活，无法找到人的解放的真正途径。其此在共同体，也并非真正的共同体，而是"此在式共在"的伪共同体，是没有其他对象性的存在者。因此，它具有个人主义、孤立主义的特征。

———————

① [美]保罗·蒂里希：《蒂里希选集》（上），何光沪选编，上海：上海三联书店1999年版，第111页。

与之不同，马克思主义是立足于生产的客观自然前提、一定的历史阶段的物质生产条件和生产方式等，来考察人的现实存在的。实践活动是客体制约与主体能动辩证统一的物质活动，从事实践活动的人是现实的人、感性的人，历史的人，而不是思辨的、无矛盾的人、抽象的个人。理解现实的人，必须从它所具有的人和对象相互规定的原则来谈。具体说来，现实的人包含有三个方面的要素。

第一，现实的人是有生命的个人的存在，是一个自然存在物。马克思、恩格斯指出："全部人类历史的第一个前提无疑是有生命的个人的存在。因此，第一个需要确认的事实就是这些个人的肉体组织以及由此产生的个人对其他自然的关系。"①有生命的个人的存在，是保证现实的人的自然基础，由此它才能成为人类历史的前提。现实的人之所以能实现对自然界的改造，原因也就在于现实的人本身就是自然界。"所谓人的肉体生活和精神生活同自然界相联系，不外是说自然界同自身相联系，因为人是自然界的一部分。"②

第二，现实的人是在一定的物质条件下进行物质生产活动的存在物。人与动物之间的区别即在于人的活动是生产劳动，而动物的本能活动则不是。现实的人是以物质生产活动为基础，进而从事其他诸种活动的。马克思、恩格斯指出，物质生产活动是人的第一个历史活动，"是一切历史的基本条件"③。其他的一切形式的活动，比如政治活动、宗教活动和精神活动等，都要以物质生产活动为基础，而不是把物质生产活动归结为精神活动。如果反过来的话，那人就不再是现实的人，而成为抽象的存在物。"个人不是他们自己或别人想象中的那种个人，而是现实中的个人，也就是说，这些个人是从事活动的，进行物质生产的，因而是在一定的物质的、不受他们任意支配的界限、前提和条件下活动着的。"④这些一定的物

①《马克思恩格斯文集》第1卷,北京：人民出版社2009年版,第519页。
②《马克思恩格斯文集》第1卷,北京：人民出版社2009年版,第161页。
③《马克思恩格斯文集》第1卷,北京：人民出版社2009年版,第531页。
④《马克思恩格斯文集》第1卷,北京：人民出版社2009年版,第519页。

质的、不受人们任意支配的界限、前提和条件，是现实的人进行实践活动的现实根基，既包括客观的自然界，也包括在自然界的客观先在性、制约性基础上，一代又一代所累积的客观物质生产环境。舍此，人也会成为无根的、虚幻的主体，而不是现实的主体。

第三，现实的人作为实践的主体，是体现物质生产总要求、具体社会关系总和的人民主体。现实的人是坚持在人的社会存在的基础上，通过人的实践活动实现了社会存在与个体存在的有机统一。马克思指出："应当避免重新把'社会'当做抽象的东西同个体对立起来。个体是社会存在物。因此，他的生命表现，即使不采取共同的、同他人一起完成的生命表现这种直接形式，也是社会生活的表现和确证。"①为了进行生产，满足自身需要的生活，每个个体又在物质生产劳动中，以彼此分工的形式结成相互依存关系，从而形成了社会。马克思说道：社会也是"处于社会关系中的人本身"②。因此，物质生产活动及其历史发展规律的制约，对人自身和人类社会历史的形成发展，具有无可辩驳的基础性。

人之所以为人，正是因为人通过物质生产劳动去生产自己的生活资料，而人的劳动是以社会形式为基本形式的，劳动从一开始就存在着各种形式的相互依存性。随着历史的发展，人们结成一定的关系，并按照不同的方式来进行劳动之间的分工和交换。动物则不是这样，动物只能按照它那个种类来进行生产，是无法为其他种类进行生产的。马克思指出："不可能发生大象为老虎生产，或者一些动物为另一些动物生产的情况。例如，一窝蜜蜂实质上只是一只蜜蜂，它们都生产同一种东西。"③在社会存在的基础上，个体才是一个有其对象性存在的存在物，才谈得上有其历史的丰富性，否则只能沦为一个依靠其本能存活的生物。虽然社会是由个体组成的，但整个人类社会历史的发展，不是抽象的精神能动进程，也不是靠个体性生存自发活动的偶然结果，而是人民群众推动和创造的以物质生

---

①《马克思恩格斯文集》第1卷，北京：人民出版社2009年版，第188页。

②《马克思恩格斯全集》第46卷（下册），北京：人民出版社1980年版，第226页。

③《马克思恩格斯全集》第46卷（上册），北京：人民出版社1979年版，第195页。

产劳动为基础的实践进程。个体只有在人民群众的实践进程中，才能真正地克服掉自身存在着的局限性和片面性，进而通过劳动感性地、现实地去展示自己充满鲜明个性特征的生命姿态，实现自由全面的发展。因此，需要从人民主体来理解现实的人，理解人的社会存在与个体存在的辩证统一，而不能把现实的人理解为单个的个体存在，不能从人的个体性存在出发，去推扩人的社会性存在。

人民群众的以物质生产劳动为基础的历史创造，并不是通过无矛盾的生存本体论建构，使人与世界的关系达于他想象中的浑然一体，或是回返到人与自然混沌一体、主客不分的境界。这种历史创造是以无产阶级及其先锋队——共产党为引领的，以劳动群众为基础的，符合历史发展的有机整体。这种客观力量，不断地按照客体制约和主体能动相统一、合规律性与合目的性相统一、真理性和价值性相统一的原则，来认识世界和改造世界，以满足每个人的生存、发展与个性解放，从而实现个体自由与社会发展的有机统一。如果离开自然制约、规律制约等客体制约条件，则根本谈不上去真正实现人的自由解放，反而会把它弄成先验的、抽象的东西。个人主义本体论，在其现实性上，不过是从利己动机出发的虚伪的人性假设罢了，个人本位最终也不过是资本家本位、资本本位的代名词罢了，它只能使少数人过上美好的生活，而无法使每一个人获得自由全面的发展，过上幸福美好的生活。

由此，不能像"以海解马"论那样，把客观物质（规律）制约第一性与人的主观能动第二性，社会存在第一性与个体存在第二性，生产和再生产第一性与消费和享受第二性，集体性、阶级性、人民性第一与个人性第二等对立统一的辩证关系颠倒过来，把个人的主观能动性、个体性等当作第一位的存在物，然后通过吸纳现实的社会历史条件，去推扩、构建出人的社会性、集体性、人民性等。因为从抽象的原则推演出的还是抽象的，而根本无法推演出现实的东西来。

三、马克思主义对现代技术困境与虚无主义进行了真正破解

人类社会要为每个人的自由解放创造现实的历史条件，还必须要面对和破解现代技术困境与虚无主义等诸种问题。在这些问题上，马克思主义同样体现出自己的批判高度。马克思发动哲学革命，通过科学实践观创立了彻底的唯物主义，彻底铲除了一切形而上学产生的根据；对资本主义制度及其生产方式进行深入的解剖和科学的批判，从而也就真正破解了现代技术困境与虚无主义。

（一）马克思主义揭示出现代技术困境与虚无主义的本质

在海德格尔存在论看来，现代技术的本质是一种促逼式的解蔽，即座架、支架、订造逻辑。这种订造逻辑同一于现代主体性形而上学的本质，靠神秘的天命沉思来转换形而上学思维方式，以解决技术困境。

与海德格尔存在论截然不同，马克思主义切中了技术的本质和现代技术困境产生的根源，成为一种具有原则高度的理论批判。

技术一方面具有自然本质，它是指谓技术的自然性，即物理技术、化学技术、生物技术等的分类。技术的自然本质，具有不以人的意志为转移的客观性和中立性。因此，人们需要持续地、深入地认识自然规律以及人与自然的关系，以科学预见技术可能带来的消极后果，以及加强对这种消极后果的严格控制等。另一方面，技术又从来不是价值中立的。技术在其现实性上，是应改造世界的需要而产生的，体现着人的现实的本质力量的主体性和历史性。对此，马克思曾经指出："机器劳动这一革命因素是直接由于需求超过了用以前的生产手段来满足这种需求的可能性引起的。"[1]因此，无论是关于技术本身的创造，还是关于技术的应用，都具有社会性，都有其社会本质。

就技术的社会本质与自然本质二者的关系来说，它们并不是相互隔断

---

[1]［德］马克思：《机器。自然力和科学的应用》，北京：人民出版社1978年版，第111页。

的，而是紧密联系的。技术因有其自然本质，才可能作为现实手段服务于改造世界这一目的。改造世界不是靠想象，而是靠现实的"物质力量"。同样，技术因有其社会本质，才能作为现实手段被人创造和运用起来。与技术的自然本质具有客观性和中立性不一样，技术的社会本质对人来说具有价值性。技术的创造和运用就其指向来说，大体上有两种类型：一是为社会大众谋利益，二是为个人或少数人谋利益。

技术要真正为社会大众谋利益，其创造和运用，就不能沦为个人挣钱谋福利的工具，而是要为人的自由而全面的发展服务；不能造成对自然无节制的利用或破坏，甚至通过技术剥削人、奴役人，而是要达到人与自然、人与人之间的高度和解，使人不断地从必然王国走向自由王国。而在资本主义社会，技术受到资本支配，技术的创造和运用沦为资本家发家致富的工具和手段。这种创造和运用，会使技术自身的发展不断地遭受片面化。更为严重的是，它根本不顾及对自然的破坏，不顾及其他大多数人的生存和发展，"使自然的一切领域都服从于生产"①。这从而使人与自然、人与人之间的关系不是向和解迈进，而是走向尖锐对立，达到增长的极限状态。所以，在资本主义社会，技术变成为个人或少数人谋利益的工具，技术从属于资本逻辑的统治。

在资本主义社会，人与自然、人与人之间的对立，集中体现为资本和劳动的对立。一方面，资本是将每一个劳动者结合起来并同他们相对立的社会力量，是积累起来的"死劳动"，它必须要紧紧地抓住、攫取一切社会大众的感性的"活劳动"，使之从属于资本，为资本的存在续命。另一方面，作为主体化的劳动只有打破资本的"奴役"，才能避免降格为客体化的物质劳动力（商品），从而打破陷入单面的僵化的"死劳动"的厄运，真正成为人展现鲜活生命姿态的第一需要。

资本和劳动的这种尖锐对立，又通过技术的创造与运用被深刻地表达出来。一方面，资本与技术密不可分。就资本的构成来看，资本的有机构成包括资本的技术构成和资本的价值构成两方面，是"由资本技术构成决

---

① ［德］马克思：《机器。自然力和科学的应用》，北京：人民出版社1978年版，第192页。

定并且反映技术构成变化的资本价值构成"①。另一方面，资本通过技术进步"生动地"演绎出自身的运动规律。资本为了保存自己不至于灭亡，就必须不停地快速地自我增值。如何才能达到不停地快速地自我增值呢？那就是提高劳动生产率，从而提高资本的有机构成。资本的这种发展逻辑就逼促资本家必须要时刻不停地去革新旧技术、创造新技术，以此来提高劳动生产率，并不顾一切地榨取、吮吸工人的活劳动，这也就导致了资本对工人劳动支配的日益加强，并在全球性范围内使双方达到尖锐对立。这种加强表现在三个方面：一是，借助技术进步，用机器代替工人操作，以此来威胁和削弱工人争取自身利益的努力。二是，借助于技术进步，使工人（包括科研劳动者）成为流水线链条上的附属物，从而从属于资本统治。三是，借助技术进步，提高产品的技术含量，并以此谋取全球性的垄断利润并维护垄断利益。这样一来，作为在人改造世界的劳动之中产生，并推动人更好地生存和发展的现实的人的本质力量的技术，成为对人来说异己的、从属于资本增值逻辑运动、少数人支配多数人的力量。于此，马克思说道："工人的劳动受资本支配，资本吮吸工人的劳动，这种包括在资本主义生产概念中的东西，在这里表现为工艺上的事实。"②所以，人类现代技术困境产生的主要根源是资本主义生产逻辑中不停的技术革新及其激化的资本和劳动的尖锐对立。

海德格尔存在论把现代技术困境产生的根源归结为思维方式的支配，这是成问题的。无疑，思维方式对技术发展也有重要影响，但是却不能把这种影响看成是决定性的。技术的社会需要，才是决定性因素，即社会的一定生产方式，以及以此为基础的人的生活方式所形成的需要。资本不断推动着技术的革新，同时，技术也对资本进行着"革新"。在资本利用技术的过程中，技术的不断发展推动着社会化大生产的进程，而社会化大生产的进程又要求打破资本对技术和劳动的占有，即打破生产资料资本主义私人占有。这样，随着生产力的不断发展，技术作为生产力中的重要因素

①《马克思恩格斯文集》第5卷,北京：人民出版社2009年版,第707页。

②［德］马克思：《机器。自然力和科学的应用》,北京：人民出版社1978年版,第203页。

和生产力水平的标志，极大地改变着资本主义社会的生产和生活方式。在这种革旧鼎新的进程中，技术作为一种社会力量，也在改变着人们的思维方式。这就是技术与思维方式关系的实际情况。对此，马克思也曾指出："工艺学揭示出人对自然的能动关系，人的生活的直接生产过程，从而人的社会生活关系和由此产生的精神观念的直接生产过程。"①现代技术困境及其解决，如果只归结为思维方式及其转变，那就是没有抓住事情的本质，其解决方式最后也就只能是软弱无力的。

虚无主义是一种极端的思维方式，它与形而上学同质。在这一点上，海德格尔是深刻的、正确的，但海德格尔把马克思主义指认为一种虚无主义，则是错误的。

海德格尔只是从形而上学批判的视角，来分析虚无主义对存在的遮蔽。而马克思则是立足于唯物主义，立足于政治经济学批判与形而上学批判双重关联的基础上来分析虚无主义的。马克思指出，现代资产阶级的虚无主义这种极端的思维方式之所以产生，其主要根源在于资本自我增值逻辑的运转。

资本逻辑中只有自我，没有他者，没有神圣的东西，不设任何精神目标，它要做的是虚无化一切，要求一切人和事物都要服务于资本的自我增值，一切都要被卷入资本自我增值的生产运动中②。

在资本主义社会中，资本具有双重作用：一是伟大的文明作用，一是巨大的破坏作用。无论是文明的作用，还是破坏的作用，资本无疑是一种具有强大支配作用的社会力量。

资本具有伟大文明性的一面，这表现在它对生产力的发展起到过巨大的推动作用。生产力是人改造自然的能力，是人本身的实践活动中显示出来的力量。但在资本主义特定的历史条件下，由于劳动的异化、抽象化，

---

①《列宁选集》第2卷，北京：人民出版社2012年版，第423页。

②表面上看，资本主义的生产更符合海德格尔说的虚无主义的极致。但也要注意，马克思主义是辩证地、历史地看待资本主义的，认为它在奴役人、压制人的同时，也为人的自由全面发展创造着前提条件和历史基础。

造成这种人本身的活动的力量成为异己的力量，成为支配、统治人的力量。

马克思明确指出："只要分工还不是出于自愿，而是自然形成的，那么人本身的活动对人来说就成为一种异己的、同他对立的力量，这种力量压迫着人，而不是人驾驭着这种力量……受分工制约的不同个人的共同活动产生了一种社会力量，即成倍增长的生产力。因为共同活动本身不是自愿地而是自然形成的，所以这种社会力量在这些个人看来就不是他们自身的联合力量，而是某种异己的、在他们之外的强制力量。关于这种力量的起源和发展趋向，他们一点也不了解；因而他们不再能驾驭这种力量，相反，这种力量现在却经历着一系列独特的、不仅不依赖于人们的意志和行为反而支配着人们的意志和行为的发展阶段。"①成倍增长的生产力，在资本主义生产方式中，变为人的异己的、强制的、巨大的社会力量。这种力量不再受人驾驭，而是反过来压迫着人。马克思阐述的正是在资本主义生产方式下劳动的异化、抽象化，人们生活在受资本逻辑支配和压迫的虚假共同体之中，人的现实本质力量的展现表现为完全的空虚化。

所以，虚无主义产生的主要根据，乃是人的感性活动在现实社会历史中发生了异化、抽象化，需要归结到资本主义生产方式上，而不是归结为海德格尔所指认的存在遮蔽。

（二）共产主义是克服现代技术困境与虚无主义的现实道路

海德格尔存在论没有正确揭示现代技术困境与虚无主义产生的根源，由此它也就不能找到克服现代技术困境与虚无主义的正确道路。它是把现代技术困境与虚无主义的救赎之途，放在思维方式的转换上。海德格尔强调如果人们还处在主客二分形而上学思维方式上，那就还处在对存在的闭锁和对一切存在者的强制之中，在这里"任何单纯的行动都改变不了世界状况"②。那么如何转换？如何救赎？他最后借助上帝之手，他说：只还

---

① 《马克思恩格斯文集》第1卷，北京：人民出版社2009年版，第537—538页。
② ［德］海德格尔：《演讲与论文集》，孙周兴译，北京：生活·读书·新知三联书店2005年版，第102页。

有一个上帝能救赎我们①。上帝的启示对人类来说，就是一种"先导性的护送"，"如若没有一种先导性的护送（Geleit），就不会出现任何转变"②。那么要"护送"至何处呢？那就是护送或提升到主客不分的境界。在那里，物已经失去了对象化的特征、失去了主客二分的关系，无所生发，无物他求，人"终成一物"。

这其实是在沉思之中进行一种此在的先验能在的无矛盾式建构，要求取消主体与客体、人与世界的现实分立，从而进入到与物混同、自由来去、泰然任之的主客未分境界。但他所频繁强调、诚心向往的这个主客未分的境界，与原始古代世界一样，那里葆有着人与自然、人与人曾经的混同关系的初始记忆。对这种初始记忆的重温，虽然可能会对当今技术世界中产生的人与自然、人与人之间的疏离、异化状况起到一定的关照和关怀意义，然而却缺乏现实的意义，它跳过了沉重的现实生活世界。

在现代世界的不足面前，古代世界则显示出它的优越感、崇高感。但是在这个古代世界中，人的本质力量的主体性、全面性还处在开端阶段，还是初步的、狭隘的、不丰富的，人全面发展的前提和基础还没有被创造出来。马克思在《1857—1858年经济学手稿》中指出："在资产阶级经济以及与之相适应的生产时代中，人的内在本质的这种充分发挥，表现为完全的空虚化；这种普遍的对象化过程，表现为全面的异化，而一切既定的片面目的的废弃，则表现为为了某种纯粹外在的目的而牺牲自己的目的本身。因此，一方面，稚气的古代世界显得较为崇高。另一方面，古代世界在人们力图寻求闭锁的形态、形式以及寻求既定的限制的一切方面，确实较为崇高。古代世界是从狭隘的观点来看的满足，而现代则不给予满足；换句话说，凡是现代表现为自我满足的地方，它就是鄙俗的。"③

资本自我增值的逻辑，虽然成为异己的支配力量，起到巨大的破坏作

① 参见《海德格尔选集》（下），孙周兴选编，上海：上海三联书店1996年版，第1289页。
② ［德］海德格尔：《演讲与论文集》，孙周兴译，北京：生活·读书·新知三联书店2005年版，第103页。
③《马克思恩格斯全集》第30卷，北京：人民出版社1995年版，第480页。

用，但资本主义的充分发展，也为共产主义奠定了基础，为人的自由全面的发展创造了必要的前提和历史条件。马克思主义正是在批判旧世界中发现新世界，在变革旧世界中建设新世界。"事实上，如果抛掉狭隘的资产阶级形式，财富不就是在普遍交换中产生的个人的需要、才能、享用、生产力等等的普遍性吗？财富不就是人对自然力——既是通常所谓的'自然'力，又是人本身的自然力——的统治的充分发展吗？财富不就是人的创造天赋的绝对发挥吗？这种发挥，除了先前的历史发展之外没有任何其他前提，而先前的历史发展使这种全面的发展，即不以旧有的尺度来衡量的人类全部力量的全面发展成为目的本身。在这里，人不是在某一种规定性上再生产自己，而是生产出他的全面性；不是力求停留在某种已经变成的东西上，而是处在变易的绝对运动之中。"[1]在对资本主义生产方式进行正确批判的基础上，马克思主义找到了克服现代技术困境与虚无主义的现实道路——共产主义。

对于马克思主义而言，共产主义并不是一种抽象的天命沉思，"不是应当确立的状况，不是现实应当与之相适应的理想"，而是"那种消灭现存状况的现实运动"，这个运动的条件，不是上帝之手冥冥之中的安排，而是在现有的、既定的前提条件下产生的。马克思指出："个人力量（关系）由于分工而转化为物的力量这一现象，不能靠人们从头脑里抛开关于这一现象的一般观念的办法来消灭，而只能靠个人重新驾驭这些物的力量，靠消灭分工的办法来消灭。"[2]但是，没有共同体就无法消灭分工，个人也就无法重新驾驭这些物质的力量。"只有在共同体中，个人才能获得全面发展其才能的手段，也就是说，只有在共同体中才可能有个人自由。"[3]然而问题在于，个人自由在资本主义的虚假共同体之中，仅只是少数人的自由存在与生存发展，而不是绝大多数人的自由。所以，说到底，对现代技术困境与虚无主义的克服，就是要消灭虚假共同体，建立共产主

---

① 《马克思恩格斯全集》第30卷，北京：人民出版社1995年版，第479—480页。

② 《马克思恩格斯文集》第1卷，北京：人民出版社2009年版，第570—571页。

③ 《马克思恩格斯文集》第1卷，北京：人民出版社2009年版，第571页。

义真正的共同体。

只有共产主义，才能最终克服和消灭关于技术运用的自私自利的干扰，深化对科学技术规律的认识，使科学技术真正造福于人类，为人自身的自由和全面发展服务；也只有共产主义，才能最终克服因资本主义生产和生产方式而造成劳动异化、抽象化，以及人的狭隘性、空虚化，从而克服虚无主义，使每个人的生命姿态在与社会生产达成的有机的辩证的统一中，实现自由地、全面地、感性地展现。也是在这个意义上，马克思指出，共产主义是"人和自然界之间、人和人之间的矛盾的真正解决，是存在和本质、对象化和自我确证、自由和必然、个体和类之间的斗争的真正解决"①。

所以，对现代技术困境与虚无主义的真正克服，不能依赖存在天命的内在转换，而是要打破资本逻辑，用共产主义扬弃资本主义。

总结来看，"以海解马"论，虽然对海德格尔存在论进行了一定程度的批判反思，但是却没有把握住海德格尔存在论的本质特征；虽然对客体向度的马克思主义片面性倾向进行了批判反思，对马克思关于人的生存的思想进行了一定的阐述，但却并没有把握住马克思主义的哲学革命与原则高度；虽然对海德格尔与马克思在形而上学批判上的一致性以及某些用语上的相似性进行了揭示和阐发，但却没有把握住海德格尔存在论与马克思主义的原则不同，把二者的相似，解读为相通相同。由此，也就造成了对海德格尔存在论与马克思主义的双重误读。海德格尔存在论仍是一种形而上学，立足于海德格尔存在论根基解读马克思主义，不但不会彰显马克思主义的合法性、当代性，反而会造成对马克思主义本质特征和本真精神的误读，会使马克思主义的原则高度降格、失色。这种理论尝试，最后难免要陷入困境，流于失败。

---

①《马克思恩格斯文集》第1卷，北京：人民出版社2009年版，第185页。

第五章 "以海解马"论的总结与反思

对"以海解马"论的理论尝试进行总结与反思，能得出有益的经验教训：一是，"以海解马"论的理论尝试有助于坚持批判的、非教条的马克思主义研究方法，有助于深化对海德格尔存在论与马克思主义本质精神的认识，有助于推动构建当代中国马克思主义哲学形态以及未来哲学建设。二是，要在守正创新中辩证地理解和把握马克思主义，坚持自然界的客观先在性，坚持唯物原则与实践原则、主体原则与客体原则、真理原则与价值原则等的辩证统一，走出主观主义、相对主义解释论的误区，走出传统教科书批判的误区。三是，要在不断推进中国特色社会主义实践中坚持和发展马克思主义，构建当代中国马克思主义哲学形态。中国特色社会主义的成功实践，展示出马克思主义的真理力量和原则高度。马克思主义也只有在解决现实问题中才能展示自己，并获得发展的动力。构建当代中国马克思主义哲学形态以及中国特色哲学社会科学，需要以中国特色社会主义实践为现实基础，坚持问题导向和以人民为中心的研究原则，立足于马克思主义的立场、观点和方法，跳出西方话语，在中国特色社会主义的道路要求和人民意志的基础上，科学借鉴一切人类社会的文明成果，综合创新。

第一节　恰当评估"以海解马"论的学术价值

"以海解马"论作为一种广泛流行的思潮，虽然存在着其内在困境，但同时又有着积极的学术价值。对其学术价值的分析，也给我们准确解读和发展马克思主义、构建当代中国马克思主义哲学形态、构建中国特色哲学社会科学等，带来有益的启迪和思考。

一、有助于坚持批判的、非教条的马克思主义研究

"以海解马"论的批判指向是很明确的。它特别突出地针对以下两个方面进行了批判反思，启示我们要坚持批判的、非教条的马克思主义研究方法。

一是，"以海解马"论要求对立足于客体向度理解马克思主义中存在着的实证主义、教条主义等倾向进行批判反思。

第二国际正统派理论家在对马克思主义的理解上，大体上表现出自然主义倾向、实证主义倾向和"经济决定论"倾向等。虽然这三种倾向的表现程度在每一位理论家那里并不一样，但他们都没有把握住科学实践观及其对马克思主义的原则性贡献，没有把握住唯物原则与实践原则的辩证统一，由此走入了误区。

"以海解马"论有助于我们认识到上述理论倾向存在着的片面性，从而坚持批判的、非教条的马克思主义研究，以克服实证主义、教条主义。

二是，"以海解马"论要求对黑格尔主义体现的形而上学意识内在性进行批判反思。

借助于马克思主义与海德格尔存在论对黑格尔主义本质特征的分析，"以海解马"论者看到了黑格尔主义是西方哲学形而上学发展的必然，是理性主义知识论的集大成者，是意识内在性基本建制的充分完成。因此，

需要对意识内在性这一形而上学的基本建制，进行持续不断地批判反思。

不少"以海解马"论者还看到了在西方马克思主义创始人卢卡奇、葛兰西、柯尔施那里，黑格尔主义仍然顽固地存在着。西方马克思主义创始人通过回到黑格尔，激烈地批评了第二国际正统派理论家的费尔巴哈传统，这虽然能够帮助他们去克服实证主义、教条主义倾向，但却使他们走上了另一极端。他们片面地强调主体的抽象能动性，没有根本性地突破意识内在性的基本建制，没有走出黑格尔主义，仍陷于形而上学之中。

"以海解马"论有助于我们认识到上述理论倾向存在着的片面性，从而坚持批判的、非教条的马克思主义研究，以克服主体主义、唯心主义。

"以海解马"论强调坚持批判的、非教条的马克思主义研究，也是我们在马克思主义研究过程中的基本遵循，符合马克思、恩格斯彻底批判的研究精神。在关于坚持批判的、非教条的马克思主义研究上，马克思、恩格斯给我们树立了光辉的榜样。这里结合马克思、恩格斯的相关论述，作以下两点阐发。

一方面，马克思、恩格斯激烈地批判教条主义，更反对后人把他们创立的马克思主义当作现成的教条运用到实际的革命运动中。

早在1843年，马克思就批判过哲学家们的教条主义的把戏，指出他们只是在自己的"写字台"里，想当然地给现实生活世界指明一切谜底的答案，而"凡俗世界只需张开嘴来接受绝对科学的烤松鸡就得了"[1]。对此，马克思郑重地宣示："我不主张我们竖起任何教条主义的旗帜"[2]，"我们不想教条式地预料未来，而只是希望在批判旧世界中发现新世界"[3]。1847年，恩格斯对小资产阶级民主派卡·海因岑教条主义的观点——共产主义是一种从一定的理论原则即自己的核心出发并由此得出进一步的结论的教义，进行了无情的批判。恩格斯指出："共产主义不是教义，而是运动。它不是从原则出发，而是从事实出发。共产主义者不是把某种哲学作

①《马克思恩格斯全集》第1卷,北京:人民出版社1956年版,第416页。
②《马克思恩格斯全集》第1卷,北京:人民出版社1956年版,第416页。
③《马克思恩格斯全集》第1卷,北京:人民出版社1956年版,第416页。

为前提，而是把迄今为止的全部历史，特别是这一历史目前在文明各国造成的实际结果作为前提。"①马克思、恩格斯在《共产党宣言》中指出："共产党人的理论原理，决不是以这个或那个世界改革家所发明或发现的思想、原则为根据的。这些原理不过是现存的阶级斗争、我们眼前的历史运动的真实关系的一般表述。"②马克思主义并不是从某个先验设定的哲学前提出发，然后拿着这个"放之四海而皆准"的抽象原则，应用到社会历史之上。马克思、恩格斯强调，要坚持共产主义的一般原理，因为这是对人类社会发展规律的正确反映；又要根据不断变化的实际来灵活运用这些原理，"随时随地都要以当时的历史条件为转移"③。

1883年马克思去世以后，国际共产主义运动中曾出现过把马克思主义教条化的倾向。恩格斯对此进行了激烈地批评，他不厌其烦地指出："我们的理论是发展着的理论，而不是必须背得烂熟并机械地加以重复的教条。"④"如果不把唯物主义方法当做研究历史的指南，而把它当做现成的公式，按照它来剪裁各种历史事实，那它就会转变为自己的对立物。"⑤"我们的历史观首先是进行研究工作的指南，并不是按照黑格尔学派的方式构造体系的杠杆。必须重新研究全部历史，必须详细研究各种社会形态的存在条件，然后设法从这些条件中找出相应的政治、私法、美学、哲学、宗教等等的观点。"⑥

另一方面，马克思、恩格斯严格对待自己的理论，显示出非凡的自我批评品格和自我革命精神。有学者深刻地指出了马克思批判哲学的六大鲜明特征。即特别迫切的时代问题意识，特别明确的批判领域，特别彻底的探索过程，特别无情的批判风格，特别严格的自我批评和特别犀利的批判

---

①《马克思恩格斯文集》第1卷，北京：人民出版社2009年版，第672页。

②《马克思恩格斯文集》第2卷，北京：人民出版社2009年版，第44—45页。

③《马克思恩格斯文集》第2卷，北京：人民出版社2009年版，第5页。

④《马克思恩格斯文集》第10卷，北京：人民出版社2009年版，第562页。

⑤《马克思恩格斯文集》第10卷，北京：人民出版社2009年版，第583页。

⑥《马克思恩格斯文集》第10卷，北京：人民出版社2009年版，第587页。

文风。①

《德意志意识形态》就是他们严格自我批评的一个产物。他们写作《德意志意识形态》，既是通过"批判黑格尔以后的哲学的形式"，也是把自己"从前的哲学信仰清算一下"②。马克思、恩格斯正是通过这双重批判，在书中第一次阐发了唯物史观的一般原理。马克思在长达四十年的政治经济学的批判研究中，留下了100多本的经济学笔记。这极其生动地展示了马克思的理论成果是在人类一切文明基础上的伟大创造，它不是先前任何理论的翻版或者延伸，也不是以某种先验前提为出发点的形而上学的超感性世界"创想"，而是对自然、社会历史和思维的存在及其发展规律的本质揭示、科学表达。马克思曾经说："我们的口号应当是：意识改革不是靠教条，而是靠分析那神秘的连自己都不清楚的意识，不管这种意识是以宗教的形式或是以政治的形式出现。"③他正是靠彻底的批判精神，"靠分析那神秘的连自己都不清楚的意识"，找到了人类社会历史发展的规律，以及对它的科学的、正确的、辩证的表述。马克思、恩格斯严苛地对待自己的研究和新的发现。马克思出版了《资本论》第一卷之后，并没有紧接着出版第二卷。他说："在英国目前的工业危机还没有达到顶峰之前，我决不出版第二卷。"④马克思不出版第二卷，主要原因就是马克思所研究的对象——资本主义出现了新的问题，因此需要新的深入的思考。我们要像马克思、恩格斯那样，随时根据时代的新发展，加以科学的研究。

马克思、恩格斯从来主张反对教条主义，要求坚持彻底的批判精神，由此奠立了马克思主义的彻底批判的思维方法和精神特质。马克思主义本身就是形而上学批判、政治经济学批判与社会历史批判等的有机统一。所以，我们要理解和把握马克思主义的本真精神，就必须要坚持批判的、非

---

① 参见赵敦华:《马克思哲学要义》,南京:江苏人民出版社2018年版,第54—67页。

② 《马克思恩格斯文集》第2卷,北京:人民出版社2009年版,第593页。

③ 《马克思恩格斯全集》第1卷,北京:人民出版社1956年版,第418页。

④ 《马克思恩格斯文集》第10卷,北京:人民出版社2009年版,第431页。

教条的马克思主义研究。

二、有助于深化对海德格尔存在论与马克思主义本质特征的理解

"以海解马"论对海德格尔存在论与马克思主义的对比研究，有助于推动海德格尔存在论与马克思主义本质特征的研究走向深化。

第一，有助于推动我们深入理解和把握海德格尔存在论的本质特征及其不足之处。

"以海解马"论充分发挥海德格尔存在论的形而上学批判，把哲学研究的目光从超感性世界转向感性世界，转向人的生存处境的同时，也对海德格尔存在论进行了一定程度的批评反思。

以马尔库塞为代表的"互补论"指出，海德格尔存在论的问题在于：它悬搁了历史实存的物质条件，使得此在的历史性回避掉了具体的历史条件和物质条件，从而缺乏必要的清晰性和完整性。在此在去生存的历程中，如果跨越现实的社会关系与物质内容，那么所谓此在的本真性，也就可能是缺乏本真的本真性了，就是"脱离了人的真正的疾苦和福祉的虚假的真实"①了。以科西克为代表的"融入论"直接指明海德格尔存在论的存在具有一定的空洞性，需要补充一种通过实践建构起来的实在存在。由此，此在的"烦""操心"就可以看成人的最原始的经济的存在方式，也可以凭借其内在的神圣的维度，来实现对具有实践、功利的现实世界的超越。以广松涉为代表的"深化论"认为，此在上手去存在的关系存在论，并不够"基础"，尚未把握存在的本体构造，陷入物象化的谬误之中。海德格尔存在论所分析与此在共同存在的他人，还是自我的一个复本，是"同晶型的原子的他人"②，这没有把握住真实的人的存在状况。

---

① Herbert Marcuse: *Heideggerian Marxism*, Lincoln and London: University of Nebraska Press, 2005, p.161.

② 参见[日]广松涉：《物象化论的构图》，彭曦、庄倩译，南京：南京大学出版社2002年版，第167页。

　　"以海解马"论关于海德格尔存在论的上述批评，无疑是看到了海德格尔存在论存在着的一些问题。这有助于我们较为全面地把握海德格尔存在论的理论旨趣、进路、特征、意义等。同时，由于"以海解马"论并没有把握住海德格尔存在论的本质特征，也没有把握住其缺陷的本质方面，所以必须继续推进对海德格尔存在论本质特征的深入反思。

　　第二，有助于推动我们对马克思主义本质特征和本真精神的把握。

　　一是，有助于推动我们深入理解和把握马克思主义哲学革命的发生及其原则高度。

　　如何理解和把握马克思对黑格尔唯心主义与费尔巴哈等旧唯物主义所发动的哲学革命和根本超越。"以海解马"论认为，要理解这一哲学革命和根本超越，至少需要在旧哲学颠覆与新哲学构建两个维度，即形而上学批判与生存本体论建构上来进行。这里，就要像海德格尔从本体层面来把握此在、生存、人之诸感性等那样，从本体层面来理解马克思的人、实践、感性等，把它从单纯的认识论、知识论路向上解放出来，抬升至本体论的地位，又赋予实践以生存论的路向，同人的历史性结合起来。

　　"以海解马"论对实践的地位、作用和意义等，进行了较为充分的揭示，特别突出了实践在马克思主义哲学中的重要地位，引导我们进一步体会和思考马克思主义科学实践观的形成进路，其发动的哲学革命意义及其彻底的唯物主义的原则高度等。

　　但遗憾的是，"以海解马"论对马克思的实践没有进行辩证的把握，没有真正把握住马克思主义的本真精神。

　　马克思对黑格尔与费尔巴哈哲学革命的发动，的确是通过实践来取得的，但马克思的实践观是在唯物主义基础上实现的科学实践观。马克思的科学实践观中，实践原则与唯物原则是辩证统一的，价值原则和真理原则是辩证统一的，主体原则与客体原则是辩证统一的。在这里，不能强调实践原则，轻视唯物原则及二者的辩证统一；强调价值原则，轻视真理原则及二者的辩证统一；强调主体原则，轻视客体原则及二者的辩证统一。

　　马克思明确指出，他与黑格尔的原则不同在于"我是唯物主义者，而黑格尔是唯心主义者"①。恩格斯也指出,他们"同黑格尔哲学的分离在这里也是由于返回到唯物主义观点而发生的"②。费尔巴哈的人本学的唯物主义,主张自然界的客观先在,想要研究与黑格尔唯心主义思想客体不同的感性客体,虽然在自然观上是唯物主义的,但在历史观上仍陷于唯心主义,究其根源在于没有坚持唯物原则与实践原则的辩证统一,也就无法做到对唯物原则真正地彻底地坚持。

二是,有助于深化我们对马克思主义关于人的生存的思想及其在马克思主义中的地位等的认识和把握。

马克思主义从不回避人的生存和发展等问题,不存在萨特等哲学家指谓的"人学空场",相反,它有丰富而又科学的关于人的生存的思想。

马克思主义关于人的生存的思想是关于现实的人的生存、发展和个性自由解放等的科学论述,它强调客观物质(规律)制约第一性与人的主观能动第二性,社会存在第一性与个体存在第二性,生产和再生产第一性与消费和享受第二性,集体性、阶级性、人民性第一与个人性第二等的辩证统一,坚持以无产阶级及其先锋队引领劳动群众,不断地按照客体制约和主体能动相统一、合规律性与合目的性相统一、真理性和价值性相统一的原则,认识世界和改造世界,实现共产主义,以满足每个人的生存、发展与个性解放,从而实现个体自由与社会发展的有机统一。

所以,马克思主义与海德格尔存在论的不同,不在于哪一个更为关注人之生存,也不在于哪一个去否定人在世界之中生存,而在于如何来理解人的在世生存,如何解决人与自然、人与社会、人与人等的现实矛盾,在根本的意义上说就是如何才能使每一个人真正过上自由全面发展的美好生活。

马克思主义是辩证唯物主义与历史唯物主义的有机统一。辩证唯物主义与历史唯物主义,二者相辅相成,是从不同的维度对马克思主义所作出的概括。辩证唯物主义侧重于从世界观意义上来描述马克思主义,历史唯

①《马克思恩格斯文集》第10卷,北京:人民出版社2009年版,第280页。
②《马克思恩格斯文集》第4卷,北京:人民出版社2009年版,第297页。

物主义侧重于从科学的人类史观意义上来描述马克思主义。马克思主义的创立，是辩证唯物主义与历史唯物主义的同时创立，而不是先创立辩证唯物主义，然后推广应用到社会历史领域形成历史唯物主义。由此，不能把辩证唯物主义和历史唯物主义对立起来，单取其中的一个，来指谓马克思主义。

关于历史唯物主义，我们可以从实践、社会与人三个维度上来描述：第一，就实践而言，历史唯物主义是以实践为主导原则的科学；第二，就社会而言，历史唯物主义是关于人类社会的系统结构及其运动发展规律的科学；第三，就人而言，历史唯物主义是关于现实的人及其历史发展的科学。社会、人、实践这三个方面在历史唯物主义之中，也是有机统一的。因此，不能用其中的某一个维度，来指谓整个历史唯物主义。而马克思主义关于人的生存的科学论述，大体上归属于从人学维度理解的关于现实的人及其历史发展的科学。

因此，如果把生存论解读为马克思主义内在的深层结构的话，从思想内容和结构上看是对马克思主义关于人的生存的思想的误读，从高度上看是对历史唯物主义原则高度的"降格"，也是对马克思主义原则高度的"降格"。

另外，通过"以海解马"论的理论尝试，以及我们更进一步的批判反思证明：对待黑格尔和费尔巴哈哲学，不仅不能轻易地贬低，随意地跨越，而且要给予恰当的评价。如此，才能更好地揭示出它们在马克思的彻底的唯物主义形成中的重要贡献。

首先，不能轻易贬低黑格尔哲学，要看到它的伟大之处，尤其是黑格尔辩证法的革命的方面。"以海解马"论对海德格尔存在论进行了一定程度的反思，指出海德格尔的存在、此在的历史性是空洞的，甚至不是本真的历史。通过对比海德格尔存在论的在世存在与黑格尔主义的绝对精神的外化的思辨进程，不难发现，"黑格尔的思维方式不同于所有其他哲学家的地方，就是他的思维方式有巨大的历史感做基础"，并且他是"第一个想证明历史中有一种发展、有一种内在联系的人"①。这是黑格尔哲学的先进之处，它不把世界看成是既成事物的集合，而是把世界理解为一个运动发展的过程，把绝对精神"否定之否定"的思辨进程当作历史的内在的推动原则和创造原则，把劳动理解为人的本质，"把人的自我产生看做一个过程，……把对象性的人、现实的因而是真正的人理解为人自己的劳动的结果"②。

当然，它理解的历史过程是抽象的精神的，"黑格尔唯一知道并承认的劳动是抽象的精神的劳动"③。它不知道现实的、感性的活动本身，它虽然发展了主体的方面、能动的方面，但却是抽象地发展，而不是唯物辩证地发展。马克思、恩格斯没有把黑格尔的辩证法当作无用的东西抛在一边，而是把它当作"黑格尔哲学的革命方面"，并在唯物主义的基础上"接过了"它，"恢复了"它，并使它"摆脱了"绝对精神的唯心主义装饰，从而变成了关于"现实世界的辩证运动的自觉地反映"，变成了"唯物主义辩证法"④。

西方马克思主义创始人卢卡奇、葛兰西、柯尔施，推崇黑格尔主义，但这种推崇并没有显示出黑格尔哲学的伟大之处。他们没有立足于唯物主义基础来理解，也没有去改造黑格尔辩证法中革命的方面，还是在意识主体的能动性之中打转转。海德格尔深刻地看到了黑格尔辩证法的形而上学特征，但由于是用存在领会、此在能在去洞穿意识的内在性建构，他没有意识到，也没有自觉地去吸收与改造黑格尔辩证法的革命性方面。抽象的唯心的辩证法，只有在唯物主义的基础上，才能显示出它对现实世界辩证运动的真切反映，显示出自己的伟大之处。

其次，不能轻易贬低费尔巴哈哲学，要看到它的原则性贡献。有一种倾向，因为要突出强调马克思的彻底的唯物主义与费尔巴哈的人本学唯物

---

①《马克思恩格斯文集》第2卷,北京:人民出版社2009年版,第602页。

②《马克思恩格斯文集》第1卷,北京:人民出版社2009年版,第205页。

③《马克思恩格斯文集》第1卷,北京:人民出版社2009年版,第205页。

④参见《马克思恩格斯文集》第4卷,北京:人民出版社2009年版,第297—298页。

主义等旧唯物主义的不同，就贬低费尔巴哈的人本学唯物主义，忽视它在马克思的彻底的唯物主义形成中的重要贡献，这是不可取的。

"以海解马"论通过对比海德格尔存在论开启的生存论转向，特别强调要把哲学研究的目光从超感性世界拉回感性世界，而费尔巴哈的人本学唯物主义正是对感性世界作了特别突出的强调。在这个意义上可以说，那种认为能以强调黑格尔便可轻易地跨越费尔巴哈的观点，仍拘执于超感性世界的虚妄之中①。

费尔巴哈曾指出，真实存在不是黑格尔的抽象精神及其思辨进展，它"就是感性的存在，直观的存在，感觉的存在，爱的存在"②，感性不是思想客体，而是真实的、现实的存在。费尔巴哈批判了黑格尔主义所代表的形而上学的基本原则——把"抽象的、仅仅被思想的或被想象的本质当作自己的原则"，而他的哲学则把"真正最实在的存在：人，即最积极的现实原则当作自己的原则"③。所以，从这个角度看，就更能突出地看出上述理论倾向的问题，就不会轻易地贬低费尔巴哈的人本学唯物主义的意义与价值，就更应强调费尔巴哈的人本学唯物主义对马克思的彻底的唯物主义形成所作出的贡献。

但关于马克思何以能超越费尔巴哈的人本学唯物主义而创立彻底的唯物主义，就不能仅仅从超感性世界到感性世界的"生存论转向"角度来分析了，还需要从唯物主义的高度来把握。费尔巴哈给马克思打下的是唯物主义的基础和原则，而不是生存论的基础和原则。马克思曾明确指出："对国民经济学的批判，以及整个实证的批判，全靠费尔巴哈的发现给它打下真正的基础。从费尔巴哈起才开始了实证的人道主义的和自然主义的

---

① 海德格尔的亲炙弟子卡尔·洛维特，也表达过这样的看法。他颇为形象地指出，那种认为人们"能够乘坐一种已死的精神哲学的高头人马越过19世纪的'唯物主义'，却是一种错误。费尔巴哈对黑格尔哲理神学的感性化和有限化是我们如今所有人——有意识地或者无意识地——处身于其上的时代立场"。这是很深刻的。(参见[德]卡尔·洛维特:《从黑格尔到尼采:19世纪思维中的革命性决裂》,李秋零译,北京:生活·读书·新知三联书店2006年版,第108页)

② 《费尔巴哈哲学著作选集》上卷,荣震华、李金山等译,北京:商务印书馆1984年版,第167页。

③ 《费尔巴哈哲学著作选集》下卷,荣震华、李金山等译,北京:商务印书馆1984年版,第13—14页。

批判。"①又指出，费尔巴哈的功绩在于"创立了真正的唯物主义和实在的科学"②。

因为费尔巴哈的人本学唯物主义是从客体的方面来理解感性与感性世界，所以其感性与感性世界就是直观的、感觉的，因而也是受动的。它之所以未能从主体的方面来展开说明，根本的并不在于它不懂得黑格尔主义的精神能动，而在于它未能立足于实践活动，未能从唯物原则和实践原则的辩证统一来把握现实的感性世界。它不屑于回到黑格尔绝对精神的思辨进程，但用感性、直观、友谊、爱却无力去说明人与自然、自然与社会、人与人之间的辩证统一，以及感性世界的物质条件和历史发展。这些只能从人类的物质实践生产方式、生产关系中去求得客观的正确的说明。

需要引起注意的是，马克思主义与海德格尔存在论存在着原则性的不同。虽然二者在对形而上学的批判上，在某些用语上具有一些相似性，但要看到这些是在它们针对形而上学的否定性结果的意义上呈现出来的。在这里，不能将这种相似性过度地诠释、无限地拔高，以至读成海德格尔存在论与马克思主义的相通相同。

在关于二者的对话中，我们要清晰地看到其根本异质性。如果要以海德格尔存在论为根基，来尝试海德格尔与马克思主义之间的某种补充融合，最后难免要流于失败。

通过对"以海解马"论的批判反思，还会促使我们更进一步地去深入研究：马克思对全部形而上学所发动的革命及其所开启的彻底的唯物主义新境域具有包括海德格尔存在论、萨特的存在主义等在内的一切理论哲学所不具备的优越性和原则高度。比如，关于形而上学的真正克服，马克思主义通过铲除形而上学得以产生的土壤而去克服它；又比如，关于现代技术困境与虚无主义的真实把握，马克思主义真正切中了现代技术困境与虚无主义，并指出了共产主义才是其真正的现实的解决之道；再比如，关于人的自由全面的发展和美好生活的实现，马克思主义通过分析、解决现实

---

① 《马克思恩格斯文集》第1卷，北京：人民出版社2009年版，第112页。

② 《马克思恩格斯文集》第1卷，北京：人民出版社2009年版，第200页。

的矛盾，创造人自由全面发展的历史条件和物质条件，以展示人的感性的生命姿态，来实现美好生活，而不是导引向主观主义、神秘主义等。

三、有助于当代中国马克思主义哲学形态与未来哲学建设

"以海解马"论在以海德格尔存在论解读马克思主义的过程中，还尝试去构建一种马克思主义哲学新形态，这是非常值得学习的方面。

以马尔库塞为代表的"互补论"者努力构建的"历史唯物主义现象学""具体哲学"，以科西克为代表的"融入论"者尝试探索的"具体的辩证法"，以广松涉为代表的"深化论"者提出的"物象化论"，以及我国一些学者尝试构建的"生存哲学"等，都力图推进马克思主义哲学的发展，以回应时代，达成对人的终极关怀。这给我们今天推动构建当代中国马克思主义哲学形态等，都带来了有益的启示。

一是，构建当代中国马克思主义新哲学形态，需要借鉴各种有益的哲学理论，包括现代西方哲学、国外马克思主义、后现代主义等。他山之石，可以攻玉。"当代世界马克思主义思潮，一个很重要的特点就是他们中很多人对资本主义结构性矛盾以及生产方式矛盾、阶级矛盾、社会矛盾等进行了批判性揭示，对资本主义危机、资本主义演进过程、资本主义新形态及本质进行了深入分析。这些观点有助于我们正确认识资本主义发展趋势和命运，准确把握当代资本主义新变化新特征，加深对当代资本主义变化趋势的理解。对国外马克思主义研究新成果，我们要密切关注和研究，有分析、有鉴别，既不能采取一概排斥的态度，也不能搞全盘照搬。"①我们借鉴它们的目的，是要加深对当代资本主义的新变化新特点的认识，加深对资本主义演进新规律的把握，并推动构建当代中国马克思主义哲学新形态，以更好地指导我们的实践。

二是，构建当代中国马克思主义新哲学形态是一个动态的过程，需要根据实践的发展，不断创建能直面时代、回应时代的新形态，以切中人的

①《习近平谈治国理政》第2卷,北京:外文出版社2017年版,第67页。

具体的生活世界，并指导实践。

真正的理论创新来源于实践创新。实践在不断地发展，相应的，理论也必然随之向前推进。构建当代中国马克思主义哲学形态，是一个动态的、发展的过程。这个过程就是把世界人民和中国人民的伟大实践，以及在实践中体现出来的时代精神，不断地"消费"在理论生产上。马克思在进行《资本论》研究和出版的过程中，就十分关注资本主义的演进和变化，关注资本主义发展的趋势，据此来充实、深化自己对资本的批判。他在给友人的信中指出："在英国目前的工业危机还没有达到顶峰之前，我绝不出版第二卷。这一次的现象十分特殊，在很多方面都和以往不同，……因此，必须注意目前事件的进展，直到它们完全成熟以后，然后才能把它们'消费到生产上'，我的意思是'理论上'。"①所以，我们要根据实践的最新发展，推动构建马克思主义哲学新形态。这里要注意把握好构建当代中国马克思主义哲学新形态与实践的辩证关系。一方面，哲学只有不断地跟进实践的进程，才能回应人在他的现实的生活世界中所遭遇的生存和发展的困境、问题，达成对人的真正的关怀；另一方面，作为时代精神精华的真正哲学来源于实践，不能满足于理论的自我欣赏，需要回到实践中，去指导人的现实生活世界的历史性发展。

三是，构建当代中国马克思主义哲学新形态，要基于中华民族独特的存在样式、生命形态和精神境界。

如果离开中华民族生生不息、薪火传承、苦难辉煌的创新发展，离开中国人天人合一、民胞物与、自强不息、厚德载物等的生命境界和精神品格，来构建当代中国马克思主义哲学新形态，那它一定是干瘪的、苍白的、没有生命力的。"不忘本来才能开辟未来，善于继承才能更好创新。"②"只有坚持从历史走向未来，从延续民族文化血脉中开拓前进，我

---

① 马克思于1879年4月10日写给尼古拉·弗兰策维奇·丹尼尔逊的信。参见《马克思恩格斯文集》第10卷，北京：人民出版社2009年版，第431页。

②《习近平谈治国理政》，北京：人民出版社2014年版，第164页。

们才能做好今天的事业。"①构建当代中国马克思主义哲学新形态也属于推进当代中国哲学发展的重要组成部分，是为了继承、弘扬和发展伟大的民族精神，铸炼身处中国特色社会主义新时代与百年未有之世界大变局这一新的历史方位上的中国人之精神品格。所以，要让马克思主义哲学新形态的建构与中华优秀传统文化"血脉相连"。

此外，在海德格尔存在论和"以海解马"论那里，都对以黑格尔为代表的理性主义哲学进行了批判反思，这也有助于我们思考理性主义与非理性主义的优势与限度，有益于未来哲学建设。

黑格尔主义为代表的理性主义哲学，以精神内在的思辨进展为主导原则来表象世界、认识世界、把握世界，陷入一种先验性、绝对性、永恒性之中，这是理性主义哲学的限度。理性主义的这一特性与资本逻辑本质同一。资本的增值和扩张逻辑，使得工具理性压抑生存的价值性、意义性。在此，纷繁复杂、气象万千的现实生活世界被蛮横地按照一个尺度裁剪为千篇一律的单调图景，服务于理性、资本自身的自我运动。因此，需要对理性主义进行深刻的批判反思。

海德格尔批判了作为理性主义哲学集大成者的黑格尔主义，同时它也看到了尼采、克尔凯郭尔等的非理性主义的局限性，于是以此在去生存为基础，以存在领会为红线，把怕、畏、两可、操心等非理性因素，通过生存本体论的还原与建构，推到本原性、前提性的层面，从而成为生存本体论上的环节和要素。这又可谓是非理性主义哲学的集大成。

那么，非理性主义有没有限度？它能不能有效地彻底地去解构理性主义？未来的哲学建设，对于理性主义与非理性主义该做何种的取舍？这些问题，也需要我们深入地思考。

黑格尔其实曾深入探讨过非理性的限度，其分析非常具有启发意义。黑格尔从几何学和数学出发来说明他的辩证法和非理性主义的关系，他认为几何学研究的是感性和抽象的空间直观，达到了一种对有限认识方法的综合，但却在这种综合进程中遇到了不可通约和无理数而被迫超出知性原

---

①《习近平著作选读》第1卷，北京：人民出版社2023年版，第283页。

则。如是，知性的限度在这里就变成了思维进一步发展的出发点，也即是辩证法的出发点。这是几何学优越于其他科学的地方。对于其他科学而言，它们不研究空间或数这种简单的感性对象，因此一旦遇到知性局限，就极其容易终止知性的进一步进展，进而"从表象、意见、知觉、或其他什么地方，接纳来它们需要的东西，甚至常常接纳来一种与知性进展的先行过程相反的东西。这种有限认识并没有意识到自己的方法的本性，没有意识到这类方法与内容的关系，这就使得有限的认识既认不出自己在通过定义、分类等等所作的进展中是不断地受概念规定的必然性的指导的，也认不出自己的界限在哪里，并且在超越了自己的界限以后，更不知道自己正处于这样一个领域，在这个领域里知性的各个规定已经不再有效，但有限的认识仍然在那里粗鲁地使用这些规定"①。也就是说，黑格尔认为非理性主义问题在于：它在人类知性限度和矛盾的地方裹足不前，把知性的界限当作认识的终点，斩断了知性的继续进展，把问题本身交给非理性的东西。这把知性界限以及超越此种界限思维得以进一步发展的积极意义完全抹杀掉了，使问题本身变得不可被解决。应当说，黑格尔的这一理解是比较深刻的，也切中了非理性主义哲学的核心问题。

首先，非理性主义哲学借非理性截断知性的辩证进展后，只是形成了一种否定性的姿态，并没有形成积极的成果。因为对理性本身的否定，就意味着对科学发展，甚至哲学自身发展的一种整体拒绝。它把理性根本不能解决的问题，当作认识世界的最高形式，并断言正是这种不可解决性才向我们展露出来事情本身的答案与谜底。这其实是以一种消极的方式、无矛盾的方式解决思维的矛盾、人的现实矛盾②。其次，非理性主义把人类理性认识及其界限当作人的存在问题的原因，由此，它给出的策略必然就是把人们的目光后退到人类理性的限度之前，求助于对"无"的"领悟"、

①［德］黑格尔：《逻辑学》，梁志学译，北京：人民出版社2002年版，第370—371页。
②卢卡奇指出，非理性主义的主要特征就是"认为这种宣称不可解决性就是答案的风格，以及避开和改变答案、逃离答案的主张包含着一种积极的解决和对现实的'真正'认识"。（参见［匈］卢卡奇：《理性的毁灭》，王玖兴等译，济南：山东人民出版社1988年版，第86页）

"沉思"，求助于来自"无"的某种"先导性的护送"①。这样的处理，是无法合理地解决理性与非理性、存在与思维的辩证关系。在这一点上，它的思考并不比理性主义哲学的思考更优越。

海德格尔生存本体论格外关注到人的存在中的非理性因素，并力图从它出发来理解人，理解世界，理解存在之谜。它提供了与理性主义哲学家们不同层面的思考样式，丰富了哲学思考的内涵。它以幽暗的"天性"取代了明亮的"理性"，开显了哲学把握人生，解释世界的一种维度。但克服理性主义的缺陷，不是要把理性彻底地瓦解。理性主义试图通过理性使人获得对客体世界的认识，从而获得对自身与世界的把握。现实地看，理性维度的把握产生了巨大的历史功绩，其作用不能被取消和抹杀。在这里，作为哲学智慧两种维度的体现，非理性根本无法和理性分开，要想正确地、合理地解决非理性的问题，必须结合理性来进行。对黑格尔哲学的批判，是批判它依靠理性建立了集大成式的超感性世界的神话学，或曰"理性神学"，而并不是要丢掉理性。黑格尔"在把非理性主义这样吸收到理性中来并由此把传统知性提升到思辨理性后，重又依靠这种理性建立起一种'理性神学'，他终究还是没能逃出西方哲学的先天局限性……不过，这并不能抹杀他在哲学中所作出的变革和创造性的成就，比起今天那些仍然停留在理性中的知性层面来谈哲学的人（如现代分析哲学），以及抓住其中的非理性层面来解构哲学的人（如海德格尔和后现代主义）来，黑格尔具有真正的哲学精神"②。

未来哲学建设，一定要吸收理性主义哲学与非理性主义哲学的优点，但也要注意克服其根本缺陷。

---

① 参见[德]海德格尔：《演讲与论文集》，孙周兴译，北京：生活·读书·新知三联书店2005年版，第103页。

② 邓晓芒：《西方哲学史中的理性主义和非理性主义》，《现代哲学》2011年第3期，第54页。

第二节　在守正创新中辩证地理解马克思主义

毋庸置疑，"以海解马"论对海德格尔存在论哲学进行过一定程度的反思，但是颇为遗憾的是，它并未对海德格尔存在论进行本质性的批判。

主张"互补论"的马尔库塞曾经回忆道："在1928年到1932年那段时间，我必须说，我几乎没有保留意见，也没有批评。我甚至要说，对我们而言都是如此，因为那时海德格尔所处理的问题不是某个人的问题，甚至不是哲学的问题，而是一战后差不多一代德国学人的问题。在海德格尔那里，我们看到了最初在胡塞尔那里见到的东西，一个新的发端，第一次彻底将哲学真正建立在具体基础上的尝试——这种哲学关注的是人类的生存与境域。"[1]而且，马尔库塞在觉察到海德格尔存在论的一定缺陷时，仍然宣称"尽管海德格尔的分析和他的方法论基础会遭到质疑和否定，但是所有这些批评都错失了这项工作的意义，哪怕它犯下重大错误，这项工作仍然是'真正的'"[2]。主张"融入论"的科西克则直接用海德格尔的操心、烦对应解读马克思主义唯物史观视域中现实的人的存在、发展与自由实现，认为烦、操心是人的"最原始最基本的存在方式"[3]，"人正是通过他的生存，才不仅仅是一个业已被罩于社会关系恢恢之网的社会实在"[4]。主张"深化论"的广松涉断言："海德格尔根本性地确立了推倒现代哲学

---

① [美]赫伯特·马尔库塞：《哲学、精神分析与解放》，黄晓伟、高海青译，北京：人民出版社2019年版，第12页。

② Herbert Marcuse：*Heideggerian Marxism*，Lincoln and London：University of Nebraska Press，2005，p.14.

③ Karel Kosik：*Dialectics of The Concrete：A Study on Problems of Man and World*，Dordrecht and Boston：D. Reidel Publishing Company，1976，p.37.

④ Karel Kosik：*Dialectics of The Concrete：A Study on Problems of Man and World*，Dordrecht and Boston：D. Reidel Publishing Company，1976，p.46.

流派的世界图景之格局,并已经建立起了把握世界的世界性的桥头堡。"①

基于此,"以海解马"论才会以海德格尔存在论为主导原则去解读马克思主义理论。当然,在研究马克思主义的过程中,可以而且需要去借鉴西方哲学思想,重视和研究它们同马克思主义之间的有益的"对话"。但也要注意,马克思主义有自己的原则立场、基本原理和鲜明特征,不能用现代西方哲学的原则、框架来解读马克思主义。只有在坚持马克思主义基本原理与本质精神的基础上,才能实现对马克思主义的准确理解和把握。

一、坚持自然界的客观先在性是坚持唯物主义的前提和根本要求

在第三章的分析中,我们看到"以海解马"论的内在逻辑,不管是对自然界进行现象学的"悬搁""加括号",用"事的世界观"消解"物的世界观",还是将自然界从马克思主义哲学的论域中排除出去,归根到底,是要取消自然界的客观先在性。"以海解马"论这种想要划清马克思主义同自然本体论、物质实体论的界限的努力是需要加以肯定的。但它却没有看到,马克思主义坚持自然界的客观先在性并不等于宣称自然本体论、物质实体本体论的旧唯物主义,也没有体会到"自然先在性"在马克思主义哲学中具有原则性的重大意义。

坚持自然界的客观先在性是坚持唯物主义的前提,否认自然界的客观先在性就无法坚持唯物主义。马克思主义首先是一种唯物主义,而不是唯心主义。

马克思频繁地指出独立于人的"外部自然界的优先地位"②,指出"没有自然界,没有感性的外部世界,工人什么也不能创造"③。"人并没

---

① [日]广松涉:《事的世界观的前哨》,赵仲明、李斌译,南京:南京大学出版社2003年版,第108页。

② 《马克思恩格斯文集》第1卷,北京:人民出版社2009年版,第529—530页。

③ 《马克思恩格斯文集》第1卷,北京:人民出版社2009年版,第158页。

有创造物质本身。甚至人创造物质的这种或那种生产能力，也只是在物质本身预先存在的条件下才能进行。"①恩格斯明确指出，哲学家们围绕精神还是自然界是世界的本原的回答，划分成两大阵营。"凡是断定精神对自然界说来是本原的，……组成唯心主义阵营。凡是认为自然界是本原的，则属于唯物主义的各种学派。"②列宁多次引用马克思、恩格斯的论断，指出："在唯物主义者看来，自然界是第一性的，精神是第二性的；在唯心主义者看来则相反。"③"唯物主义和自然科学完全一致，认为物质是第一性的东西，意识、思维、感觉是第二性的东西"。④

旧唯物主义也坚持"自然先在性"，只不过，它不理解自然界的客观先在性与实践活动有机统一的哲学革命意义，也不知道如何才能把"自然先在性"坚持到底，于是便成为一种"不彻底"的唯物主义。这种"不彻底性"就在于，它并没有在人类社会历史领域将唯物主义的原则贯彻到底，没有将自然界的客观先在性坚持到底，没有坚持在此前提下通过客观物质实践活动达成的自然界与人类社会的辩证统一进程。因此，它不理解人类社会是从自然界分化出来的物质世界的有机组成部分，不理解实践活动本身及其造就的社会关系等都是一种客观的物质性联系、物质性存在。正如马克思、恩格斯所批评费尔巴哈的那样，当他"是一个唯物主义者的时候，历史在他的视野之外；当他去探讨历史的时候，他不是一个唯物主义者。在他那里，唯物主义和历史是彼此完全脱离的"⑤。

与旧唯物主义一样，马克思主义同样坚持"自然先在性"。马克思主义首先是一种唯物主义，它是坚持自然界的客观先在性的哲学，而不是像黑格尔主义那样的，把自然界当作绝对精神进程中的一个环节的思辨唯心主义，也不像海德格尔存在论那样，把自然界托付给在存在论上具有优先性的此在。马克思主义坚持物质是世界的本原，而精神是派生性的、第二

①《马克思恩格斯全集》第2卷，北京：人民出版社1957年版，第58页。
②《马克思恩格斯文集》第4卷，北京：人民出版社2009年版，第278页。
③《列宁选集》第2卷，北京：人民出版社2012年版，第27页。
④《列宁选集》第2卷，北京：人民出版社2012年版，第41页。
⑤《马克思恩格斯文集》第1卷，北京：人民出版社2009年版，第530页。

位的东西。马克思主义与旧唯物主义不同，它并不是半截子的、"不彻底"的旧唯物主义，而是彻底的唯物主义，其将"自然先在性"原则，彻底贯穿于包括自然界、人类社会和思维等世界全部领域，形成唯物论的实践观与能动的物质观辩证统一的彻底的唯物主义。

旧唯物主义所持的物质实体论，与"以海解马"论所持的实践本体论等，未能理解这样一个基本原理和基本事实——在马克思主义哲学中，坚持自然的客观先在性与坚持实践第一的观点并不矛盾，而是辩证统一的。实践"第一"指谓的正是，实践是对自然先在的"首要证明"。在这一过程中，相对于自然"先在"，实践本身乃显示为一种"退后"式的验证。实践第一与自然先在、实践的不断开放性与自然的持续制约性等，不仅不矛盾，而且还必须同时成立。所谓自然的客观先在性、制约性，就是针对人的实践而言的：相对于实践，自然的客观先在性、制约性是前提，是基础；相对于自然的客观先在性、制约性，实践的客观物质性和未来指向性恰恰是对它的"退后证明"，而不是意味着自然先在性的完全崩塌。自然的客观先在性、制约性，是一个只有在想象中才能被否定和消解的事情。其实，人类实践活动愈是向前发展、愈是深入和拓展，我们就愈能强烈地、鲜明地感受到自然界的这种客观先在性、制约性。可以说，把自然界的客观先在性坚持到底，正是坚持马克思彻底唯物主义的根本。如果取消自然界的客观先在性，就会陷入以下三方面的理论困境。

一是，取消自然界的客观先在性，就无法坚持辩证思维方式。

辩证思维方式最基本的特征是切中事物的实际状况，反映事物发展的本质规律。要想做到这一点，而不像形而上学那样孤立、静止、片面地看问题，就得依据客观先在的自然界，依据客观规律，依据那些不以我们意志为转移的客观实在。也就是说，我们只有承认客观存在的自然界和规律，并在实践的过程中不断地深化对其的认识，才能谈得上运用辩证思维方式，才能实现从必然王国向自由王国的逐步迈进。如果取消自然界的客观先在性，那就否认了世界的客观存在性，主观与客观之间的对立统一关系也就荡然无存了，谈何去切中外部的、客观的实际状况呢？自然也就不能坚持辩证思维，不能去正确地认识世界和改造世界了。

实践本体论主张取消自然界的客观先在性以后，实践也就变成了主体"设定"客体、主体"征服"客体的主体的外化活动了。这种哲学思维方式，仍是从属于形而上学的那种自我意识的非对象性思维方式，而非对象性思维方式是根本不容许有一个独立先在的客观自然界存在的。非对象性思维仍旧从属于形而上学的基本建制，通过内在的意识去贯穿外在的对象，通过思维原则、精神反思，从内向外地来征服世界。当然，非对象性思维所贯通、征服的"外在对象""世界"等，不过是非对象性的存在物，是一种"思想客体"而已。正如马克思指出的："非对象性的存在物是一种非现实的、非感性的、只是思想上的即只是想象出来的存在物，是抽象的东西。"①

意识内在性原理首先由笛卡尔在其哲学中树立起来。笛卡尔哲学的口号是"我思故我在"，即通过我思与我思对象之间的思维原则，将我思与我思对象贯通起来。但笛卡尔哲学联结我思与我思对象的"故"，还没有完全把主体性、对象和反思的共属一体性完全贯通起来，留下了一个二元对立的口子。康德哲学虽然强调自在之物的不可知，不能用感性、知性、理性去认识、贯通之，但他还是寄希望于实践理性和判断力去达及彼岸世界，最终不得不在内心的道德这片"纯自由王国"和头上灿烂的星空那片"纯信仰王国"之中空转，败给了宗教神学，陷于意识内在性无法自拔。将主体性、对象和反思的共属一体性完全贯通起来，是在黑格尔思辨哲学中实现的。黑格尔思辨哲学通过理性自身的抽象辩证运动把主体、对象和反思的共属一体性完全地、彻底地贯通起来。这种贯通包括三重进程：首先，作为意识的主体直接外化意识的客体；其次，通过反思将二者联系起来；最后，客体之正题与主体之反题进入必然的综合进程中被统一起来。马克思明确地指出了黑格尔思辨哲学的意识内在性原理，"思辨唯心主义用'自我意识'，即'精神'代替现实的个体的人……显而易见，这种没

---

① 《马克思恩格斯文集》第1卷，北京：人民出版社2009年版，第211页。

有肉体的精神只是在自己的臆想中才具有精神"①。它只能"在自身内部的纯粹的、不停息的旋转"②，根本无法超出自身去把握客观世界。海德格尔存在论虽然强烈地批判了意识内在性原理，并把它称为哲学上的"丑闻"，但并没有克服掉这一缺陷，它悬搁客观自然界的先在性，从而陷入追求存在"绝对性""先验性"的形而上学之中。

二是，取消自然界的客观先在性，就无法坚持自然与社会的辩证统一。

马克思主义认为，在实践的基础上，人类社会与自然有了区分。但是不能从此只抓住区分、不同，而看不到自然与人类社会的辩证统一。

人类社会统一于物质。人类社会是人在自然界开展实践活动过程中形成的有机系统，它的确与自然界有所不同，有自身特殊的发展规律。但它是从自然界分化而来，没有自然界，也就没有人类社会。人类社会无论发展到何种程度，都无法脱离自然界。如果在人类社会历史领域取消自然界的客观先在性，也就无法正确说明人类社会存在发展的客观自然基础、人类实践活动何以是人的能动的以物质力量改造物质力量的活动、生产力与生产关系及其矛盾运动，即生产力是人类在自然界客观先在性的基础上形成的改造客观自然界的物质力量，生产关系是由生产力决定的人与人的客观的物质关系，生产力与生产关系的矛盾运动正是人类社会存在和发展的基本规律。这样，不仅会在自然观上陷入唯心主义，而且在社会历史观上也同样会因为无法坚持人类社会存在的物质统一性而最终陷入唯心主义。

三是，取消自然界的客观先在性，就无法坚持人民主体论。

无疑，人是有能动性的，但也必须承认，人的能动性的发挥受到客观物质条件的制约。换句话说，人还有受动性的一面。人类要想获得在宇宙中的生存和发展，就必须首先承认这种自然界的制约和规律制约的本然状况。这种受动性的存在，是不以人的意志为转移的客观过程，消解了自然界的客观先在性，即否定了世界的物质本质性，以及客观世界和客观规律

①《马克思恩格斯文集》第1卷,北京:人民出版社2009年版,第253页。
②《马克思恩格斯文集》第1卷,北京:人民出版社2009年版,第218页。

对于人类实践的决定性，从而也在根本上否定了被物质所决定的人类实践自身的客观普遍性、阶级性、革命性、人民主体性等本质特性。实践是以人民为主体自觉利用客观规律去改造自然与社会的辩证历史进程。如果实践没有了客观依据，那就只能成为主体"外化"的抽象活动了，或者沦为实用主义的从个人需要、人性诉求出发的生存活动了。

只有坚持自然界的客观先在性，才能坚持世界的物质统一性，才能科学解释实践造就的高度和解的人类社会、社会历史的辩证进程、无产阶级的历史使命和人民群众的主体地位等唯物史观的一系列基本命题，才可能使对于马克思哲学革命及其本质精神的理解真正走向深化。

二、克服马克思主义三种解读模式的片面性

在马克思主义的解读上，曾出现过客体向度、主体向度、关系主义三种片面性的解读模式。

一般说来，客体向度侧重客体原则、唯物原则、真理原则，而多少忽视了主体原则、实践原则、价值原则；主体向度侧重主体原则、实践原则、价值原则，而忽视了客体原则、唯物原则、真理原则；关系主义试图用关系原则去克服客体向度与主体向度的片面性，但却把关系抽象化、本体化，陷入了另一种片面性。要想辩证理解和准确把握马克思主义，就必须克服这三种解读模式的片面性。

从第二国际理论家到社会主义各国的理论界，普通存在着从客体向度解读马克思主义的倾向。他们抓住了唯物主义和唯心主义的原则划分，强调自然界的客观先在地位及其对人类社会的基础和制约作用；强调人类社会发展规律及其对人的制约，是不以人的意志为转移的客观存在；强调生产力对生产关系的决定作用，经济基础对上层建筑的决定作用，这些都是正确的，都是正确坚持和发展马克思主义必须要做到的。但遗憾的是，他们没有抓住马克思在唯物主义基础上创立的科学实践观，把实践局限于认识论的范围内，遮蔽了实践对马克思哲学革命的作用和意义，没有阐发实

践是人的存在方式，没有充分地强调人在自然界客观先在前提下，在客观规律制约下，通过实践对自然界能动的改造作用，忽视了生产关系、上层建筑对生产力、经济基础的反作用，没有辩证把握住社会有机体及其运动规律等。这就教条式地理解了马克思、恩格斯所发现的自然、社会历史发展、思维运动的规律，把资本主义必然被社会主义、共产主义取代的规律当成是会自动发生的状况，造成了在阶级意识和阶级革命培养上的被动性。

如果不能把握马克思创立的科学实践观的本质是关于唯物的实践观与能动的物质观的辩证统一，那就根本不能辩证地去阐发人的活动规律。由此，就无法理解规律的客观制约与人的主体能动之间的辩证统一，无法理解无产阶级及其先锋队——共产党能够正确地认识与自觉地利用客观存在的规律、社会主义实践的规律，并经过艰苦卓绝的斗争过程实现社会主义和共产主义，实现自己和全人类的解放，使社会达到自由人联合体的状态，完成自己的历史使命。

同西方马克思主义创始人一样，"以海解马"论也看到了以客体向度来解读马克思主义所带来的理论和实践上的问题，强调要从主体向度来解读马克思主义，用生存论为马克思主义奠定根基，以彰显马克思主义的当代性、合法性，更好地切中人的现实存在。

"以海解马"论高扬人的主体性、能动性、创造性和存在价值，认为人的实践是一个过程，世界是在实践关系之中创造出来的人化世界，客观先在的自然界对人来说没有意义，是需要加以悬搁、消解的东西；人类历史正是通过人的实践而被创造出来的人的历史，是人性的异化—复归的过程；社会有机体的基础不是由经济决定的，而是由人的存在本质规定的；整个无产阶级革命的核心在于唤醒无产阶级革命的意识，使其意识到在资本主义社会中的存在前提和状态，即此在状态，进而达到人内在性的觉醒，进入本真的革命境界。

高扬人的能动性、创造性和价值性，是马克思主义的应有之义。马克思主义从来没有忽视过精神对物质、意识对存在的能动反作用，也不曾忽视社会历史是通过人的实践而诞生的历史过程这一客观事实。马克思指出，人在自然界和社会中有其特殊地位，"人始终是主体"①，实践是主体人的"革命的""批判的"活动。

问题在于，强调人的能动性，强调实践的重要意义的同时，不能消解自然界的客观先在性、忽视实践活动的客观物质本性，忽视马克思的科学实践观是唯物论的实践观。否则，就偏离了坚持和发展马克思主义的根本遵循。

首先，消解自然界的客观先在性，是消解马克思主义的唯物主义性质。在抓住马克思所指出的人是主体的时候，不能忘记马克思所强调的人还直接的就是客观的自然存在物，是一个对象性的存在物，否则人就是一个非存在物。其次，消解实践活动的客观物质本性，实践就变成了主体设定活动、外化活动了，最终会滑向思辨主义的思辨实践和实用主义的生存实践，成为一种个人本体论的实践。把实践当作主体内在能动作用的外化活动，这是忘记了马克思在指出实践是"革命的""批判的"活动的同时也强调实践是"感性的"活动，是"客观活动"，正是因为实践的"感性""客观"，它才能成为真正"革命的""批判的"活动。最后，消解了马克思科学实践观的阶级性和革命性，也就消解了它的集体性和人民性。科学实践观的阶级性和革命性，不是指向孤立的、少数的个人，而是指向人民大众。马克思主义的实践活动，是以无产阶级及其先锋队共产党为领导的，以最广大人民群众为基础的有机整体，在遵循自然先在、客观规律制约前提下，能动的认识世界和改造世界的客观物质活动。如果偏离了这一原则要求，就找不到社会革命所依靠的真正力量，也找不到实现人自由解放的现实道路，只能陷入异化复归的人本主义逻辑之中，试图通过思想居所的革命代替现实的革命。

还有论者从关系主义的视角来解读马克思主义，试图对以上两种解读模式的片面性进行克服。我们称之为"关系主义的马克思主义"。

"关系主义的马克思主义"的典型代表，是广松涉基于关系存在论对

①《马克思恩格斯全集》第42卷,北京:人民出版社1979年版,第130页。

马克思主义的解读模式。这种解读模式，认为主体、客体并不是第一性的，而是第二性的，第一性的是关系。何谓关系？它认为，关系不再是主体，或者客体那样的实体性存在，而是一种本体性存在。

在"关系主义的马克思主义"看来，关系就是排除客观自然基础的"实践关系"。就马克思主义而言，首先有自然，自然在进化的过程中产生了能进行实践活动的人，在实践活动的基础上，达成了人与物、人与人的辩证统一。人的实践并没有消解自然的客观先在性，而是对它的退后证明，二者是辩证统一的。但广松涉把海德格尔的上手之存在加以发挥，认为自然界的客观先在性是无意义的，是需要悬搁的，进入实践关系编织里的自然，即人化自然，才有意义。他说："自然在工业的情况下以人作为媒介，才能作为眼前的自然（用在<上手>的自然）而存在；人类在工业的情况下，只有历史地、现实地、实践地被当作与自然的媒介，才能作为现存的人而存在。"①所以，他把物质生产单纯地归结为生产关系，他指出生产是"将现在推向未来的实践的中介的人类生存世界的关系"②。正是关系编织起人的本质，编织起历史与自然的对立统一，由此"超越物质与精神、主观与客观、类与个、本质与存在……自然与人等等的二元对立性"③。在脱离生产力的情况下，片面来谈生产关系，只能造成对生产关系的误读。前文已经分析过，广松涉又将关系这个本体性、第一性存在，归结为一种反思性规定。

"关系主义的马克思主义"把实践关系本体化，凭借此种理论超拔，自认为从根本上克服了主体向度与客体向度解读马克思主义的双重缺陷。然而，这依然是对马克思主义的严重误读。

在马克思主义看来，关系虽然不是实体性的存在，但也不是广松涉所谓的本体性、反思性的存在。关系、社会关系作为一种客观存在，在人的物质性的实践活动中"诞生"，是客观发生的社会现实。对此，恩格斯指

---

① [日]广松涉：《物象化论的构图》，彭曦、庄倩译，南京：南京大学出版社2002年版，第43页。
② [日]广松涉：《唯物史观的原象》，邓习议译，南京：南京大学出版社2009年版，第53页。
③ [日]广松涉：《物象化论的构图》，彭曦、庄倩译，南京：南京大学出版社2002年版，第76页。

出：政治经济学所研究的经济关系，"不是只在我们头脑中发生的抽象的思想过程，而是在某个时候确实发生过或者还在发生的现实过程，因此这些矛盾也是在实践中发展着的，并且可能已经得到了解决。我们考察这种解决的方式，发现这是由建立新关系来解决的"①。也就是说，因为浓缩着、包蕴着全部社会关系的实践，是人所特有的能动的改造世界的物质活动，所以社会关系是客观的、历史的，而不是反思的、主观间约定的。

就资本主义这一特定历史阶段的社会关系及其典型体现物"商品"而言，它也是客观的物质性存在形式，既不是主观（错认）幻象，也非人与人之间的主观约定或学理反思的规定。商品作为"物"蕴涵着两重属性。一是作为自然属性的使用价值，它使商品成为一种客观的对象性存在物，反映的是以自然先在性、制约性为基础的人与自然之间的现实物质变换。二是作为社会属性的交换价值，即人与人的社会关系，是客观的社会形式存在物。虽然不能从物质实体来理解它，但也不能脱离客观实在来理解它。它所反映的是人与自然物质变换基础上的人与人的物质联系。因此，不可将商品的这两重属性分离开来、对立起来谈。广松涉的物象化论，之所以把商品的价值所反映的人与人的客观现实的社会关系理解成反思规定，其根源就是脱离人与自然物质变换基础来孤立地、片面地理解人与人的社会关系。

只不过，商品这种特殊的存在采取了一种神秘的形式掩盖起自身，使得它在人的思想意识中，或者在资产阶级学者的独断的、思辨的抽象中，不被察觉。其实，这种不被察觉但却现实存在的资本主义社会关系，恰恰是使资产阶级理论家独断的、思辨的抽象得以发生的客观现实机制，而资产阶级社会文化也奠基其上。因此，这种独断的、思辨的抽象根本无法理解奠立起它自身的"不言而喻"的前提。而历史唯物主义却与之相反，它是对客观现实的资本主义社会关系及其所造成的遮蔽的科学的、正确的揭示，是科学的思维抽象。

此外，客观现实的资本主义社会关系及其所特有存在形式，也并不能

①《马克思恩格斯文集》第2卷，北京：人民出版社2009年版，第604页。

泛化到一切社会关系上。由于社会关系的客观性、历史性，对它的变革只能通过建立新的关系来解决。正如马克思所指出的那样："一旦我们逃到其他的生产形式中去，商品世界的全部神秘性，在商品生产的基础上笼罩着劳动产品的一切魔法妖术，就立刻消失了。"①未来的共产主义社会关系，就将打破这种神秘的存在形式，而直接体现为现实的、感性的具体性。当然，这里的"打破"，是现实的实践运动，而非广松涉从胡塞尔、海德格尔那里继承的所谓"思想居所的革命"。

广松涉立足于海德格尔存在论上手去存在的关系主义向度，以物象化等同历史唯物主义，则是对历史唯物主义的一种窄化和误读。虽然这一哲学观对于我们以往在把握马克思主义上存在的缺陷有一定的纠偏意义，然而它并没有科学地理解马克思历史唯物主义及拜物教批判思想。广松涉强调关系主义不同于实体主义，超越了形而上学，不过"强调"并不等于其真正做到了对"关系"的正确理解，也不等于其所谓的关系主义就超越了实体主义，从而摆脱了形而上学。首先，就实体与关系的关系而言，任何实体都不可能离开关系而得以存在；同样，没有实体也就谈不上关系，关系根本无法脱离实体，而成为第一性的、基始性的东西。其次，就社会关系而言，它是客观存在的不以人的意志为转移的，而不是通过生存、反思等营造出来的抽象规定。广松涉将关系本体化，进而主体化，则是陷入主观主义、相对主义和虚无主义等混乱的误区了。广松涉"关系主义的马克思主义"对马克思主义的唯物主义基础进行了消解，其实践关系本体论仍是一种实践本体论。对此，我们需要仔细地加以辨别。

过去偏重从唯物原则、客体原则和真理原则来理解马克思主义哲学，而不注重实践原则、主体原则与价值原则，是片面的、有害的，我们要认真吸取这一方面的教训。但也不能走向另一个极端，只讲实践、主体、价值等原则，或者说，脱离物质与精神、主体与客体等的辩证统一而单纯地谈关系本体论，这样也必然会走向片面。要完整准确地理解马克思主义，就必须坚持唯物原则、客体原则、真理原则与实践原则、主体原则、价值

---

① 《马克思恩格斯文集》第5卷，北京：人民出版社2009年版，第93页。

原则等的辩证统一。这里需要注意，坚持唯物原则、客体原则、真理原则与实践原则、主体原则、价值原则等的辩证统一，不是说要把客体向度、主体向度、关系主义向度三者直接地进行"拼接"，或者"加和"。"拼接""加和"等的形式，仍是一种形而上学的想法，因而也是一种没有意义的操作。

正确完整地理解马克思主义，从根本上是要坚持马克思主义唯物的实践的辩证的哲学立场，要克服抽象实体论，也要克服抽象主体论，更要克服抽象的关系论。

三、走出相对主义解释论的误区

搞教条主义的马克思主义、"原生态"的马克思主义，或曰"原教旨主义"的马克思主义是有害的，是需要加以克服的，但也不能陷入相对主义等另一种片面性之中。

解释论上的相对主义认为，一千个读者有一千个哈姆雷特，一千个读者有一千个贾宝玉，所以一千个读者就有一千个马克思……进而主张，马克思主义是主观的、多元的，对马克思主义的解释取决于解释者的经济利益、政治立场、时代背景，强调马克思主义存在于每个学者的不同表述中。据此，有论者指出："正如大多数复杂的思想家一样，马克思并没有得到人们的统一认识。我们根据他在不同的发展阶段写出的书籍、小册子、论文和书信对他的著作作出什么样的说明，要取决于我们自己的利益观点，因此，这些说明中的任何一种都不能代表'真正的马克思'……人们对马克思的确没有一个统一的认识；每一个研究者都必须通过自己的努力去认识马克思。"[1]显然，这种观点是经不起推敲的。

首先，这种类比是不当的。因为马克思主义不同于小说作品，马克思也不同于小说作品中的艺术形象。二者的区别在于：小说作品的形象是虚构的，而马克思主义基本原理是科学的理论，是对客观规律的揭示。对于

---

[1] ［美］赖特·米尔斯：《马克思主义者》，北京：商务印书馆1965年版，第39页。

哈姆雷特、贾宝玉等虚构的人物，人们在不同的境遇下可以有不同的解释，但对客观规律的揭示则是要靠实践的不断检验和证明，而不是取决于主体的解释。马克思指出："人应该在实践中证明自己思维的真理性，即自己思维的现实性和力量，自己思维的此岸性。"①马克思主义就是经过实践证明了的对自然、人类社会和思维发展一般规律的正确认识，是科学真理。真理只有绝对性和相对性的辩证统一，而没有你、我、他之别。对此，马克思也强调："哲学是问：什么是真理？而不是问：什么被看做真理？它所关心的是大家的真理，而不是某几个人的真理。"②不能想当然地根据主观的意愿去揭示客观规律，形成所谓的"主观的真理""实用的真理"以及其他的真理观。

其次，马克思主义的本质内涵也是确定的，而不是依靠每一个研究者的主观建构。马克思主义不仅仅是一种学说的名称，而是一种学说的本质③。马克思主义的科学内涵是确定的，即马克思主义是唯物主义，而不是唯心主义，它坚持世界的物质统一性；在这个正确世界观的指导下，它的目标是实现无产阶级和全人类的解放，实现每个人自由全面的发展，从必然王国走向自由王国；这个途径就是用社会主义、共产主义取代资本主义；这一路径的依靠力量是无产阶级和广大人民群众；这一力量的领导者是共产党。如果偏离了马克思主义的世界观、社会理想、实现途径、依靠力量、领导力量等的基本内涵，甚至反对马克思主义的社会理想，那是绝对不能称之为"马克思主义的"。因此，马克思主义并不是任何乐意宣称自己是马克思主义的学者或学派，就可以随便宣称的；也不是乐意使用它的学者或学派，就可以随便使用的。

其实，即使是小说作品可以不取决于实践的检验和验证，即使小说作品塑造的艺术形象是虚构的，可以有多种维度的诠释，但这些形象也绝不可以受到主观随意、想当然的诠释，它们也受到一定的社会历史原则约

---

① 《马克思恩格斯文集》第1卷，北京：人民出版社2009年版，第500页。

② 《马克思恩格斯全集》第1卷，北京：人民出版社1956年版，第116页。

③ 参见陈先达：《马克思主义十五讲》，北京：人民出版社2017年版，第57页。

束，有其规范的内涵和外延。也就是说，一千个读者有一千个哈姆雷特，但必须符合哈姆雷特的特质要求，绝不能把哈姆雷特解读为哈利·波特，否则就不是哈姆雷特；一千个读者有一千个贾宝玉，但必须契合贾宝玉的本质特征，否则就不是贾宝玉。一旦这些经典形象跳出一定的原则约束，也会界限混淆，以至荡然无存。

最后，对马克思主义经典文本进行解读，要以实践为基础，使经典文本的客观原义和主观理解达到辩证统一。

文本理解的客观性，要求解读者要准确完整地读出马克思主义经典著作中的客观原义，既要避免阐释不足、不充分，也要避免过度阐释、强加阐释。不能把自己主观理解强加于文本，试图"读出"文本中不存在的东西。对此，恩格斯曾说："一个人如果想研究科学问题，首先要学会按照作者写作的原样去阅读自己要加以利用的著作，并且首先不要读出原著中没有的东西。"①

如何在马克思主义的解读上做到客观原义和主观理解的辩证统一呢？这仍需要以实践为基础，才能实现。为什么呢？这是因为马克思主义不仅仅体现在文本中，而且根本地体现为实践。马克思、恩格斯的著作，须臾不可离开实践，不是可以任意解读的文本，这些著作是马克思、恩格斯所处的历史条件和时代提出的问题，与他们的全部政治活动、学术活动和无产阶级政治活动不可分离的理论结晶。如果离开资本主义社会的现实矛盾和时代问题，离开马克思和恩格斯理论产生的思想土壤，离开他们毕生为之奋斗的事业，离开他们全部政治和学术活动，就不可能正确理解马克思主义的本质②。我们今天要想正确理解、坚持和发展马克思主义，必须立足于中国特色社会主义伟大实践，以及新时代的社会历史条件，运用马克思主义基本原理解决新时代产生的问题，以扎扎实实地推进马克思主义的发展，才能遵循马克思主义最本质的要求。

所以，在对马克思主义的理解上，既不能搞"原教旨主义"解读，也

① 《马克思恩格斯文集》第7卷，北京：人民出版社2009年版，第26页。
② 参见陈先达：《马克思主义十五讲》，北京：人民出版社2017年版，第58页。

不能搞相对主义的多元化解读。前者会使马克思主义教条化、僵化，后者会使马克思主义丧失其科学内涵、本质规定，消解其鲜明特征，甚至会以所谓的"文本依据"，制造出那种马克思自己同自己对立、马克思同恩格斯对立等的状况。

四、推动和完善教科书建设

"以海解马"论在批判从客体向度解读马克思主义的过程中，看到了传统教科书中存在着的缺陷，但与不少论者一样，也陷入了对教科书盲目批判的误区。这里对以下四个方面的误区加以澄清。

误区一：因克服日丹诺夫"两军对阵"的哲学史定义对教科书编写的教条主义影响，而忽视教科书对唯物主义的坚持、对哲学基本问题的强调。

哲学家日丹诺夫在1947年曾对哲学史有一个定义："科学的哲学史，是科学的唯物主义世界观及其规律的胚胎、发生与发展的历史。唯物主义既然是从与唯心主义的派别中生长和发展起来的，那末，哲学史也就是唯物主义和唯心主义的斗争史。"①在这种观点看来，唯心主义都是不好的，唯物主义都是好的；唯心主义都代表着反动，唯物主义都代表着进步。这显然陷入了非此即彼的形而上学之中。

马克思、恩格斯、列宁等经典作家在对待唯心主义与唯物主义上是辩证的：一方面，他们在哲学基本问题上划出了唯心主义与唯物主义的原则界线；另一方面，他们从来没有简单地把唯心主义一棍子打倒，把唯物主义都当作进步的代表。马克思、恩格斯对旧唯物主义的机械性、直观性等形而上学作出过批判，指出它们的缺点就是"对对象、现实、感性，只是从客体的或者直观的形式去理解，而不是把它们当做感性的人的活动，当做实践去理解，不是从主体方面去理解。因此，和唯物主义相反，唯心主义却把能动的方面抽象的发展了，当然，唯心主义是不知道现实的、感性

---

① [苏]日丹诺夫：《日丹诺夫论文学与艺术》，北京：人民出版社1959年版，第84页。

的活动本身的"①。虽然唯心主义不知道实践的客观性，以抽象的主体能动来理解世界，但它毕竟看到了意识的能动作用，试图用能动的过程来解释事物的发展，尤其是黑格尔哲学用绝对精神的矛盾进程来解释世界历史的发展，充满着巨大的历史感。所以，马克思、恩格斯在肯定费尔巴哈的唯物主义功绩时，并不是把黑格尔的客观唯心主义全部否定。在《资本论》第一章关于价值理论那里使用了黑格尔特有的表达方式②。恩格斯指出，正是对哲学基本问题的不同回答而划分出了唯心主义与唯物主义两大阵营，"除此之外，唯心主义和唯物主义这两个用语本来没有任何别的意思，它们在这里也不是在别的意义上使用的"③。对此，列宁也指出过："物质和意识的对立，也只是在非常有限的范围内才有绝对的意义，在这里，仅仅在承认什么是第一性的和什么是第二性的这个认识论的基本问题的范围内才有绝对的意义。超出这个范围，这种对立无疑是相对的。"④因此，需要辩证地对待唯心主义。

日丹诺夫关于哲学史的定义出来以后，对苏联、中国等社会主义国家的教科书以及学术研究产生过一定的教条主义影响⑤。我们在对教科书批判反思中需要克服这种教条主义和形而上学，但是不能因此走向另外一个极端，即忽视传统教科书对唯物主义的坚持，消解哲学基本问题，模糊以至取消唯物主义与唯心主义之间的原则界限。

唯物主义与唯心主义的原则划分是不能被模糊的，哲学基本问题是不能被消解的。在哲学基本问题上区分唯物主义与唯心主义的不同回答，属于科学判断，而非价值判断⑥。取消了哲学基本问题，全部马克思主义的基本原理就会被推翻。

误区二：认为教科书停留在近代哲学之中。

①《马克思恩格斯文集》第1卷,北京:人民出版社2009年版,第499页。
②参见《马克思恩格斯文集》第5卷,北京:人民出版社2009年版,第22页。
③《马克思恩格斯文集》第4卷,北京:人民出版社2009年版,第278页。
④《列宁选集》第2卷,北京:人民出版社2012年版,第108—109页。
⑤参见艾思奇主编:《辩证唯物主义历史唯物主义》,北京:人民出版社1961年版,第7页。
⑥参见陈先达:《马克思主义哲学是大智慧》,北京:人民出版社2019年版,第5页。

主张"深化论"的广松涉指出:"正如'俄国马克思主义'的'科学主义'和'西欧马克思主义'的'人本主义'的两极对立中所看到的那样,人们在很长一段时期,将马克思主义摆在近代哲学的地平来理解。"[①]在这种观点看来,教科书坚持物质第一,坚持自然界的客观先在,乃是十八世纪旧唯物主义的命题;教科书谈辩证法,是把黑格尔的思辨辩证法与费尔巴哈的唯物主义内核相拼接的辩证法,这使得教科书还停留在近代哲学之中。这是对教科书盲目批判中的一个严重误区。

毫无疑问,无论是从马克思主义哲学本质精神,还是从其革命实质来看,都是对以费尔巴哈为代表的旧唯物主义与以黑格尔为代表的唯心主义的批判超越。教科书并非无视这一点,它没有把马克思主义哲学与旧唯物主义中的命题、唯心主义的命题等不加区分,混为一谈,比如,它强调旧唯物主义的物质观实质是物质实体论,物质是运动的,包括自然、人、社会在内的整个世界都统一于物质,物质是客观实在[②];运动是物质的根本属性,物质以其多种多样的运动作为自己的存在方式[③]。教科书并非不讲意识的能动作用,它强调在承认物质是第一性、意识是第二性的前提下,肯定意识的能动性[④]。这些认识是正确的,也是辩证的。教科书把马克思主义概括为辩证唯物主义和历史唯物主义,也是对马克思主义哲学精要而准确的概括,并非是一种机械的拼凑。辩证唯物主义与历史唯物主义是同时创立的,不能把二者对立起来,也不能只强调其中的一个而忽视另一个。如果否定辩证唯物主义,则历史唯物主义不可能单独成立,历史唯物主义不能在唯心主义或者旧唯物主义基础上建立起来;同样的,如果离开历史唯物主义,也不可能实现对旧唯物主义与唯心主义的批判超越,继而创立辩证唯物主义。

教科书的缺陷不在于它是近代哲学的,而在于它没有彻底讲清楚马克

①［日］广松涉:《物象化论的构图》,彭曦、庄倩译,南京:南京大学出版社2002年版,第49页注释。

②参见艾思奇主编:《辩证唯物主义历史唯物主义》,北京:人民出版社1961年版,第31—32页。

③参见艾思奇主编:《辩证唯物主义历史唯物主义》,北京:人民出版社1961年版,第36、41页。

④参见艾思奇主编:《辩证唯物主义历史唯物主义》,北京:人民出版社1961年版,第63—64页。

思是在唯物主义基础上，通过创立科学的实践观，实现了能动的物质观与唯物的实践观的辩证统一，实现了辩证唯物主义与历史唯物主义的有机统一，达到了对旧唯物主义物质实体本体论与唯心主义精神实体本体论等形而上学的双重超越。教科书的片面性是存在的，是需要克服的，但不能把它归属于近代哲学，从而拉低马克思主义哲学革命的境界，模糊其本质精神。

误区三：忽视中国教科书的鲜明特色，认为它是对苏联教科书的照搬。

苏联教科书坚持哲学基本问题，坚持物质第一性、精神第二性的唯物主义原则，把马克思主义精要地概括为辩证唯物主义和历史唯物主义等，这是正确的，但也存在着一定的缺陷，比如轻视马克思主义实践的观点，遮蔽了科学实践观创立的重大意义，忽视通过实践去阐发人、社会及自然的历史发展及其辩证统一，忽视了马克思主义的人学维度等。苏联教科书经历了不断完善的过程。20世纪中期以后，米丁、康斯坦丁诺夫等对教科书体系作出过局部的改良，但没有根本性的创新，最后苏联的教科书建设陷于僵化。究其根本的原因在于苏联后来的社会主义实践逐渐偏离了马克思主义。

中国的教科书同苏联教科书一样，坚持了马克思主义的基本原理，在这一基础上，不断地根据中国的革命和建设的实际，创作出了具有自己鲜明特色的体系，逐步克服了一些类似苏联教科书的缺陷。

瞿秋白的《社会哲学概论》中，虽然有苏联教科书的影响，但却充满着自己的特色。一是强调矛盾规律的核心地位，矛盾规律是辩证法第一规律。二是强调马克思主义的整体性。没有忽视辩证唯物主义，强调要把辩证唯物主义与历史唯物主义有机结合。李达的《社会学大纲》中，特色更加鲜明。除了继承瞿秋白的理论总结以外，李达对马克思科学的实践观予以特别突出的强调。艾思奇的《辩证唯物主义历史唯物主义》体现出更加鲜明的中国特色。一是充分借鉴、使用了中国优秀传统文化的思想资源；二是将毛泽东和中国一些专业哲学家对马克思主义的丰富和发展吸纳进来；三是结合中国共产党领导中国人民进行新民主主义革命和社会主义建设的实际，来阐明马克思主义基本原理；四是以中国共产党人推动马克思主义中国化、时代化、大众化的经验为依据，突出和彰显了马克思主义哲学的方法论功能①。

改革开放以后，中国教科书的编写，更加注重总结包括中国特色社会主义实践在内的全部科学社会主义的实践经验，突出地强调要将马克思主义基本原理同中国发展着的实际紧密结合，不断吸收马克思主义中国化时代化的最新理论成果，这是我们的教科书得以逐步完善的关键所在。

误区四：认为教科书不能代替经典原著，而要否弃教科书建设。

的确，不能用教科书去代替经典原著，教科书也无法代替经典原著。但教科书建设具有重大意义，不可否弃，必须不断完善教科书的建设。

马克思主义教科书不是可有可无的，它与马克思主义原著二者相得益彰，相互促进。原著是对马克思主义基本原理在特殊情境下的分散陈述，这种陈述往往比较生动形象，但无法做到对基本原理的整体性陈述，这就凸显出教科书的优势。教科书不仅对马克思主义基本原理进行了集中的、系统的阐述，而且吸收进了马克思主义最新实践基础上的理论成果，它是体系性与开放性的辩证统一。我们既要读原著，也要学原理。

中国特色的马克思主义哲学教科书建设，要体现与时俱进的理论品格，加强创新。但教科书的创新，并不是说要把学术界、学者的新见解、新观点都吸收进来。教科书的创新在于，要把得到绝大多数人认可的，经过实践反复检验的，体现出巨大的真理力量的马克思主义中国化时代化的最新理论成果吸收进来。此外，还要认真研究如何做到内容丰富与系统精要之间的辩证统一，如何做到严密的逻辑性与丰富的历史性之间的辩证统一，如何做到至深至简地表述等重要问题。

---

① 参见陶富源：《走出"以往哲学教科书"批判的误区》，《马克思主义研究》2013年第5期，第141—149页。

第三节 在推进中国特色社会主义实践中
构建马克思主义哲学新形态

中国特色社会主义的伟大实践是坚持和发展马克思主义的结果，马克思主义也必须在解决现实问题中，在引领人类社会历史的现实变革中展示出自己的伟大真理力量，并获得发展的动力。要想真正做到对马克思主义的坚持、丰富和发展，构建当代中国马克思主义哲学新形态，以及构建中国特色哲学社会科学与建设人类文明新形态等，只有不断地推进马克思主义中国化时代化的历史进程，以中国特色社会主义道路为现实基础，以鲜活丰富的当代中国实践为核心，坚持问题导向和以人民为中心这两个基本的研究原则，推动中华传统优秀文化进行创造性转化，跳出西方话语，批判借鉴西方文明和其他文明的成果。

一、中国特色社会主义的成功实践展现出马克思主义真理力量和原则高度

习近平深刻地指出："当代中国的伟大社会变革，不是简单延续我国历史文化的母版，不是简单套用马克思主义经典作家设想的模板，不是其他国家社会主义实践的再版，也不是国外现代化发展的翻版，不可能找到现成的教科书。"①中国特色社会主义的伟大实践，是马克思主义的科学社会主义道路，而不是其他国家社会主义道路的照搬照抄，也不是所谓"儒家社会主义"道路，更不是资本主义道路。中国特色社会主义的成功实践，不是靠敲锣打鼓、轻轻松松实现的，而是靠中国共产党领导中国人民的伟大奋斗得来的。中国共产党带领中国人民进行的伟大奋斗，不是靠想象出来的，而是在正确认识自然规律、社会历史发展规律、社会主义实践

①《习近平谈治国理政》第2卷,北京:外文出版社2017年版,第344页。

规律、共产党执政规律等客观规律的基础上，充分发挥人民群众的伟大创造力量进行的，是遵循辩证唯物主义和历史唯物主义的生动体现。

首先，辩证唯物主义和历史唯物主义认为，人类想要生存、发展和进步，想要创造历史，必须首先要承认自然界的客观先在性、客观规律制约性，这里的客观规律包括社会历史发展规律。社会历史发展规律是不以人的意志为转移的客观实在。这里需要注意三点：一是，主体人必须从能动性与受动性的辩证统一上来理解。人在进行能动地创造历史的过程中已经内在地受到客体和条件的规定和制约，撇开客观的受动性，能动性只能是抽象的能动。二是，社会运动是社会主体和社会客体的辩证统一，不能离开社会客体而只谈社会主体。社会客体不同于思想客体，它是现实的、感性的存在物。人类自身同时也是客体。每一代人都利用以往遗留下来的环境、资金、材料、生产力等各种社会的客观生态，后一代人又在新的条件下展开自己的活动。三是，社会历史规律的客观性与人的历史创造性是辩证统一的。从主体看，社会历史发展是受客观规律制约的人的实践创造过程；从客体看，社会历史发展是通过人的实践活动而实现的自然历史过程①。

其次，辩证唯物主义和历史唯物主义强调，人类也能够正确地认识和利用自然界和客观规律。单个的人存在有限性，在认识自然界和客观规律上具有局限性。但是不能把这种个人的局限性当作整个人类的局限性。马克思主义把认识和利用自然和客观规律的主体落实到人民主体上。人民不是单个人的加和，而是一个集体的历史主体。这个集体中最先进的代表就是工人阶级及其先锋队共产党。人民对世界的客观规律的集体认识、集体创造的主体，核心在于它不是以单个人为基础，而是作为一个集体的历史主体来把握和认识规律，体现的是人民群众、先进阶级及其政党的集体智慧和实践经验。马克思主义的人民主体论，是把反映了客观自然和客观规律的科学认识看作是党和人民集体智慧的结晶。就此，恩格斯极其深刻地阐述道："科学越是毫无顾忌和大公无私，它就越符合工人的利益和愿望。

————
① 参见陶富源：《实践主导论》，芜湖：安徽师范大学出版社2016年版，第203页。

在劳动发展史中找到了理解全部社会史的锁钥的新派别,一开始就主要是面向工人阶级的。"①工人阶级及其先锋队共产党的大公无私的阶级批判本性、自我革命精神与现实解放道路,与对自然、社会、思维作出正确反映的科学真理是内在一致、完全吻合的。

最后,辩证唯物主义和历史唯物主义高扬,只有先进的无产阶级及其政党才是自觉地实践客观规律的社会力量。在马克思主义看来,要去自觉地实践社会历史的客观规律,必须要有一个没有任何私利的,把全体人民的根本利益担荷在双肩、置之于全心的阶级及其政党。因此,这个历史使命必然落在了无产阶级和共产党身上。马克思主义是从资本主义发展的客观进程中发现其自我否定的内在根据,其中最为关键的是发现工人阶级的历史使命。无产阶级和共产党人在对人类社会发展规律整体把握的基础上,毫无顾忌地去追求科学真理,其大公无私的阶级批判本性,既是对一切压迫人、剥削人的力量的革命批判,也是不断地对自我的、与时俱进的革新;在认识世界和改造世界的进程中,勇于修正错误,坚持自我革命,永葆大公无私的纯洁性和先进性,带领人民群众走上人间正道。

辩证唯物主义和历史唯物主义是共产党领导人民为本质特征的社会主义制度的哲学基础,是共产党人的世界观和方法论,是共产党领导人民群众进行推动伟大事业的根本遵循。只有坚持世界的物质统一性原理、物质决定意识原理,我们才能做到一切从客观实际出发,而不是从主观想象出发,才能作出正确的认识,制定出科学的政策。这是经过哲学和自然科学长期和持续的发展所证明的、经过一百七十多年的科学社会主义实践验证的至深至简的真理和法宝。只有坚持事物的矛盾运动原理,坚持生产力和生产关系、经济基础和上层建筑的矛盾运动原理,坚持人民群众是社会历史的创造者,才能不断强化问题意识,积极面对和化解前进中遇到的各种复杂的矛盾,在深化改革中,获得发展的根本动力和根本依靠。只有坚持唯物论的科学实践观,坚持唯物辩证法的根本方法,不断增强辩证思维能

①《马克思恩格斯文集》第4卷,北京:人民出版社2009年版,第313页。

力，我们才能抓住事物的根本，切中时代的脉搏，继续把人类历史上前所未有的伟大实践向前推动。

中国共产党领导的社会主义的成功实践，就是在尊重自然、尊重规律、尊重劳动人民的创造力量的基础上，将自然与社会、人与人、客观规律与主观能动性等矛盾关系辩证统一起来。所以，中国特色社会主义的成功实践，正是辩证唯物主义和历史唯物主义的胜利，是马克思主义的胜利，展示出马克思主义的真理力量和原则高度。

二、马克思主义在解决现实问题中获得发展的动力

中国特色社会主义伟大实践，充分而生动地展示出马克思主义的伟大真理力量。马克思主义就是要在解决现实问题中才能展现自己的真理力量，以及由之获得的发展动力。这是坚持马克思主义当代性、合法性的根本遵循和必然要求。

坚持马克思主义的当代性、合法性，绝不是靠用某种既定的、预设的原则和框架解读出来的，而是靠在解决现实问题中展示出来的。

马克思主义已经改变了世界，并且正在继续改变世界。马克思主义自从创立以来，犹如壮丽的人间日出，使人类世界改变了模样。从西欧无产阶级革命到俄国十月革命，从巴黎公社到苏联等各国社会主义，再到中国特色社会主义，无不彰显着马克思主义的在场性。尤其是中国特色社会主义自身的成功实践及其对世界历史进程产生的积极影响，正是科学社会主义在21世纪中国的巨大成功。中国特色社会主义道路、理论、制度、文化等的不断发展，日益增强了社会主义的吸引力，增强了马克思主义在世界范围内的魅力，给那些既想加快发展又想保持自身独立性的国家和民族提供了全新示范，开辟出后发国家走向现代化的新纪元，深刻引领世界历史进程的走向。正是在不断地深刻改变现实世界的过程中，马克思主义展示出自己强大的真理力量。

马克思主义非但没有过时，而且依然切中今天的现实。今天世界最大

的现实是什么？那就是资本主义社会与社会主义社会的长期并存，以及资本主义社会力量的逐渐消逝与社会主义社会力量的逐渐增长。为什么资本主义与社会主义会长期并存？为什么资本主义社会的力量在逐渐衰落？为什么社会主义社会的力量在逐渐增强？想要正确回答这些问题，就要到马克思主义中寻找答案，回到马克思的"两大发现"上去。

这两大发现，一个是人类历史的发展规律，另一个是资本主义生产方式及其运动规律。恩格斯指出："正像达尔文发现有机界的发展规律一样，马克思发现了人类历史的发展规律，即历来为繁芜丛杂的意识形态所掩盖着的一个简单事实：人们首先必须吃、喝、住、穿，然后才能从事政治、科学、艺术、宗教等等；所以，直接的物质的生活资料的生产，从而一个民族或一个时代的一定的经济发展阶段，便构成基础，人们的国家设施、法的观点、艺术以至宗教观念，就是从这个基础上发展起来的，因而，也必须由这个基础来解释，而不是像过去那样做得相反……马克思还发现了现代资本主义生产方式和它所产生的资产阶级社会的特殊的运动规律。由于剩余价值的发现，这里就豁然开朗了，而先前无论资产阶级经济学家或者社会主义批评家所做的一切研究都只是在黑暗中摸索。"①人类历史发展的规律与资本主义生产方式及其运动规律是内在一致的，正是在二者紧密结合的研究中，马克思科学地揭示了资本主义生产方式运动的历史命运。即资本主义必然灭亡，社会主义必然胜利。但马克思又同时指出："无论哪一个社会形态，在它所能容纳的全部生产力发挥出来以前，是决不会灭亡的；而新的更高的生产关系，在它的物质存在条件在旧社会的胎胞里成熟以前，是决不会出现的。"②所以，马克思同时也看到了，社会主义取代资本主义必将是一个长期的、曲折的历史进程。因此，马克思主义对资本主义生产方式及其运动规律和历史命运的科学揭示，在今天并不是色彩黯淡了，而是随着资本逻辑世界扩张所造成的人与人、人与自然之间越发尖锐的矛盾，以及人自身精神的沉沦、价值的贬损、意义的丧

①《马克思恩格斯文集》第3卷，北京：人民出版社2009年版，第601页。
②《马克思恩格斯文集》第2卷，北京：人民出版社2009年版，第592页。

失等，更加的鲜明地突出出来。马克思主义仍然是当今时代人类无法拒斥的真理诉求。

马克思主义也是当今时代人类至高的道义诉求。当今世界正经历百年未有之大变局。一方面，科学技术的发展日新月异，人类文明进程日益加快，人的存在方式、生产方式和生活方式正发生着革命性的变化。另一方面，人类社会同时面临着极端贫困、资源短缺、生态环境恶化、大流行性疾病威胁、国际金融危机、霸权主义、恐怖主义、逆经济全球化进程严峻等尖锐复杂的矛盾问题。人类社会怎样面对和处理这些问题，怎样才能走向更加美好的明天？资本主义在面对这些问题时，越来越力不从心，它的根本弊端也越来越暴露在人们的面前。要回答和解决这些问题，还是要回到马克思主义中去。马克思主义具有人类走向未来不可或缺的真理力量和道义光芒，而且，正是在马克思主义指导下，中国特色社会主义进行了成功实践，这使社会主义的道路优越性、制度优越性、理论优越性重新被焕发出来，也使以公有制为基础、以人民性为核心原则的人类文明新形态，彰显出独特的魅力，赢得越来越多的青睐。

马克思主义是"人类精神的精华"。一方面，马克思主义是对人类一切优秀文化遗产的继承，包括对资产阶级文化的批判吸收；另一方面，马克思主义也作为人类文明的遗产，作为更高级的文明形态，继续为人类所继承，成为人们思想和行动上的指南。对此，德里达深切地体会到，马克思的幽灵是复数，而不是单数，人们不能没有马克思：没有马克思，没有对马克思的记忆，没有马克思的遗产，人们绝对没有未来①。海德格尔也曾坦言道："马克思主义的历史观就比其他历史学优越。……无论是现象学还是实存主义，都没有达到有可能与马克思主义进行一种创造性对话的那个维度。"②

马克思主义正确反映了资本主义社会的基本矛盾和运动发展的本质规

---

① 参见[法]德里达：《马克思的幽灵——债务国家、哀悼活动和新国际》，何一译，北京：中国人民大学出版社1999年版，第21页。

② [德]海德格尔：《路标》，孙周兴译，北京：商务印书馆2000年版，第400—401页。

律，只要资本主义社会依然存在着，马克思主义就根本不会过时。虽然可能它一时被人为地淡漠、边缘、遮蔽，但社会历史的客观发展会以铁的必然性宣告：马克思主义不可超越，无法抛弃。

当然，马克思主义也正是在直面社会历史发展中的这些现实问题上，才不断获得与时俱进的发展动力。

比如，如何回应当今世界上出现的逆经济全球化现象？为什么会出现这一现象？我们是要终结经济全球化的进程，还是要积极融入全球化，推动全球化的再发展？观察这些复杂的现实问题，需要运用马克思主义的基本原理，在回应这些问题中，也能够丰富马克思主义理论。

马克思、恩格斯在《共产党宣言》中根据生产力和生产关系的矛盾运动原理、科学技术的发展趋势、资本逻辑运动的规律等唯物史观原理，预见到了经济全球化的到来[①]。现实的历史发展进程与马克思的论断完全一致。经济全球化是生产力发展的客观要求和科技进步的必然结果，是社会发展不可逆转的潮流，它必将持续不断地向前推进。在世界经济的大潮中，无论出于什么目的，想逆全球化而行，去人为地切断各国经济的资金流、技术流、产品流、产业流、人员流，不仅是有害的，也是不可能的，更不符合历史潮流。因此，我们必须要积极融入经济全球化。

出现逆经济全球化的原因是复杂的，既有共性的，也有个性。就个性的原因看：对不少发展中国家来说，由于经济全球化长期被发达国家主导，地位和收益与发达国家相比严重不平等、不平衡，加剧了资源短缺和环境污染恶化，在一定程度上增加了经济风险等；对个别发达国家而言，逆经济全球化则是维护自身优先利益、既得利益和霸权的一种手段。就共性的原因看，不少国家和地区把困扰世界的问题简单地归结于经济全球化，比如国际金融危机问题等。的确，由于经济全球化，世界经济的联系性和依赖性逐渐加深，在有效的全球性经济协调机制没有建立起来的情况下，某一国家或地区爆发的危机会迅速传导到其他国或地区，以致全球经济发展的不稳定性和经济风险增加。但是，我们应该看到，国际金融危机

---

① 参见《马克思恩格斯文集》第2卷，北京：人民出版社2009年版，第35页。

爆发的根本原因是金融资本过度逐利、金融监管严重缺失，而不是经济全球化的过错。

推动经济全球化向前发展，就要回应和解决这些问题。为此，中国共产党人提出"人类命运共同体"理念来丰富推动马克思主义。面对不同国家在生产方式、发展水平、文化背景等方面的差异，以共同构建人类命运共同体的理念引领经济全球化。"以文明交流超越文明隔阂、文明互鉴超越文明冲突、文明共存超越文明优越"，"推动经济全球化朝着更加开放、包容、普惠、平衡、共赢的方向发展"①。这既是对马克思主义资本批判理论的推进，也是对马克思主义"自由人联合体"思想的真正落实、推进和进一步发展。

正是在不断探索时代发展提出的新课题，回应人类社会面临的新挑战的过程中，马克思主义才能够获得丰富和完善，永葆生机和活力。

三、以中国特色社会主义实践为现实基础构建马克思主义哲学新形态

马克思、恩格斯在《共产党宣言》1872 年德文版序言中写道，《宣言》所阐发的一般原理是完全正确的，是符合社会发展规律的科学真理；但这些一般原理的实际运用，要随时随地以当时的具体历史条件为转移。如果不从各国的实际出发，去推动马克思主义同各国具体实践的相结合，那么社会主义革命和建设必然要遭到失败，马克思主义也就不可能谈得上丰富和发展了。因此，他们强调："由于1848年以来大工业已有了巨大的发展而工人阶级的组织也跟着有了改进和增长，由于首先有了二月革命的实际经验而后来尤其是有了无产阶级第一次掌握政权达两个月之久的巴黎公社的实际经验，所以这个纲领现在有些地方已经过时

---

① 习近平:《决胜全面建成小康社会 夺取新时代中国特色社会主义伟大胜利——在中国共产党第十九次全国代表大会上的报告》,北京:人民出版社2017年版,第59页。

了。"①马克思、恩格斯十分关注生产力和无产阶级政党组织的最新的变化发展，特别重视对每一次革命的"实际经验"的总结，用实际来检验和推动自己的理论不断向前发展。

时代是思想之母，实践是理论之源。与人类所经历的实践发展及当代中国实践发展相适应，新时代、新方位呼唤构建马克思主义哲学的新形态，而这一要求和使命，历史地落到了当代中国人肩上。因为中国特色社会主义的成功实践，不仅属于全人类的伟大实践进程，而且推动着这一实践进程。于是，"置身这一历史巨变之中的中国人更有资格、更有能力揭示这其中所蕴含的历史经验和发展规律，为发展马克思主义作出中国的原创性贡献"②。由此，我们必须基于中国特色社会主义的伟大实践，不断推进马克思主义中国化时代化的新境界，构建当代中国马克思主义哲学新形态，发展21世纪马克思主义，推动人类文明的新发展。

习近平指出，"要以更加宽阔的眼界审视马克思主义在当代发展的现实基础和实践需要，坚持问题导向，坚持以我们正在做的事情为中心，聆听时代声音，更加深入地推动马克思主义同当代中国发展的具体实际相结合，不断开辟21世纪马克思主义发展新境界，让当代中国马克思主义放射出更加灿烂的真理光芒"③，这为我们构建当代中国马克思主义哲学新形态、发展21世纪马克思主义，指出了正确的研究基础和具体的方法论原则。

首先，要以中国特色社会主义道路为现实基础，以我们正在做的事情为中心。

面向现实，总结"实际经验"，是马克思主义哲学本真精神的体现。马克思、恩格斯反对以往的哲学家们只是进行关于词句的革命，而不研究哲学与现实之间的联系问题，不研究他们所作的哲学批判与他们自身的物

---

① 《马克思恩格斯文集》第2卷，北京：人民出版社2009年版，第15页。

② 《习近平谈治国理政》第2卷，北京：外文出版社2017年版，第66页。

③ 习近平：《在庆祝中国共产党成立95周年大会上的讲话》，北京：人民出版社2016年版，第9—10页。

质环境之间的联系问题；又批判庸俗的经济学家们满足于从现象上看问题，不去揭示现实事物的内部联系，由此，他们所得到的关于现实事物的"客观性"就是外部的，这种"客观性""不能看得比自己的鼻子更远"①。马克思主义正是从现实前提出发，揭示现实事物的内部联系，揭示事物发展的客观规律，才创造了自己的彻底的唯物主义，才超越了黑格尔的主观辩证法，创造了关于事物本质联系和矛盾进展的唯物辩证法。

构建当代中国马克思主义哲学新形态，就要面向当今世界的现实，面向当代中国的现实，总结中国特色社会主义道路的"实际经验"。在此，中国特色社会主义道路的历史性实践这一现实基础，是一切原创理论的生长点，原创理论就应该聚焦于此，而不能偏离，或者进行有选择性的忽视。比如，聚焦中国特色社会主义道路的历史性实践如何破解和克服资本主义生产方式和生产关系所造成的经济、政治、社会、文化、生态、安全、健康等发展的问题。资本逻辑在资本主义社会中会无限扩张，但资本主义社会根本无法给它设置任何制动装置。当今世界人类生存和发展所遭遇到的各种困境与问题，诸如垄断主义、霸权主义、孤立主义、民粹主义、恐怖主义、贫富分化、环境破坏、生态污染、虚无主义等，无不与此息息相关。中国特色社会主义的"实际经验"，乃是要用社会主义的制度优势利用、控制、规范资本逻辑，以人类命运共同体理念为引领，从而实现创新、协调、绿色、开放、共享的科学发展，逐步达到人和自然、人和人之间的和谐发展，为实现每个人自由全面的发展创造历史条件和物质条件等。这样，就能在批判资本逻辑中，把我们原创性的理论提炼出来，并向前推进。所以，我们以中国特色社会主义原创性的正确实践为基础，在我们正在做的事情中，必定能发掘新材料、发现新问题、提出新观点，进而获得原创性的理论升华。而这样的理论升华一经获得，就站在了超越西方资本主义文明的新高度上，具有人类文明新形态的重大意义。

其次，要坚持问题导向原则和坚持以人民为中心的研究原则。

---

① 参见《马克思恩格斯文集》第10卷，北京：人民出版社2009年版，第470页。

"坚持问题导向是马克思主义的鲜明特点。问题是创新的起点，也是创新的动力源。"①面向中国的实际问题，坚持问题导向原则，马克思主义中国化展开了百年的辩证进程。

面向"中国向何处去"的问题，人们选择了马克思主义。由此，马克思主义得以在中国传播和发展。与此同时，在这个过程中，还产生了第一批中国马克思主义哲学家，如李大钊、瞿秋白、李达、艾思奇、毛泽东等。在面向"什么是社会主义，如何建设社会主义"的过程中，马克思主义哲学得到大发展和大繁荣，比如，构建了马克思主义人学、价值哲学、经济哲学、政治哲学、文化哲学、生态哲学、社会哲学、文本学与文献学、出场学等，达到了与西方"齐头并进"的"并跑"阶段②。直面当今时代的问题，比如，中国式现代化以及它对资本主义现代化的超越和对后发国家的示范和引领，中国之治及其与全球治理的内在关联，规范和引导资本逻辑，超越个人原子主义，重建人类的精神家园，建设人类文明新形态等；立足独特的、富有生命力的中国特色社会主义实践，必定能够产生出马克思主义哲学新的形态，科学引领人类社会的发展，并推动人类文明的进步。

只有坚持问题导向，解决时代提出的新问题，才会产生理论创新，产生真正的时代精神的精华。马克思指出，真正的哲学都是时代的产物、人民的产物。所以，真正的哲学是人民的精神，是人民的哲学，人民最精致、最珍贵和看不见的精髓都集中在其中③。因此，坚持问题导向的研究原则和坚持以人民为中心的研究原则是内在一致的。

坚持以人民为中心的研究原则，是构建马克思主义哲学新形态的核心原则。构建马克思主义哲学新形态，发展21世纪马克思主义的根本性、原则性问题，就是为人民著书，为人民立说，为最广大人民的根本利益服务。脱离了人民的任何哲学，不仅不能成为时代精神的精华，也不会有吸

---

① 习近平：《在哲学社会科学工作座谈会上的讲话》，北京：人民出版社2016年版，第14页。

② 参见韩庆祥：《建构当代中国马克思主义哲学》，《哲学动态》2017年第9期，第11—19页。

③ 参见《马克思恩格斯全集》第1卷，北京：人民出版社1995年版，第219—220页。

引力、感染力、影响力与生命力。

最后，要坚持马克思主义基本原理，坚持唯物史观，跳出西方话语，走向构建中国特色哲学社会科学的自我主张。

以西方话语为主导和表征的资本主义文明，是与资本逻辑、资本主义制度和生产方式内在一致的。换句话说，资本逻辑的限度，也就决定了西方话语的限度。由此，我们不能迷信西方、西方原则、西方话语的指标体系，陷入西方智库创造出来的各种各样的"陷阱理论"，必须跳出"西方中心论"，跳出西方话语，摆脱学徒状态。这里有以下三个方面的思考。

第一，西方话语是西方土壤上的特殊理论、特殊形态。西方话语以西方为中心，因此，它具有地域性、局限性。对于其他地域、其他国家，尤其是东方社会来说，西方话语不具有所谓的"普世性"，决不能把它生搬硬套到各国家各民族头上，也决不能用它来"格式化"整个人类生活。马克思、恩格斯在研究东方社会时，反对把对西方社会的研究结果直接套用到东方社会的"全盘西化论"式的学术研究，也没有直接套用自己已经得出的结论，而是按照人类社会发展的一般规律和东方社会的本质规律来研究它，力图把东方社会的历史现实性、丰富性还给东方社会自身。

第二，西方话语，尤其是以少数人利益为立场的话语体系，在今天变得愈加僵化和保守，已经陷于种种困境之中。西方话语中的"政治人假设""经济人假设""理性人假设""计量拜物教"和"模型拜物教"等，或出于抽象的人性前提，或简单套用自然科学和数学的分析，无法深入客观事物本质性的维度，无法正确反映出客观事物及其发展规律。关于这一点，恩格斯早在1843年写作《国民经济学批判大纲》时就指出，资产阶级"政治学没有想去检验国家的各个前提本身；经济学没有想去过问私有制的合理性的问题"[①]。

第三，西方话语已经跟不上当今世界人民的伟大实践进程，在解释这些实践时，捉襟见肘，力不从心，甚至还产生了不小的危害。当今世界人民进入了求团结、求共赢、求发展的伟大实践进程，而西方话语的内在规

[①]《马克思恩格斯文集》第1卷，北京：人民出版社2009年版，第57页。

定却是自我中心主义的、西方优先主义的与霸权主义的。从长远来看，西方话语如果不能及时地转换，以跟上时代的进程，它将会被这个时代所抛弃。

"在中国这样一个有着5000多年文明史、13亿多人口的大国推进改革发展，没有可以奉为金科玉律的教科书，也没有可以对中国人民颐指气使的教师爷。"①在面对新时代中国人民和世界人民所开启的历史性实践的时候，要树立话语自信，超越西方话语，构建中国话语，并形成自己的原创性话语体系，构建中国特色哲学社会科学，这样才能解读好中国新时代，看得清世界新变局，把握住人类未来新走向。

中国特色社会主义实践，不是我国历史文化母版的简单延续，不是其他国家社会主义的再版，也不是西方现代化的翻版。与之相应，构建中国特色哲学社会科学，就不是简单重复我国传统历史文化，也不是直接复制西方文明以及其他文明，当然也不是完全抛弃它们，而是把中华传统优秀文化进行创造性转化和创新性发展，批判借鉴西方文明和其他文明的成果。

那么，如何实现中华传统优秀文化的创造性转化和创新性发展？如何对西方文明和其他文明进行批判借鉴？

归根究底，就要在坚持马克思主义的指导下，立足于马克思主义的立场、观点和方法，将马克思主义基本原理与中华优秀传统文化紧密结合，对西方文明和其他文明进行消化吸收，按中国特色社会主义道路要求和人民意志重新安排、综合创新。在此，按照中国特色社会主义道路要求，是构建中国特色哲学社会科学的现实基础；体现人民意志，是构建中国特色哲学社会科学的核心原则。

构建当代中国马克思主义哲学新形态，构建中国特色哲学社会科学，乃至建设人类文明新形态，需要我们做出大量的艰辛的原创性工作。一方面，我们要树立道路自信、理论自信、制度自信、文化自信；另一方面，还要树立理论自觉、文化自觉，特别珍惜难得的历史机遇和有利条件，以

---

① 习近平：《在庆祝改革开放40周年大会上的讲话》，北京：人民出版社2018年版，第27页。

中国特色社会主义道路的历史性实践为现实基础，以我们正在做的事情为中心，坚持问题导向和坚持以人民为中心的研究原则，努力承担起马克思主义理论工作者应有的使命担当。

参考文献

一、专著类

《马克思恩格斯文集》(第1—10卷),北京:人民出版社,2009年。

《马克思恩格斯全集》(第30卷),北京:人民出版社,1995年。

《马克思恩格斯论中国》,北京:人民出版社,2015年。

《列宁选集》(第1—4卷),北京:人民出版社,2012年。

《毛泽东选集》(第1—4卷),北京:人民出版社,1991年。

《习近平谈治国理政》(第2卷),北京:外文出版社,2017年。

习近平:《在哲学社会科学工作座谈会上的讲话》,北京:人民出版社,2016年。

习近平:《在纪念马克思诞辰200周年大会上的讲话》,北京:人民出版社,2018年。

习近平:《在庆祝改革开放40周年大会上的讲话》,北京:人民出版社,2018年。

《瞿秋白文集》(政治理论编)(第2卷),北京:人民出版社,1988年。

《瞿秋白文集》(政治理论编)(第4卷),北京:人民出版社,1993年。

《瞿秋白选集》,北京:人民出版社,1985年。

《李达文集》(第2卷),北京:人民出版社,1981年。

《陈先达文集》(第1—6卷),北京:中国人民大学出版社,2006年。

《孙伯鍨哲学文存》(第1—4卷),南京:江苏人民出版社,2010年。

《陶富源文集》(第1—10卷),芜湖:安徽师范大学出版社,2016年。

艾思奇:《辩证唯物主义与历史唯物主义》,北京:人民出版社,1961年。

北京大学哲学系外国哲学史教研室:《西方哲学原选读》(上、下卷),北京:商务印书馆,1981、1982年。

陈嘉映:《海德格尔哲学概论》,北京:生活·读书·新知三联书店,1995年。

陈先达:《马克思主义十五讲》,北京:人民出版社,2017年。

陈先达:《马克思主义哲学是大智慧》,北京:人民出版社,2019年。

陈先达:《问题中的哲学》,北京:北京师范大学出版社,2014年。

陈志尚:《人学新论:马克思主义人学基本理论和重大现实问题研究》,北京:人民出版社,2015年。

陈志尚:《人学新探索:来自马克思主义哲学视角的反思》,北京:北京师范大学出版社,2016年。

陈治国:《形而上学的远与近:海德格尔形而上学之解构》,济南:山东大学出版社,2014年。

程广丽:《本真性的日常生活如何可能:科西克日常生活批判理论研究》,北京:中国社会科学出版社,2016年。

程广云:《马克思的三大批判:法哲学、政治经济学和形而上学》,北京:中国人民大学出版社,2018年。

邓习议:《四肢结构论:关系主义何以可能》,北京:中国社会科学出版社,2015年。

方向红:《时间与存在:胡塞尔与海德格尔现象学的基本问题》,北京:商务印书馆,2014年。

方章东:《第二国际理论家马克思主义观研究》,合肥:安徽大学出版社,2007年。

韩立新:《〈巴黎手稿〉研究:马克思思想的转折点》,北京:北京师范大学出版社,2014年。

韩庆祥:《现实逻辑中的人:马克思的人学理论研究》北京:北京师范大学出版社,2017年。

何建华:《俄苏马克思主义哲学形态研究》,哈尔滨:黑龙江人民出版社,2013年。

何萍:《马克思主义哲学史教程》(上、下卷),北京:人民出版社,2009年。

贺来:《辩证法的生存论基础:马克思辩证法的当代阐释》,北京:中国人民大学出版社,2004年。

黄继锋等:《马克思主义基本原理在当代西方》,北京:中国人民大学出版社,2013年。

黄楠森、庄福龄、林利:《马克思主义哲学史》(修订版)(第1—8卷),北京:北京出版社,1996年。

黄小寒、林艳梅:《国外马克思主义哲学形态研究》,哈尔滨:黑龙江人民出版社,2013年。

靳希平、吴增定:《十九世纪德国非主流哲学:现象学史前史札记》,北京:北京大学出版社,2004年。

李宝文:《具体的辩证法与现代性批判:科西克哲学思想研究》,哈尔滨:黑龙江大学出版社,2011年。

李清崑:《唯物史观与哲学史:普列汉诺夫哲学史研究述评》,石家庄:河北人民出版社,1992年。

李永虎:《马尔库塞的乌托邦思想研究》,北京:光明日报出版社,2015年。

林辉基:《著名马克思主义哲学家评传》(第2卷),济南:山东人民出版社,1991年。

刘放桐:《马克思主义哲学与现代西方哲学研究》,北京:北京师范大学出版社,2012年。

刘敬鲁:《海德格尔人学思想研究》,北京:中国人民大学出版社,2001年。

刘森林:《物与无:物化逻辑与虚无主义》,南京:江苏人民出版社,2013年。

鲁品越:《鲜活的资本论:从〈资本论〉到中国道路》(第2版),上海:上海人民出版社,2016年。

罗永剑:《艾思奇与马克思主义哲学中国化研究》,北京:中央编译出版社,2016年。

孟庆仁:《著名马克思主义哲学家评传》(第3卷),济南:山东人民出版社,1991年。

倪梁康:《胡塞尔与海德格尔:弗莱堡的相遇与背离》,北京:商务印书馆,2016年。

聂锦芳:《批判与建构:〈德意志意识形态〉文本学研究》,北京:人民出版社,2012年。

孙伯鍨、侯惠勤:《马克思主义哲学的历史和现状》(上、下卷),南京:南京大学出版社,2004年。

孙周兴:《语言存在论:海德格尔后期思想研究》(修订版),北京:商务印书馆,2011年。

唐正东:《斯密到马克思:经济哲学方法的历史性诠释》,南京:南京大学出版社,2002年。

王东:《马克思学新奠基:马克思哲学新解读的方法论导言》,北京:北京大学出版社,2006年。

王南湜:《马克思主义哲学中国化的历程及其规律研究》,北京:北京师范大学出版社,2012年。

王文英:《著名马克思主义哲学家评传》(第1卷),济南:山东人民出版社,1991年。

王荫庭:《普列汉诺夫哲学新论》,北京:北京出版社,1988年。

吴晓明、陈立新:《马克思主义本体论研究》,北京:北京师范大学出版社,2012年。

吴晓明、王德峰:《马克思的哲学革命及其当代意义:存在论新境域的开启》,北京:人民出版社,2005年。

　　吴晓明:《超感性世界的神话学及其末路:马克思存在论革命的当代阐释》,北京:中国人民大学出版社,2011年。

　　吴晓明:《论中国学术的自我主张》,上海:复旦大学出版社,2016年。

　　吴晓明:《形而上学的没落:马克思与费尔巴哈关系的当代解读》,北京:人民出版社,2006年。

　　吴新文:《再造文明:马克思主义与中国》,上海:上海人民出版社,2017年。

　　徐英瑾:《唯物论者何以言规范:一项从分析形而上学到信息技术哲学的多视角考察》,上海:上海人民出版社,2017年。

　　许全兴:《马克思主义的自我反思与创新》,北京:人民出版社,2019年。

　　燕宏远:《著名马克思主义哲学家评传》(第4卷),济南:山东人民出版社,1991年。

　　杨思基:《拨开"物象化"的迷雾:广松涉的马克思主义观研究》,北京:人民出版社,2008年。

　　仰海峰:《〈资本论〉的哲学》,北京:北京师范大学出版社,2017年。

　　姚顺良:《马克思主义哲学史:从创立到第二国际》,北京:北京师范大学出版社,2010年。

　　袁贵仁:《马克思主义人学理论研究》,北京:北京师范大学出版社,2012年。

　　张康之:《总体性与乌托邦:人本主义马克思主义的总体范畴》,北京:中国人民大学出版社,1998年。

　　张亮:《"崩溃的逻辑"的历史建构:阿多诺早中期哲学思想的文本学解读》,南京:江苏人民出版社,2014年。

　　张亮:《马克思主义哲学前沿问题导引》,北京:北京师范大学出版社,2015年。

　　张庆熊:《现象学方法与马克思主义》,上海:上海三联书店,2014年。

　　张汝伦:《〈存在与时间〉释义》(上、下),上海:上海人民出版社,

2012年。

张维为:《这就是中国:走向世界的中国力量》,上海:上海人民出版社,2019年。

张秀琴:《西方马克思主义发展史》,北京:人民出版社,2017年。

张一兵:《回到海德格尔:本有与构境》(第1卷),北京:商务印书馆,2014年。

张一兵:《回到马克思:经济学语境中的哲学话语》(第3版),南京:江苏人民出版社,2014年。

张一兵等:《当代国外马克思主义研究》,北京:北京师范大学出版社,2017年。

张之沧、张禹:《西方马克思主义哲学研究》,北京:人民出版社,2015年。

赵敦华:《马克思哲学要义》,南京:江苏人民出版社,2018年。

赵家祥:《马克思恩格斯的哲学变革之路》,北京:中国社会科学出版社,2016年。

赵卫国:《海德格尔思想的多维透视》,北京:人民出版社,2016年。

邹诗鹏:《生存论研究》,上海:上海人民出版社,2005年。

邹诗鹏:《转化之路:生存论续探》,北京:中国社会科学出版社,2013年。

[德]阿多诺:《否定的辩证法》,张峰译,重庆:重庆出版社,1993年。

[德]狄尔泰:《历史中的意义》,艾彦、逸飞译,北京:中国城市出版社,2002年。

[德]费尔巴哈:《费尔巴哈哲学作选集》(上、下卷),荣震华、李金山等译,北京:商务印书馆,1984年。

[德]哈贝马斯:《现代性的哲学话语》,曹卫东译,南京:译林出版社,2011年。

[德]海德格尔、英格丽特·舒斯勒:《黑格尔》,赵卫国译,南京:南京大学出版社,2018年。

[德]海德格尔:《存在与时间》(中文修订第2版),陈嘉映、王庆节译,北京:商务印书馆,2015年。

［德］海德格尔：《德国观念论与当前哲学的困境》，庄振华、李华译，赵卫国校，西安：西北大学出版社，2016年。

［德］海德格尔：《海德格尔选集》（上、下），孙周兴选编，上海：上海三联书店，1996年。

［德］海德格尔：《康德与形而上学疑难》，王庆节译，上海：上海译文出版社，2011年。

［德］海德格尔：《林中路》，孙周兴译，上海：上海译文出版社，2004年。

［德］海德格尔：《路标》，孙周兴译，北京：商务印书馆，2007年。

［德］海德格尔：《面向思的事情》，陈小文、孙周兴译，北京：商务印书馆，1999年。

［德］海德格尔：《时间概念史导论》，欧东明译，北京：商务印书馆，2009年。

［德］海德格尔：《海德格尔文集·讨论班》，王志宏、石磊译，孙周兴、杨光校译，北京：商务印书馆，2018年。

［德］海德格尔：《物的追问：康德关于先验原理的学说》，赵卫国译，上海：上海译文出版社，2010年。

［德］海德格尔：《现象学之基本问题》，丁耘译，上海：上海译文出版社，2008年。

［德］海德格尔：《形而上学导论》，熊伟、王庆节译，北京：商务印书馆，2005年。

［德］海德格尔：《形而上学的基本概念：世界—有限性—孤独性》，赵卫国译，北京：商务印书馆，2017年。

［德］黑格尔：《逻辑学》（下卷），杨一之译，北京：商务印书馆，1976年。

［德］黑格尔：《小逻辑》，贺麟译，北京：商务印书馆，1980年。

［德］黑格尔：《哲学史讲演录》第4卷，贺麟、王太庆译，北京：商务印书馆，1978年。

［德］胡塞尔：《胡塞尔选集》（上、下），倪梁康选编，上海：上海三联书店，1997年。

[德]卡尔·洛维特:《海德格尔——贫困时代的思想家:哲学在20世纪的地位》,彭超译,西安:西北大学出版社,2015年。

[德]康德:《纯粹理性批判》,蓝公武译,北京:商务印书馆,2004年。

[德]考茨基:《考茨基文选》,王学东编,北京:人民出版社,2008年。

[德]柯尔施:《马克思主义和哲学》,王南湜、荣新海译,张峰校,重庆:重庆出版社,1989年。

[德]洛维特:《从黑格尔到尼采:19世纪思维中的革命性决裂》,李秋零译,北京:生活·读书·新知三联书店,2006年。

[德]梅林:《保卫马克思主义》,吉洪译,北京:人民出版社,1982年。

[德]尼采:《偶像的黄昏》,周国平译,北京:光明日报出版社,1996年。

[法]柏格森:《创造进化论》,肖聿译,北京:华夏出版社,2000年。

[法]拉法格:《思想起源论卡尔·马克思的经济决定论》,王子野译,北京:生活·读书·新知三联书店,1963年。

[法]列维纳斯:《从存在到存在者》,吴蕙仪译,王恒校,南京:江苏教育出版社,2006年。

[法]列维纳斯:《总体与无限:论外在性》,朱刚译,北京:北京大学出版社,2016年。

[法]萨特:《辩证理性批判》(上、下),林骧华、徐和瑾、陈伟丰译,合肥:安徽文艺出版社,1998年。

[法]萨特:《存在主义是一种人道主义》,周煦良等译,上海:上海译文出版社,1988年。

[荷]林登:《西方马克思主义与苏联:1917年以来的批评理论和争论概览》,周穗明译,翁寒松校,南京:江苏人民出版社,2012年。

[加]芬博格:《海德格尔和马尔库塞:历史的灾难与救赎》,文成伟译,上海:上海社会科学院出版社,2010年。

[捷]科西克:《具体的辩证法:关于人与世界问题的研究》,刘玉贤译,哈尔滨:黑龙江大学出版社,2015年。

[捷]科西克:《现代性的危机:来自1968时代的评论与观察》,管小其

译,哈尔滨:黑龙江大学出版社,2014年。

[美]巴雷特:《非理性的人:存在主义哲学研究》,段德智译,上海:上海译文出版社,2007年。

[美]卡洪:《现代性的困境:哲学文化和反文化》,王志宏译,北京:商务印书馆,2008年。

[美]马尔库塞:《马克思主义、革命与乌托邦》,高海青、连杰、陶锋译,北京:人民出版社,2019年。

[美]马尔库塞:《苏联的马克思主义——一种批判的分析》,张翼星、万俊人译,黄振定校,北京:中国人民大学出版社,2012年。

[美]马尔库塞:《哲学、精神分析与解放》,黄晓伟、高海青译,北京:人民出版社,2019年。

[美]沃林:《海德格尔的弟子:阿伦特、勒维特、约纳斯和马尔库塞》,张国清、王大林译,南京:江苏教育出版社,2005年。

[日]广松涉、小林敏明:《哲学家广松涉的自白式回忆录》,赵仲明、刘恋译,南京:南京大学出版社,2009年。

[日]广松涉:《存在与意义——事的世界观之奠基》(第1—2卷),彭曦、何鉴译,南京:南京大学出版社,2009年。

[日]广松涉:《事的世界观的前哨》,赵仲明、李斌译,南京:南京大学出版社,2003年。

[日]广松涉:《唯物史观的原象》,邓习议译,南京:南京大学出版社,2009年。

[日]广松涉:《物象化论的构图》,彭曦、庄倩译,南京:南京大学出版社,2002年。

[日]广松涉:《资本论的哲学》,邓习议译、张一兵审订,南京:南京大学出版社,2013年。

[瑞士]埃米尔·瓦尔特—布什:《法兰克福学派史:评判理论与政治》,郭力译,北京:社会科学文献出版社,2014年。

[匈]卢卡奇:《存在主义还是马克思主义》,韩润堂、阎静先、孙兴凡译,

北京：商务印书馆，1962年。

[匈]卢卡奇：《理性的毁灭：非理性主义的道路——从谢林到希特勒》，王玖兴等译，济南：山东人民出版社，1988年。

[匈]卢卡奇：《历史与阶级意识——关于马克思主义辩证法的研究》，杜章智、任立、燕宏远译，北京：商务印书馆，1992年。

[意]葛兰西：《实践哲学》，徐崇温译，重庆：重庆出版社，1990年。

David Kolb: *The Critique of Pure Modernity: Hegal, Heidegger, and After*, Chicago: The University of Chicago Press, 1986.

Emmanuel Levinas: *Totality and Infinity: An Essay on Exteriority*, The Hague: Martinus Nijhoff Publishers, 1979.

Emmanuel Levinas: *Time and The Other and Additional Essays*, Pittsburgh: Duquesne University Press, 1987.

Heidegger: *Four Seminars*, Bloomington: Indiana University Press, 2003.

Herbert Marcuse: *Heideggerian Marxism*, Lincoln and London: University of Nebraska Press, 2005.

Karel Kosik: *Dialectics of The Concrete: A Study on Problems of Man and World*, Dordrecht and Boston: D. Reidel Publishing company, 1976.

Lucien Goldmann: *Lukács and Heidegger: Towards a New Philosophy*, London, Boston and Henley: Routledge & Kegan Paul, 1977.

Theodor W. Adorno: *The Jargon of Authenticity*, Evanston: Northwestern University Press, 1973.

二、期刊类

习近平：《辩证唯物主义是中国共产党人的世界观和方法论》，《求是》2019年第1期。

陈先达：《论马克思主义基本原理及其当代价值》，《马克思主义研究》2009年第3期。

邓晓芒：《西方哲学史中的理性主义与非理性主义》，《现代哲学》2011年第3期。

韩庆祥:《建构当代中国马克思主义哲学》,《哲学动态》2017年第9期。

郝立新:《中国特色马克思主义哲学发展的问题与路径》,《哲学动态》2019年第9期。

侯惠勤:《马克思的哲学变革与我们的哲学坚守》,《思想理论教育导刊》2016年第1期。

侯惠勤:《危险的误导:卢卡奇的〈历史与阶级意识〉为何被捧为马克思主义创新的经典?》,《马克思主义研究》2017年第5期。

侯惠勤:《哲学与意识形态领导权》,《马克思主义研究》2019年第3期。

李海青、赵玉洁:《海德格尔的幽灵:对所谓马克思生存论的一种批判》,《哲学研究》2006年第2期。

鲁克俭、施梦:《辩证唯物主义哲学教科书体系的早期建构及其反思》,《哲学动态》2017年第7期。

马拥军:《马尔库塞眼中的"历史唯物主义现象学"》,《学术论坛》2017年第1期。

孙伯鍨、刘怀云:《"存在论转向"与方法论革命》,《中国社会科学》2002年第5期。

孙伯鍨:《存在范畴与马克思主义哲学的本体论问题》,《南京大学学报》(哲学·人文科学·社会科学)2002年第3期。

陶富源、金承志:《海德格尔生存论批判》,《高校理论战线》2010年第4期。

陶富源:《关于马克思生存论的几个问题》,《马克思主义研究》2008年第5期。

陶富源:《哲学本体论问题的合法性及科学解答》,《哲学研究》2017年第3期。

王恒:《具体的存在论:科西克哲学中的海德格尔思想意蕴》,《学术研究》2001年第4期。

王金林:《"一个包裹三封信":马尔库塞与海德格尔之间的一段公案》,

《世界哲学》2007年第2期。

王金林：《论海德格尔对马克思的存在历史定位》，《现代哲学》2016年第5期。

文兵：《对"生存本体论"的一些质疑》，《哲学研究》2003年第10期。

吴晓明：《现代形而上学的本体论批判：马克思与海德格尔》，《现代哲学》2016年第5期。

许斗斗：《马克思"新唯物主义"的社会现实基础：从海德格尔对唯物主义的批判谈起》，《学术研究》2014年第8期。

杨耕：《关于中国马克思主义哲学体系的历史沉思》，《哲学研究》2016年第1期。

杨耕：《苏联马克思主义哲学模式：形成、特征和缺陷》，《学术月刊》2012年第7期。

杨思基：《实践关联关系的"场"与历史唯物主义的"物"：广松涉的"历史唯物主义"之理解》，《哲学研究》2005年第3期。

余在海、江永霞：《论马尔库塞的历史唯物主义现象学》，《武汉大学学报》（人文科学版）2015年第1期。

袁贵仁、杨耕：《马克思主义哲学教学体系的形成与演变》（上），《哲学研究》2011年第10期。

袁贵仁、杨耕：《马克思主义哲学教学体系的形成与演变》（下），《哲学研究》2011年第11期。

张传开、单传友：《当代中国马克思主义哲学新形态的探索与建构》，《哲学动态》2019年第1期。

张文喜：《科西克的海德格尔马克思主义批判》，《山东社会科学》2002年第3期。

张秀琴：《马尔库塞对马克思"巴黎手稿"解读的贡献》，《北京大学学报》（哲学社会科学版）2016年第2期。

张秀琴：《直面"什么是真正的马克思主义"问题：西方马克思主义"形成期"主题辨析》，《学习与探索》2015年第11期。

后　记

　　很难确切地说，从何时起，我对研究海德格尔产生了兴趣。早在本科毕业论文中，我就探讨过海德格尔与维特根斯坦这两位20世纪西方大哲的语言之思。那时，我钦佩海德格尔的语言之思，并被他所描绘的在大地上的诗意栖居所吸引。在硕士论文中，我尝试对现象学的马克思主义作一些探索，主要关注点是胡塞尔生活世界与马克思感性世界的关联。虽然没有直接涉及海德格尔，但是，行文是从海德格尔生存论视域进行的。当时，我已隐约感到海德格尔的生存论有一些牵强之处，其对马克思主义的评判似乎也存在种种不妥。不过，这些只停留在我的印象之中，谈不上有多大程度的把握。于是，博士论文我便作了海德格尔生存本体论及"以海解马"论的研究，但主要精力还是放在了前半部分，即对海德格尔生存本体论的研究上，对"以海解马"论的研究只是初步的。后来，我申报并获批了国家社科基金青年项目"以海德格尔存在论解读马克思主义理论倾向研究"，集中精力研究这一问题，本书就是该项目的最终成果。本书的写作真是一段充满艰辛、令人兴奋又有些许遗憾的旅程。真可谓，爱之，恨之，不舍之。

　　成果结项时，收到匿名评审专家提出的许多宝贵意见。在对专家们提出的意见进行体悟和消化后，我对本书作了尽力完善，在此，向他们表示衷心的感谢！

　　衷心感谢安徽师范大学马克思主义学院陶富源教授给我写序！陶老师是我的博士生导师，他学问好、人品好，年近八十，仍坚持思考，笔耕不辍，是我学习的榜样。感谢安徽师范大学出版社张奇才社长和戴兆国总编辑对拙著选题的修润，铭记你们一直以来的无私帮助和成长鼓励！

　　受学术水平所限，书中难免有不足之处，恳请读者批评指正。

张　涛
二〇二四年三月于芜湖